Bertram · Fußballheimat Mecklenburg-Vorpommern

In Mecklenburg verliebte ich mich einst
in eine Frau aus Schwerin,
in Vorpommern verliebte ich mich in die dortige Landschaft,
in Rostock verliebte ich mich in den F.C. Hansa …

Marco Bertram
(unter Mitarbeit von Michael Fritsche)

Fußballheimat Mecklenburg-Vorpommern

100 Orte der Erinnerung

Arete Verlag Hildesheim

Die Autoren
Marco Bertram ist Fotojournalist, Autor, Globetrotter und Redakteur beim Onlinemagazin www.turus.net.

Michael Fritsche ist bekannt als Autor des einstigen Fanzine „Der Grenzgänger".
Von ihm stammen die Texte zu den Kapiteln: 2, 3, 13, 14, 15, 18, 19, 27, 33, 36, 42, 44, 45, 56, 49, 51, 52, 54, 72, 73, 77, 80, 87, 88, 98, 99, 101.

Alle anderen Texte sind von Marco Bertram.

Fotos (nach Kapiteln)
Marco Bertram: 4, 19, 19, 20, 28, 32, 42, 53, 54, 55, 56, 57, 58, 59, 60, 62, 63, 68, 71, 76, 81, 82, 92,
Michael Fritsche: 2, 3, 7, 10, 13, 14, 15, 18, 27, 33, 36, 38, 39, 40, 41, 44, 46, 51, 52, 72, 73, 74, 77, 80, 87, 88, 89, 98, 99, 101
Ulf Lange: 1, 5, 6, 8, 9, 12, 16, 17, 21, 22, 23, 24, 25, 26, 29, 30, 31, 35, 43, 45, 47, 48, 49, 50, 75, 78, 79, 84, 85, 86, 91, 93, 94, 95, 96, 97, 100
Heiko Neubert: 64, 65
Udo Lorenz: 83
Paule on Tour „Don't stop the Hopp": 11
Ostseehopper: 69, 70
Bildagentur frontalvision.com: 37, 61, 66, 67
Erell; https://de.wikipedia.org/wiki/Datei:V%C3%B6lschow_Kirche_mit_Friedhofsportal.JPG: 90

Bibliografische Information der Deutschen Nationalbibliothek
Die Deutsche Bibliothek verzeichnet diese Publikation in der Deutschen Nationalbibliografie; detaillierte bibliografische Daten sind im Internet über http://dnb.ddb.de abrufbar.

Layout, Satz und Umschlaggestaltung: Composizione Katrin Rampp, Kempten
Grafiken: Matthias Hunger
Druck und Verarbeitung: Westermann Druck Zwickau GmbH
ISBN: 978-3-96423-025-6

Inhaltsverzeichnis

Vorwort

Der Kalender zeigte den 7. August 1981 an, als meine Eltern kurzentschlossen sich mit mir in einen Schnellzug setzten und an die Ostsee düsten. „Nur Sonne wie in Bulgarien …", notierte meine Mutter in ihrem Reisetagebuch. In den 1980ern sollten noch viele weitere Touren an die Küste folgen.

Eine echte große Liebe fand ich 1996 in Schwerin. Die wöchentlichen Fahrten zur damaligen Freundin über „Lulu" in die Landeshauptstadt waren schlicht ergreifend. Ich fühlte mich zu Hause angekommen. Für mich als Ost-Berliner „Bulette" wurde Mecklenburg-Vorpommern mehr und mehr zur zweiten Heimat. Und auch beim Fußball wurden die Verbindungen immer enger. Mein erstes Auswärtsspiel des F.C. Hansa Rostock sah ich im Gästeblock in Köln am 2. Mai 1992. Dreieinhalb Jahre später rollten die Tränen der Rührung beim legendären „Heimspiel" des F.C. Hansa gegen Frankfurt im Berliner Olympiastadion vor knapp 60.000 Zuschauern.

Ebenso emotional zu ging es in jüngerer Vergangenheit unter anderen bei der Demo in Schwerin für den Erhalt der Paulshöhe und beim letzten Heimspiel des FC Pommern Stralsund im Stadion der Freundschaft. Von solchen Dingen soll auch im vorliegenden Buch berichtet werden. Es ist eine Reise durch die gesamte Region. Von Schönberg über Bergen bis Penkun.

Eine großartige Hilfe bei diesem Buch war Michael Fritsche, den ich seit 2011 kenne und schätze. Immer wieder leistet er tolle Beiträge für unser Magazin turus.net, und er musste nicht lange überlegen, als ich ihn fragte, ob er ein paar Texte für „Fußballheimat Mecklenburg-Vorpommern" schreiben möchte. Tausend Dank an dieser Stelle. Ein großes Dankeschön gebührt zudem Ulf Lange, der zahlreiche Fotos für dieses Buch beigesteuert hat.

Für mich ist Fußball vor allem auf dem Platz. Der F.C. Hansa Rostock sollte als Flaggschiff der Region selbstverständlich einen angemessenen Platz in diesem Buch bekommen, doch wollte ich auch möglichst viele nicht so bekannte Vereine unterbringen. Leider mussten aus Platzgründen etliche Kandidaten von der Liste gestrichen werden. Nichtsdestotrotz ist hoffentlich ein lesenswertes Buch entstanden, das Lust macht auf Fußballausflüge in die Provinz. Und genau das ist unser Anliegen.

Altentreptow 001

Sportplatz an der Stralsunder Straße

FSV 90 Altentreptow

In Berlin-Treptow gibt es das sowjetische Ehrenmal, in Altentreptow – bis 1939 Treptow an der Tollense genannt – ist das Brandenburger Tor zu sehen. Dieses gotische Stadttor wurde bereits im Jahre 1450 errichtet und zierte in der Vergangenheit manch eine gezeichnete Stadtansicht. Die 5.300-Einwohner-Stadt Altentreptow liegt bei Neubrandenburg und ist berühmt für seinen weitgehend erhaltenen historischen Kern. Auch daher bietet sich ein Ausflug in diese Kleinstadt an, eine Kombination aus Stadtrundgang und Heimspielbesuch des FSV 90 Altentreptow ist geradezu ein Muss.

Nach dem Zweiten Weltkrieg wurde die Sportgemeinschaft Altentreptow ins Leben gerufen, die bis 1950 in der damaligen Landesklasse spielte. Zwei Jahre später gehörte der inzwischen in BSG Lokomotive Altentreptow umbenannte Verein zu den zehn Gründungsgemeinschaften der neu geschaffenen Bezirksliga Neubrandenburg. Insgesamt elf Spielzeiten waren die Altentreptower Fußballer zu DDR-Zeiten in der Bezirksliga mit von der Partie – und zwar unter wechselnder Trägerschaft als Lokomotive, Empor, Einheit und Eintracht. So ging man als Eintracht Altentreptow in die Bezirksliga-Saison 1980/81, an deren Ende der Abstieg in die Bezirksklasse erfolgte.

1954/55 und 1958 durfte zudem am FDGB-Pokal teilgenommen werden. Bei der ersten Teilnahme wurde 1:7 bei der SG Dynamo Schwerin verloren, bei der zweiten musste man sich Motor Rostock mit 0:2 geschlagen geben.

Während der Saison 1990/91 erfolgte die Umbenennung in FSV 90 Altentreptow. In der Folgezeit blieben zunächst die sportlichen Erfolge aus. Vielmehr erfolgte ein Absturz bis hinunter in die Bezirksklasse. Erst 2009 konnte die sportliche Wende eingeleitet werden. Am 15. Juni 2014 knallten die Sektkorken, als mit dem 2:0-Sieg bei Viktoria Salow vor über 350 Zuschauern der Sprung in die Landesliga in trockene Tücher gebracht wurde. Seit 2017/18 muss jedoch wieder mit der Landesklasse vorliebgenommen werden. Ausgetragen werden die Heimspiele auf dem Sportplatz an der Stralsunder Straße und dem Tuchmachergraben, der sich nördlich des alten Stadtkerns befindet.

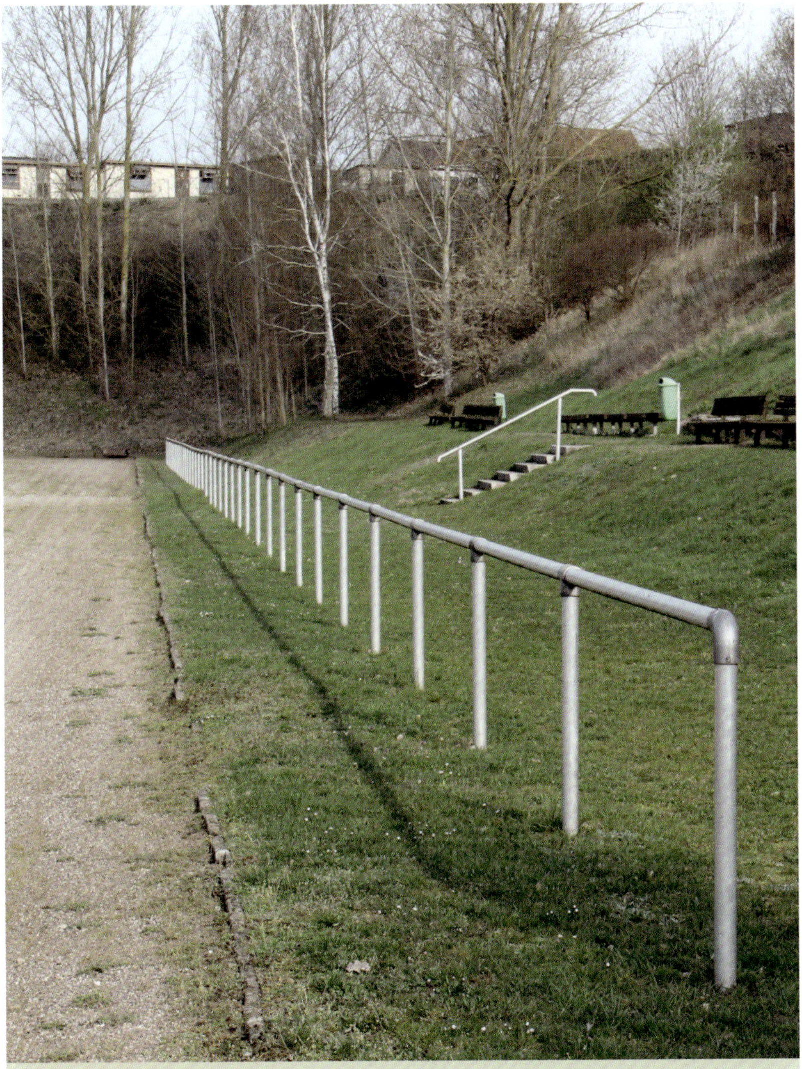

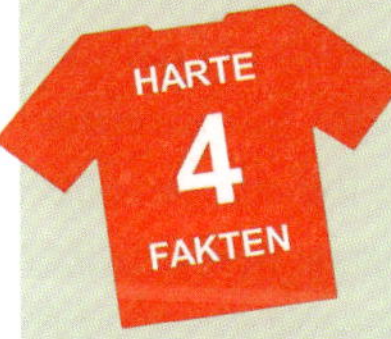

Teilnahme am FDGB-Pokal: 1954/55 und 1958

Frühere Namen: Lokomotive, Empor, Einheit und Eintracht

Spielstätte: Sportplatz an der Stralsunder Straße

Derzeitige Spielklasse: Landesklasse II

Alt-Rehse 002

Sportplatz der Reichsärzteschule

Der Sportplatz als Konstante im Wechsel der Systeme

Eines der wohl spektakulärsten Dörfer Mecklenburgs befindet sich südwestlich von Neubrandenburg am Tollensesee. Alt-Rehse zählt knapp 400 Einwohner, die jedoch mit zur Stadt Penzlin gehören.

Mit der Einfahrt in das Dorf beschleicht einen das Gefühl, dass hier irgendwas seltsam ist. Die Häuser mit ihren Schilfdächern erscheinen alle identisch, die Straßen sind rechtwinklig angelegt. An den Fachwerkhäusern, die älter aussehen, aber jünger erscheinen, befinden sich Inschriften, die vermeintlich das Baujahr und den Namen des Hauses wiedergeben. Die anfangs verwirrend erscheinenden Angaben wie „errichtet im 3. Jahr“ und „Haus Kurhessen“ verweisen auf die Entstehung der Häuser als Mustersiedlung in der Zeit des Nationalsozialismus der und die Ortsangaben repräsentieren die damaligen Gaue.

Wenige hundert Meter hinter dem Ortseingangsschild beginnt der Park, der vom Rest der Siedlung abgeschottet ist. In diesem separaten Teil befindet sich auch das Stadion. Im Internet lassen sich Hinweise auf verschiedene Nutzer finden. Das Stadion wurde mit der Errichtung der „Führerschule der Deutschen Ärzteschaft“ Teil dieser NS-Schule für Mediziner. Das Stadion wurde vermutlich neben der sportlichen Ertüchtigung auch für Zusammenkünfte und Schulungen genutzt. Dafür spricht die Größe der Empore in der Mitte der ehemaligen und heute zugewachsenen Stehränge. Von der Empore aus führt eine Treppe zum Platz.

Nach der Wiedervereinigung genutzte Platz zwischenzeitlich dem „Tollense Lebenspark“, einem alternativen und „anti-kapitalistischen“ Wohn- und Lebensprojekt, das 2014 aber aus finanziellen und juristischen Gründen aufgegeben wurde. 2018 war ein Betreten des Areals, das nun wieder einem neuen Nutzer gehört, nicht möglich. Nett wird Besuchern dieses vom alten Wachhaus aus erklärt, an dessen Balken der Satz „Meine Ehre heißt Treue“ prangt.

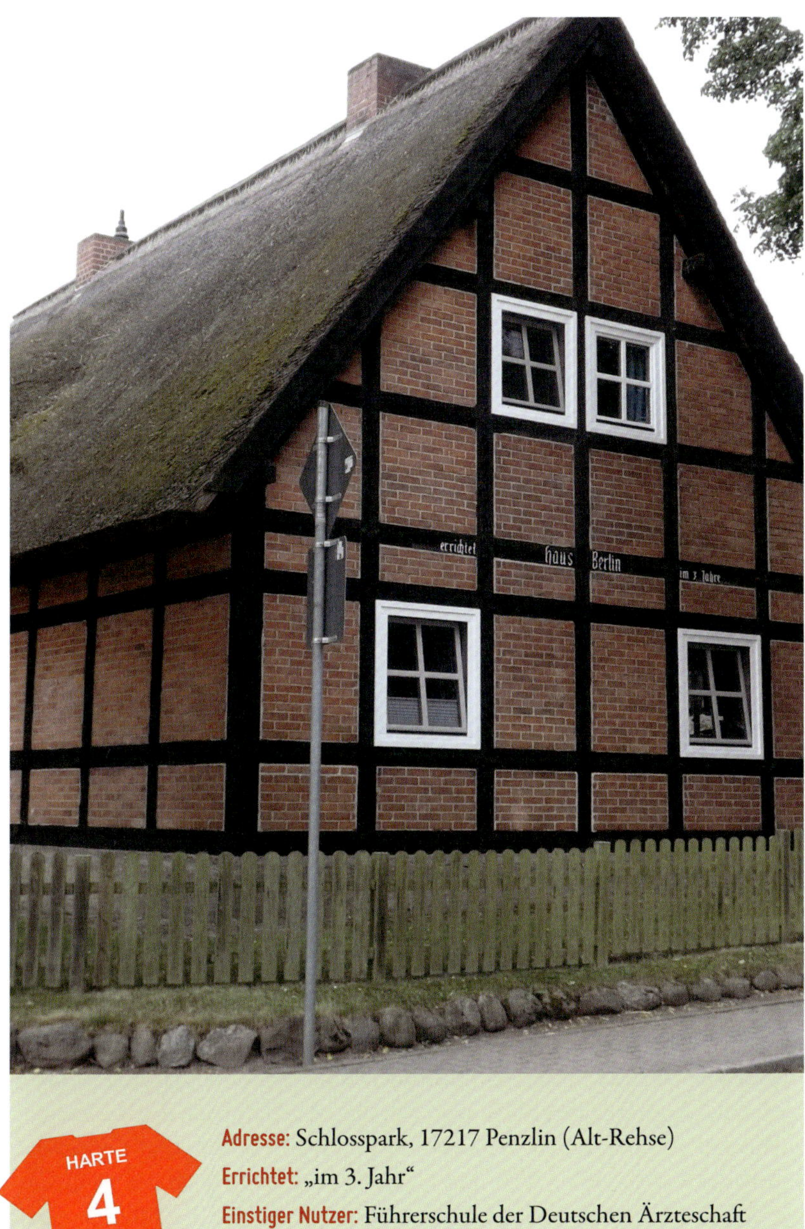

HARTE 4 FAKTEN

Adresse: Schlosspark, 17217 Penzlin (Alt-Rehse)
Errichtet: „im 3. Jahr“
Einstiger Nutzer: Führerschule der Deutschen Ärzteschaft
Betreten: derzeit nicht möglich

Anklam 003

Werner-Seelenbinder-Stadion

2. Liga nur eine Eintagsfliege

„Tor zur Insel Usedom“, Otto-Lilienthal-Stadt – das sind die Beinamen der Stadt Anklam. Den Titel „Hansestadt“ darf man auch nicht unterschlagen. Schon seit vielen Jahrhunderten ist die direkte Umgebung Anklams ein Wirtschaftszentrum. Nur im Fußball blickt man auf eher überschaubare Erfolge zurück, wobei Anklam im Jahr 2019 das hundertste Jubiläum des Fußballsports in der Stadt feierte.

Auf seiner Internetseite stellt die aktuelle Nummer 1 der Stadt, der VFC Anklam, seine Historie vor: Mit 35 Reichsmark hat es angefangen. Ein Ball musste her. Da konnte es auch schon mal ein gebrauchter sein. Ab 1923 wurde dann endlich das heutige Werner-Seelenbinder-Stadion seiner Bestimmung übergeben, sodass sich der Sport, der damals noch in den Kinderschuhen steckte, auch am Peenestrom weiterentwickeln konnte. Der bekannteste Anklamer Spieler ist Hans Breitsprecher, der sogar von Sepp Herberger trainiert wurde. Während des Krieges wurde der Fußball zwangsweise Nebensache, sodass sich erst in der DDR wieder dem Ball gewidmet wurde.

Lange, lange musste man in der Peenestadt auf den großen Sprung warten. Zwar wurden anfangs mal im FDGB-Pokal Empor Lauter und Vorwärts Berlin zugelost, doch die erfolgreichen Jahre beginnen erst in den 1980ern. So lang, wie auf den Aufstieg in die DDR-Liga gewartet wurde, so schnell fand man sich bei den alten Bekannten im Bezirk wieder. Einmal noch kam Energie Cottbus ins Anklamer Stadion, damals jedoch nur eine graue Maus und ebenso in der DDR-Liga steckend. Zu DDR-Zeiten dominierte nur die BSG Lok die Stadt.

Nach der Wende wurde die Tradition noch lange weitergeführt. Über die Verbandsliga ging es aber nie hinaus. Mit dem Aderlass nach der Wende ging auch das Fusionieren und Vereinssterben einher. Aus Lok und Grün-Weiß wurde der VfB, aus dem VfB und Club 98 dann schließlich der VFC, dessen Wappen von Hans Breitsprechers Sohn entworfen wurde. Mit dem Greif und mit dem „V“, das für „Vorpommerscher“ steht, geht es derzeit in der Landesliga um Punkte.

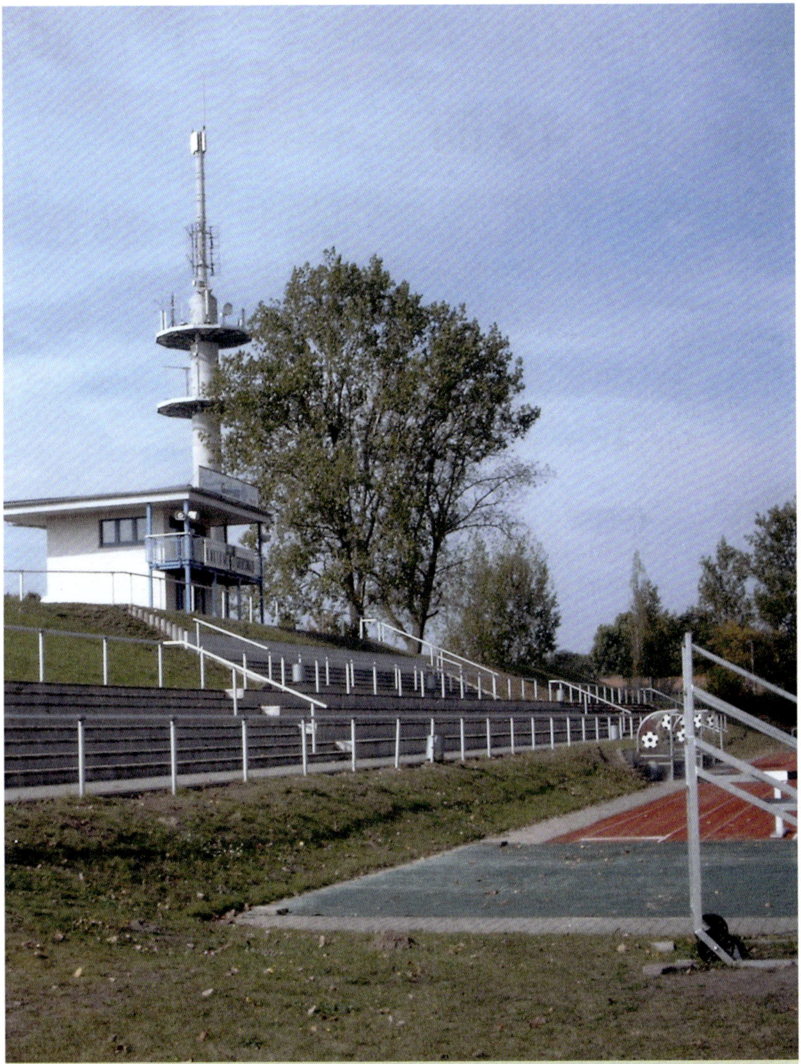

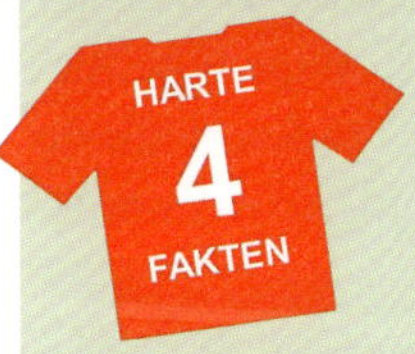

Adresse: Mühlenstraße 16, 17389 Anklam

Kapazität: rund 10.000

Alleiniger Betreiber seit 2009: VFC Anklam

Derzeitige Spielklasse: Landesliga Ost

Bad Doberan 004

Sportplatz am Busbahnhof

BSG Lok, DSV '90 und Doberaner FC

Klickt man auf dem Portal fussball.de auf die Seite des Bad Doberaner SV'90, so fällt einem die Meldung „kein Spielbetrieb" ins Auge. Zwar gibt es den Verein durchaus noch, doch Fußball wird seit 2011 als Doberaner FC gespielt. Wie so oft ist es gar nicht so einfach, den Überblick zu bewahren. Stralsund, Greifswald, Schwerin, Bad Doberan – die Liste ist lang an Standorten, an denen es vor und nach der Wende zu zahlreichen Umbenennungen, Fusionen und Abspaltungen kam.

Einst wurde im April 1946 in der Münster-Stadt Bad Doberan die Sportgemeinschaft „Sturmvogel" ins Leben gerufen. Aufbauarbeit leisteten damals vor allem Herbert Müggenburg, Alfred Else sowie die Sportfreunde Kohn und Romeike. Diese waren 1952 auch bei der Gründung der BSG Lok Bad Doberan beteiligt. Gespielt wurde damals auf dem Sportplatz an der kleinen Lessing-Schule, 1963 konnte der Aufstieg in die Bezirksliga gefeiert werden, und die Zuschauerzahlen konnten sich sehen lassen. In den 1960er-Jahren existierte zwischen der BSG Lok (zwischenzeitlich kurz „Aufbau") eine feste Freundschaft mit den Fußballern der BSG Lok Blankenburg (Harz). In den Folgejahren gab es ein Auf und Ab, immer wieder kämpfte sich Bad Doberan zurück in die Bezirksliga.

Von 1965 bis 2009 wirkte Oskar Burdenski in Bad Doberan als Übungsleiter. Somit war er auch dabei, als nach der Wende die BSG Lok Bad Doberan in Bad Doberaner SV'90 umbenannt wurde. Als weiteres echtes Urgestein darf Willi Reiter, der leider im Jahr 2011 verstarb, bezeichnet werden. Genau in jenem Jahr wurde der Doberaner FC ins Leben gerufen. Nachdem am 8. August 2011 der Doberaner SC und der Doberaner SV'90 fusionierten, durfte der Doberaner FC ab Januar 2012 am Spielbetrieb des LFV Mecklenburg-Vorpommern und des KFV Warnow teilnehmen. Aktuell spielt die erste Herrenmannschaft in der Landesliga West und hat es unter anderem mit der SG Dynamo Schwerin und dem FC Schönberg zu tun. Ausgetragen werden die Heimspiele auf dem Sportplatz am Busbahnhof.

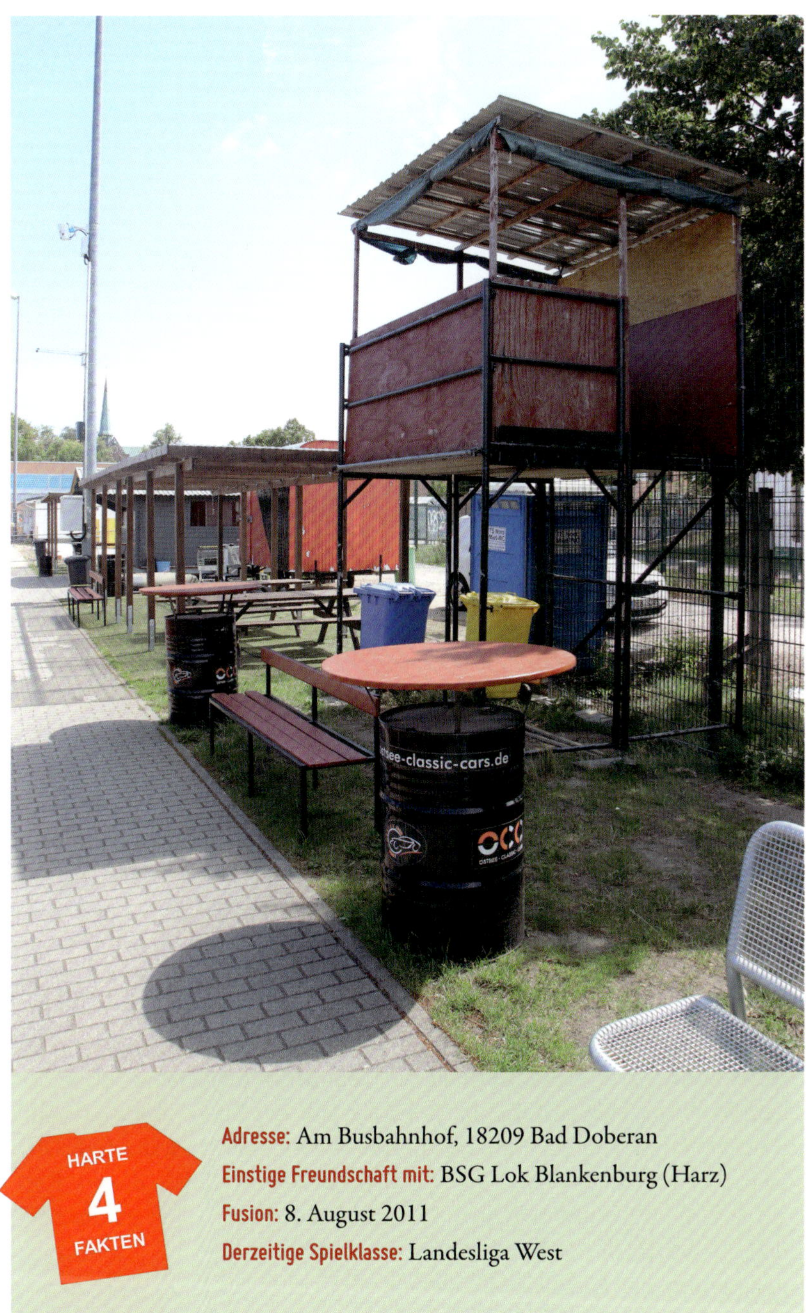

HARTE 4 FAKTEN

Adresse: Am Busbahnhof, 18209 Bad Doberan
Einstige Freundschaft mit: BSG Lok Blankenburg (Harz)
Fusion: 8. August 2011
Derzeitige Spielklasse: Landesliga West

Bansin (Seebad) 005

Stadion am Fischerweg

FC Insel Usedom

Fusionen finden nicht immer nur Freunde. Vor allem, wenn dabei so klangvolle Namen wie „Ostseestrandlöwen“ und „FSV Medizin“ verloren gehen. Am 10. Januar 2003 wurde auf der Mitgliederversammlung der FC Insel Usedom ins Leben gerufen, der seine Heimspiele im Seebad Bansin im am Waldrand gelegenen Stadion am Fischweg austrägt. Zusammengeschlossen wurden die Fußballer der Ostseestrandlöwen Heringsdorf und des FSV Medizin Bansin.

Einst im Jahre 1949 wurde Medizin Bansin von Tennisspielern, unter denen einige Doktoren waren, gegründet. Fußball gab es in der Folgezeit jedoch kaum, vielmehr erinnern sich die älteren Bansiner an Feldhandball-Partien in den 1950er-Jahren. Ende der 1960er Jahre tat sich jedoch was in Bansin. Gemeinsam mit Dietmar und Detlef Spiller, Siegfried Lüder, Heinz Arbeit und vielen anderen packte der aus Berlin gekommene Wolfgang Dannenfeldt an und richtete den verwaisten Sportplatz wieder her.

Am 27. Mai 1967 konnte ein erstes Freundschaftsspiel gegen den SG Pudagla (Gemeinde im Achterland von Usedom) ausgetragen werden. Es endete 5:1. In der Folge konnte ein konstanter Spielbetrieb gewährleistet werden.

In der Saison 1983/84 war Medizin Bansin beispielsweise in der Staffel 1 der Bezirksklasse (Unterbau der Bezirksligen) zu finden. Gegner waren unter anderem KKW Greifswald II, Motor Wolgast II, Vorwärts Peenemünde, Traktor Usedom und Traktor Kemnitz. Die Saison wurde mit Rang 12 abgeschlossen.

In der Gegenwart ist der FC Insel Usedom in der Landesklasse II zu finden. Wie damals in den 1980er-Jahren kommen die Gegner teilweise aus Greifswald und Wolgast. So gibt es Duelle mit der HSG Uni Greifswald, dem HFC Greifswald 92 und dem FC Rot-Weiß Wolgast. Viel los ist bei den Heimspielen im Stadion am Fischweg nicht, so kommen gegen den SV Rollwitz & Co. im Schnitt zwischen 30 und 50 Zuschauer, doch ist das noch immer besser als die Zustände einst in den 1950er-Jahren, als nur noch ein Tor zu finden war und dieses auch noch windschief verwaiste.

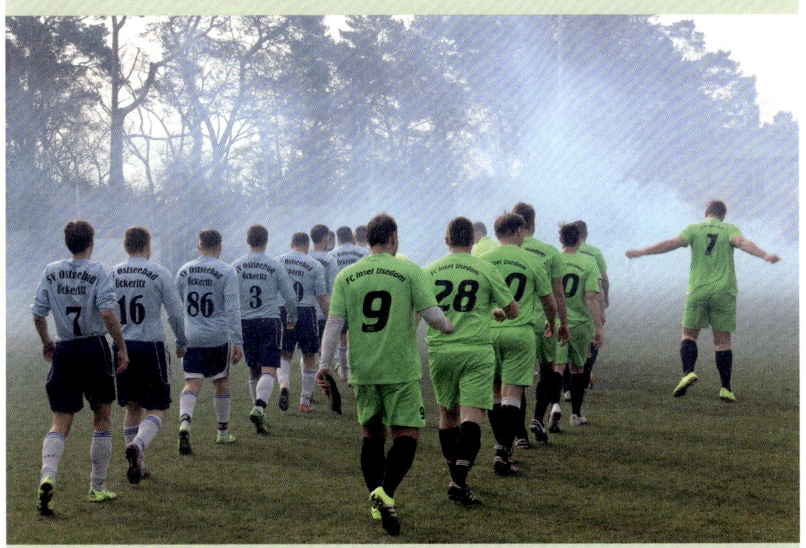

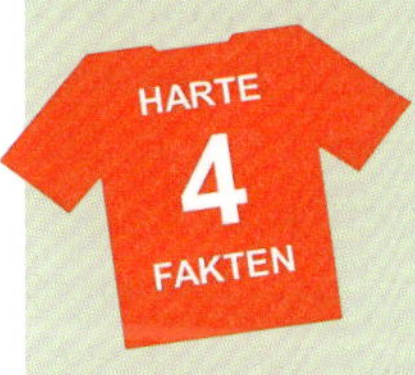

Adresse: Fischerweg, 17429 Seebad Bansin

Gründungsjahr: 2003

Vorgängervereine: Ostseestrandlöwen Heringsdorf & FSV Medizin Bansin

Derzeitige Spielklasse: Landesklasse II

Bentwisch 006

FSV Bentwisch

Nur ein Jahr Oberliga – und doch recht bekannt

Zugegeben, es überraschte ein wenig beim Blick auf die Historie des FSV Bentwisch, als festgestellt werden musste, dass es nur eine einzige Saison in der NOFV-Oberliga zu verzeichnen gab. 2008/09 war Bentwisch mit von der Partie und spielte gar nicht mal übel. Elf Siege in 30 Partien – das genügte für Rang 12. Zu Ende war das Abenteuer Oberliga trotzdem, der Verein zog seine erste Mannschaft freiwillig aus der fünften Spielklasse zurück und ließ diese 2009/10 in der Landesliga auflaufen.

Und warum ist der FSV Bentwisch trotzdem relativ gut bekannt? Liegt es am einprägsamen Namen? War Bentwisch vielleicht schon einmal im DFB-Pokal dabei? Nein! 2006 und 2007 stand der Verein jeweils im Finale des Mecklenburg-Vorpommern-Pokals, musste sich jedoch zum einen Hansa Rostock II mit 1:2 und zum anderen der TSG Neustrelitz mit 0:2 geschlagen geben.

Oder gab es einst zu DDR-Zeiten überraschende Auftritte? Als reiner Fußballverein wurde die SG Bentwisch am 21. Dezember 1966 in der Gaststätte „Alte Heimat" gegründet, im Jahr darauf erfolgte der Zusammenschluss mit der SG Poppendorf (der dortige Platz wurde übernommen, der Vereinsname SG Bentwisch blieb), 1990 fand die Umbenennung in FSV (Fußballspielverein) Bentwisch statt. Nachdem auch andere Sportarten dazu kamen, wurde der Name 2009 in Freizeitsportverein Bentwisch umgewandelt. Da das „FSV" blieb, hatten wohl die wenigsten Außenstehenden davon Notiz genommen. Um auf die DDR-Zeit zurückzukommen: Als SG Bentwisch wurde ausschließlich in der Kreis- und Bezirksklasse gekickt. Aber oha! 1980 wurde aus der alten Baustellenbeleuchtung des Düngemittelwerkes in Poppendorf auf dem Trainingsplatz eine Flutlichtanlage gebaut.

Am 2. Juni 1984 gab es auf heimischem Terrain ein Freundschaftsspiel gegen den 1. FC Union Berlin, das mal eben mit 0:15 verloren wurde. Das kann aber auch nicht der Grund sein, weshalb sich der Name so sehr eingeprägt hatte. Sei es drum, der Verein ist nun dabei in diesem Buch. Immerhin war die SG Bentwisch einer der wenigen DDR-Vereine ohne ein „Traktor", „Bau" oder „Einheit" davor.

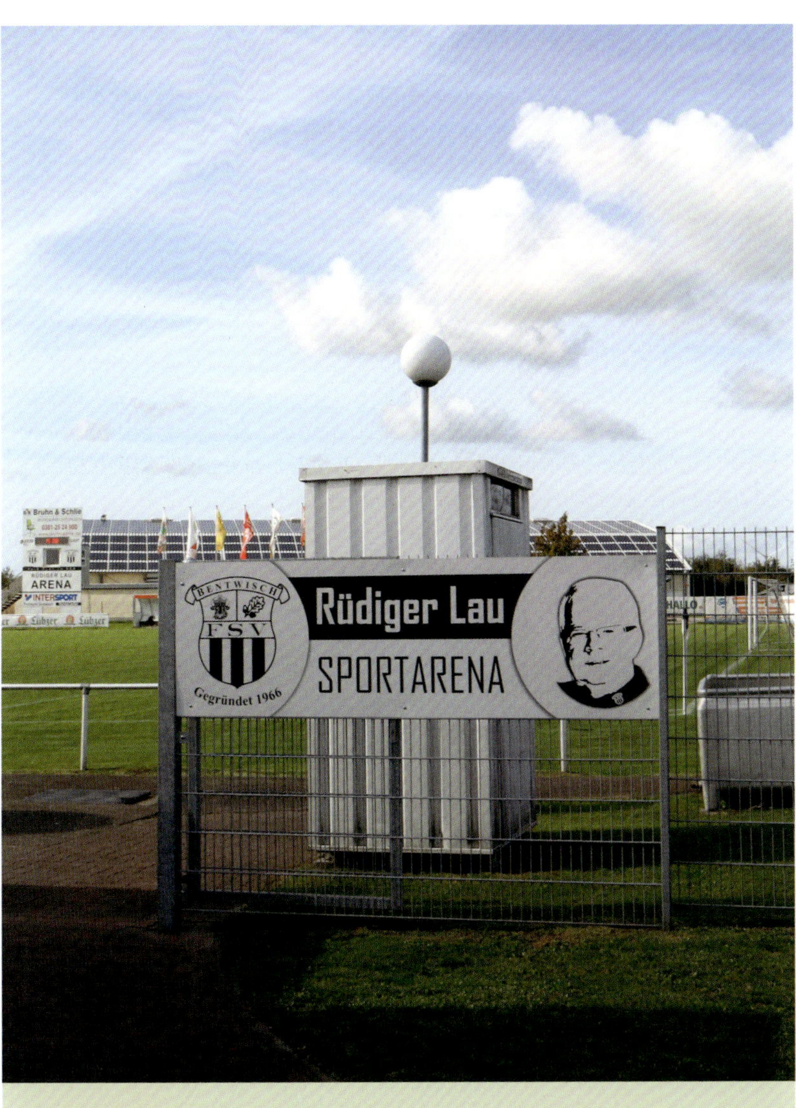

HARTE 4 FAKTEN

Gründung: 21. Dezember 1966

NOFV-Oberliga: 2008/09

Spielstätte: Sportforum Bentwisch

Derzeitige Spielklasse: Landesliga West

Bergen auf Rügen 007

Ernst-Moritz-Arndt-Stadion

Lok Bergen / VfL Bergen

Ein Klassiker für (ortsunkundige) Kinder. Heute fahren wir nach Bergen! Wohin? In die Berge?

Während unserer Ferien einst in den 1980ern machten wir von Binz und Breege aus Tagestouren in die Kreisstadt im Herzen der Insel Rügen, und hinten im Skoda sitzend, grübelte ich immer als Kind, was es wohl mit diesem Namen auf sich hat. Heute würde mich vor allem interessieren: Gab es schon mal ein Freundschaftsspiel zwischen dem dort ansässigen VfL Bergen 94 und dem dreimaligen norwegischen Meister Brann Bergen?

Gegründet wurde der Verein 1938 als Einheit Bergen. Nach dem Zweiten Weltkrieg wurde der Spielbetrieb als Rugia Bergen fortgesetzt. Das ist doch mal ein Name! 1949 erfolgte der Namenswechsel in KWU Bergen, zwei Jahre später wurde daraus wieder Einheit Bergen. Nachdem 1961 die Deutsche Reichsbahn der Trägerbetrieb wurde, ging es weiter als BSG Lokomotive Bergen. Und das durchaus erfolgreich. Immerhin zweimal gelang in den 1970ern der Aufstieg in die DDR-Liga, 1974/75 wurde in dieser sogar der Klassenerhalt gefeiert. Im Schnitt fanden 900 Zuschauer den Weg auf die Ränge des heutigen Ernst-Moritz-Arndt-Stadions.

Seit 1976 wurde in der Bezirksliga gespielt, kurz vor dem Fall der Mauer ging es runter in die Bezirksklasse. Als ESV Bergen und seit 1994 als VfL Bergen 94 konnte sich die erste Mannschaft recht stabil halten und pendelte stets zwischen Landesliga und Verbandsliga.

Und ja, einen bekannten Fußballspieler hat die BSG Lok Bergen auch hervorgebracht. Björn Laars, geboren im Dezember 1974 in Bergen, spielte bis 1987 bei den Junioren der BSG Lok. Nach kurzer Zwischenstation bei KJS Rostock war er schließlich bis 2000 bei Hansa Rostock unter Vertrag, wo er sowohl für die Profis als auch die Amateure auflief. Seine Karriere ließ er 2010 beim SV Babelsberg 03 ausklingen.

Sein Heimatverein in Bergen spielt seit 2006 nonstop in der Landesliga. 2016/17 bewegte sich der VfL Bergen 94 gefährlich nahe der Abstiegszone, in den Spielzeiten darauf konnte die Leistung aber stabilisiert werden.

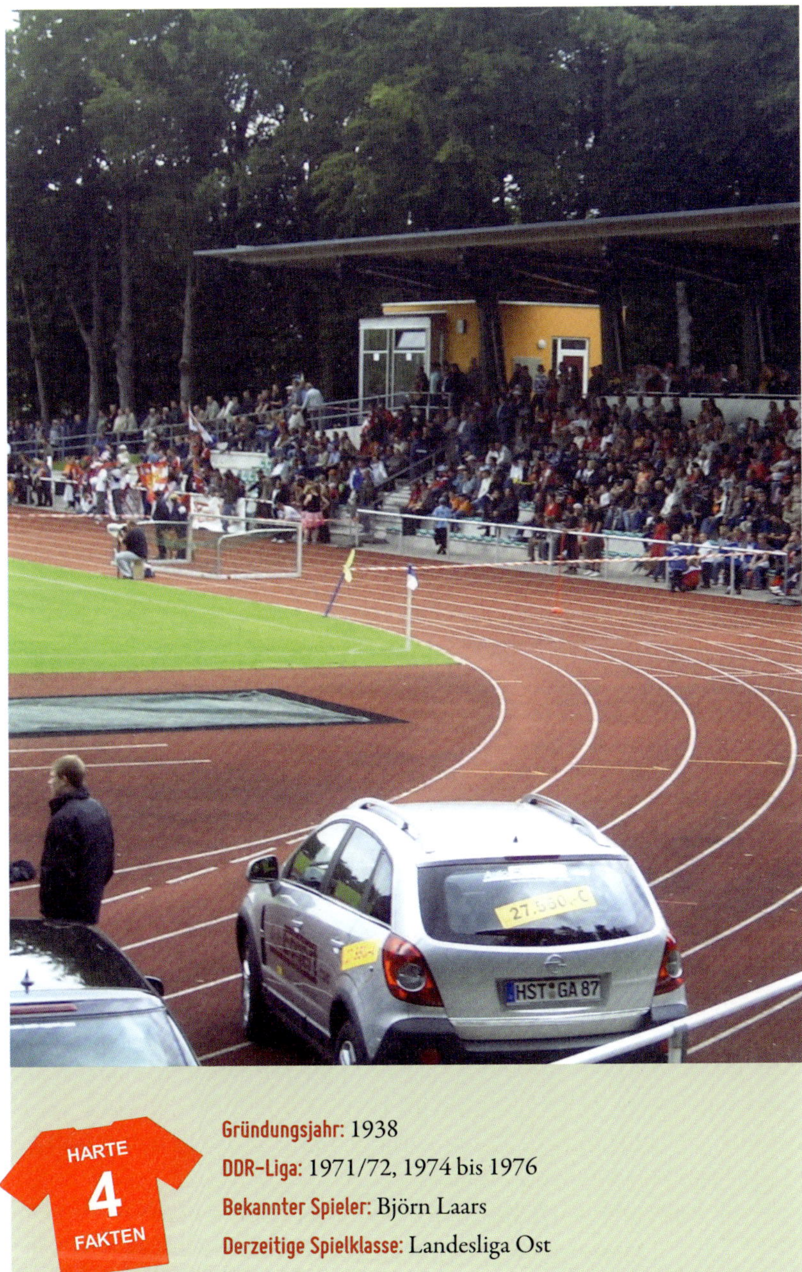

HARTE 4 FAKTEN

Gründungsjahr: 1938

DDR-Liga: 1971/72, 1974 bis 1976

Bekannter Spieler: Björn Laars

Derzeitige Spielklasse: Landesliga Ost

Stadion der Einheit in Binz

1. FC Binz – das Zwillingskind der Eisernen

Im Oktober 2011 führte mich der Zufall auf die Internetseite des SV Rot-Weiß Trinwillershagen. Und was fiel ins Auge? Das Emblem des kommenden Gegners 1. FC Binz! Bis dato hatte ich gedacht, das markante Vereinslogo des 1. FC Union Berlin sei einmalig. In der Mitte der gelbe Ball mit dem schwarzen Berliner Bären drin. Dazu dieser rote kursive Schriftzug. Das extrem langgezogene „F", das „Union" in Großbuchstaben.

Der 1. FC Binz besitzt quasi das gleiche Vereinsemblem. Vorn das kursive „1.F". Das „C" wurde in der mittleren Kugel integriert, in der auch ein klassischer Fußball zu sehen ist. Hinten dran das kursive „Binz" in Großbuchstaben. Genauso umrandet wie beim Emblem der Eisernen. Der einzige Unterschied: die Vereinsfarben Schwarz und Gelb.

Neugierig geworden, suchte ich im Herbst 2011 weitere Infos über den 1. FC Binz. Kurz zuvor schaffte der 1. FC Binz eine Pokalsensation. Gegen Pommern Greifswald gab es ein 6:5 im Elfmeterschießen. Und auch in der Landesliga Nord gelang ein furioser Auftakt.

2008/09 wurde noch in der Staffel 1 der Bezirksklasse gespielt. Souverän wurde der Sprung nach oben geschafft. Nach kurzem Durchatmen wurde in der Saison 2010/11 in der Landesklasse III wieder der Turbo eingeschaltet. 22 Siege und vier Unentschieden in 26 Spielen. Zum Abschluss jener Spielzeit gab es noch das Inselduell gegen die SG Empor Sassnitz vor 108 Zuschauern im Stadion der Einheit.

Ja, es werde viel Geld reingesteckt, wurde mir damals erklärt. Ein Blick auf die Sponsoren sage doch alles. Resorts, Ferienparks, Hotels, Immobilienfirmen. Das schnupperte nach einer goldenen Zukunft. Was wurde daraus? Die Landesliga-Saison 2013/14 wurde auf Rang acht beendet, doch die zweite Mannschaft wurde nach 13 Spielen zurückgezogen. 2014/15 traten dann gar keine Männermannschaften mehr an.

In der Saison darauf wagte der 1. FC Binz in der Kreisliga Nordvorpommern-Rügen einen Neubeginn. 2017/18 gab es wieder etwas zu feiern, der Aufstieg in die Kreisoberliga gelang. Derzeit wird eine Spielgemeinschaft mit der SG Empor Sassnitz gebildet.

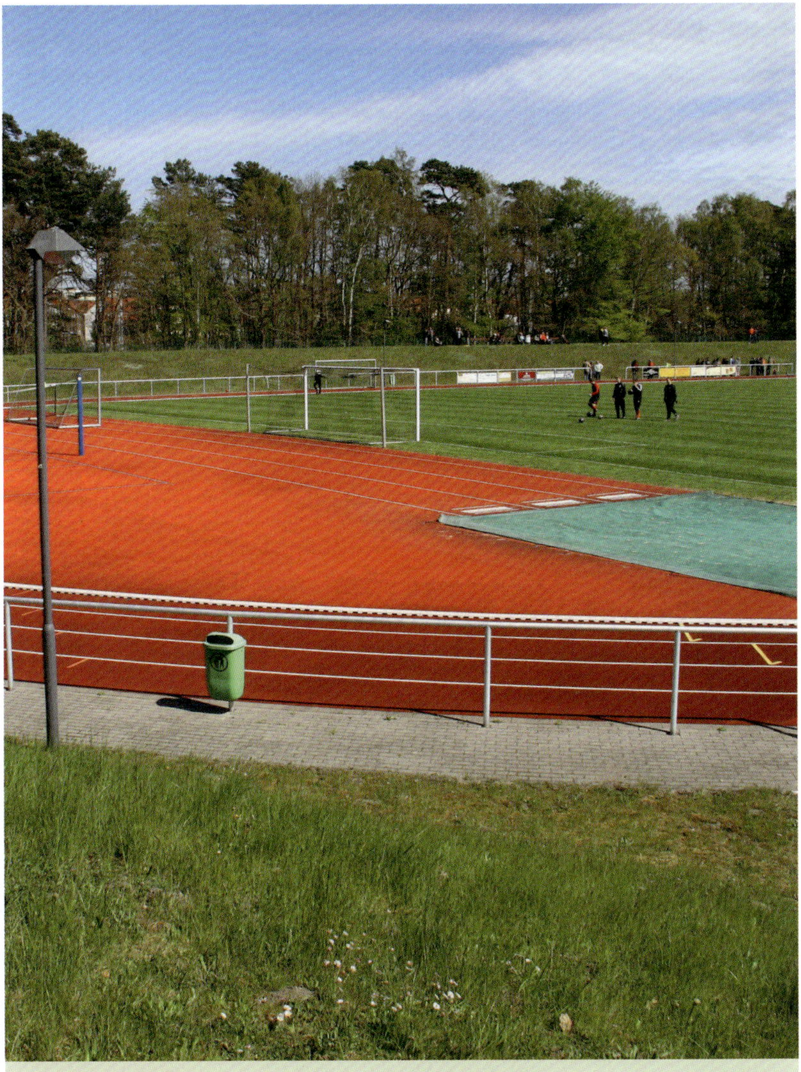

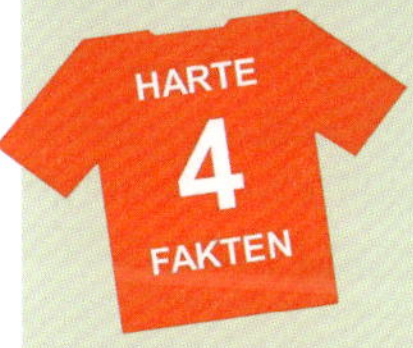

Besonderheit: Ähnlichkeit des Wappens mit dem von Union Berlin

Vereinsfarben: Schwarz und Gelb

Spielgemeinschaft mit: SG Empor Sassnitz

Derzeitige Spielklasse: Kreisoberliga

Boizenburg 009

Aufbau und Motor Boizenburg

Sperrgebiet und Fliesenstadt

„Willkommen in der Fliesenstadt!" Als wir im Rahmen einer Wanderung im Sommer 2003 entlang der ehemaligen deutsch-deutschen Grenze in Boizenburg eintrafen, wurden wir von solch einem Schild begrüßt. Zu DDR-Zeiten gab es dort noch ganz andere Schilder. Bis 1972 lag Boizenburg an der Elbe im direkten Sperrgebiet, ein Passierschein war demzufolge notwendig. Nachdem der Sperrgebietsverlauf verändert wurde, entspannte sich das Ganze ein wenig.

Wie der Zufall es wollte, stieg die SG Aufbau Boizenburg 1971 in die DDR-Liga auf. Gästefans von Dynamo Schwerin, der TSG Wismar und Vorwärts Neubrandenburg wird es damals nicht allzu viele gegeben haben. Beim zweiten Gastauftritt in der DDR-Liga in der Saison 1974/75 konnte dies schon ein wenig anders aussehen, da die Passierscheinpflicht weggefallen war.

Es blieb bei diesen beiden Auftritten in der DDR-Liga, die restliche Zeit spielte der Verein, der anfangs noch BSG Keramik Boizenburg und BSG Chemie Boizenburg hieß, meist in der Bezirksliga Schwerin.

Nachdem am 1. Juli 1990 der Verein als SG Aufbau Boizenburg neu gegründet wurde, gab es ein sportliches Auf und Ab. Zwischenzeitlich musste der Absturz in Bezirksliga und Landesklasse hingenommen werden, 2014 gelang schließlich der Aufstieg in die Verbandsliga mit einem 6:3 bei Einheit Crivitz vor 600 Zuschauern.

Neben Aufbau gibt es auch noch die SG Motor Boizenburg, die aktuell in der Kreisliga Westmecklenburg zu finden ist. 2016/17 kickte Motor Boizenburg noch in der Landesklasse, wurde nach der Saison jedoch zurückgezogen. Zu DDR-Zeiten spielte der im Oktober 1948 gegründete Verein anfangs in der Bezirksliga, musste jedoch zwischenzeitlich einen Zusammenschluss mit dem Stadtrivalen Aufbau hinnehmen.

Von 1968 bis 1972 leisteten Sportler, Werftarbeiter und andere Arbeiter rund 12.000 Arbeitsstunden und errichteten den Sportplatz „Grüner Weg", wo die SG Motor heute noch spielt. Die Heimat von Aufbau ist indes der Sportplatz „An der Fliesenfabrik".

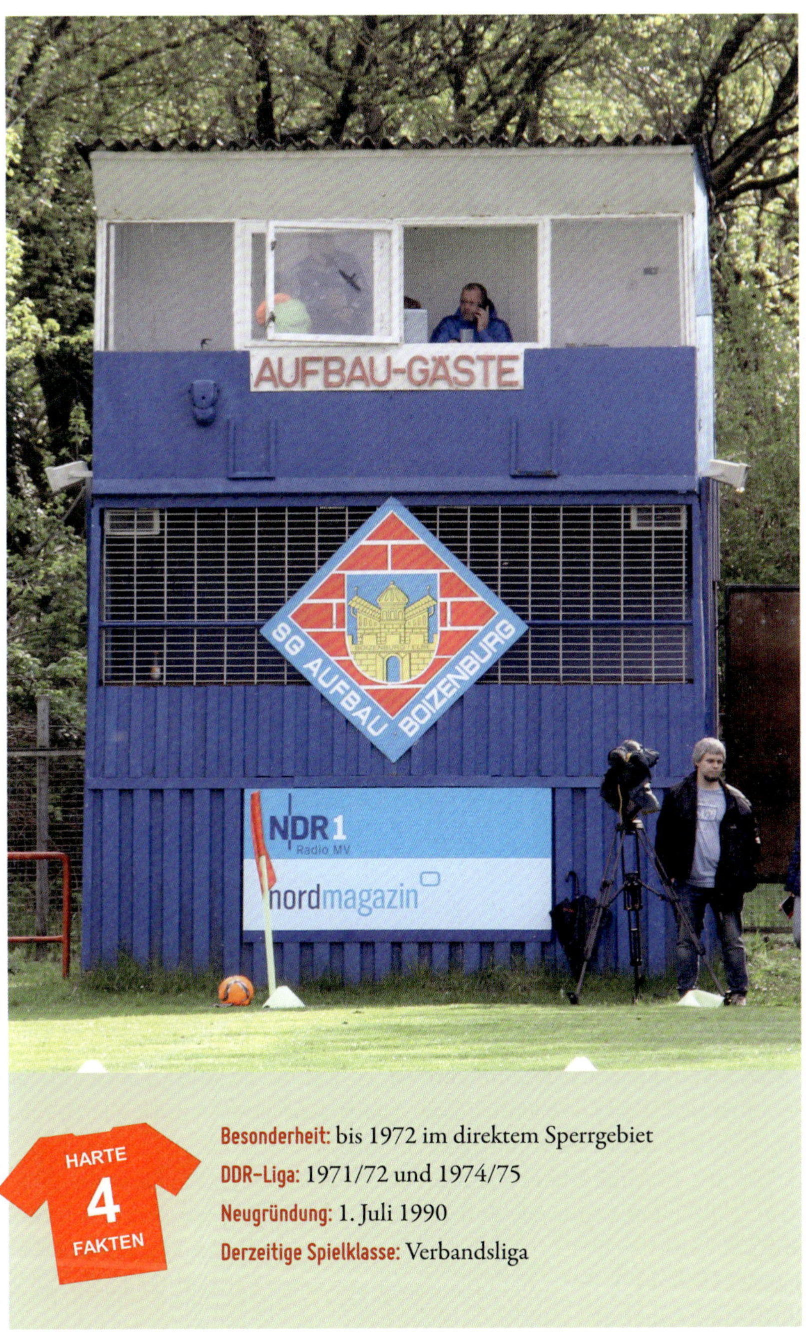

Besonderheit: bis 1972 im direktem Sperrgebiet

DDR-Liga: 1971/72 und 1974/75

Neugründung: 1. Juli 1990

Derzeitige Spielklasse: Verbandsliga

Bützow 010

TSV Bützow 1952

Wolfgang Ramlow und Torsten Frühling

Parkow, Horst und Wolken – so heißen die Ortsteile der Stadt Bützow, die sich zwischen Schwerin und Rostock befindet und auf eine lange Geschichte zurückblickt. Bereits 1171 wurde die slawische Burg „castrum Butissowe" in Chroniken erwähnt. Das Stadtwappen: Zwei schräg gekreuzte goldene Bischofsstäbe, die Kreuzung überdeckt von einer goldenen Mitra. Im Gegensatz zum Hagenower SV nahm der TSV Bützow 1952 nicht die Elemente des Stadtwappens in das eigene Wappen mit auf. Stattdessen gibt es ein gelbes geschwungenes „TSV" auf rotem Grund.

Zu DDR-Zeiten spielte der Verein als BSG Lokomotive Bützow (Trägerbetrieb war die Deutsche Reichsbahn) einige Spielzeiten in der Bezirksliga Schwerin. In der Anfangsphase (1952 bis 1959) war Bützow noch als BSG Chemie am Start. Die beste Platzierung (Rang fünf) in der Bezirksliga gab es in der Saison 1961/62.

Nach der Wende spielte der TSV Bützow 1952 in der Saison 2004/05 noch in der Bezirksliga Nord, stieg jedoch am Ende dank des besseren Torverhältnisses gegenüber Tessin auf. Aktuell ist Bützow seit 2016 in der Verbandsliga zu finden.

Als Kinder schnürten einst die Fußballstiefel bei Lok Bützow Wolfgang Ramlow und Torsten Fröhling. Ramlow wurde im September 1954 in Bützow geboren und wurde im Alter von knapp 15 Jahren zu Hansa Rostock delegiert. Von 1971 bis 1973 absolvierte er in der DDR-Junioren-Nationalmannschaft 30 Spiele. Am 15. September 1973 bestritt er sein erstes DDR-Oberligaspiel – und das beim Klassiker F.C. Hansa Rostock vs. SG Dynamo Dresden, den die Jungs mit der Kogge auf der Brust mit 2:0 gewinnen konnten. Seine Karriere als Leistungssportler musste er nach einer Verletzung 1975 auf ärztliches Anraten beenden.

Torsten Fröhling erblickte im August 1966 in Bützow das Licht der Welt. Von Lok Bützow wurde er 1979 zum 1. FC Magdeburg delegiert. Nach dem Fall der Mauer spielte er noch beim Hamburger SV, beim FC St. Pauli und beim VfB Lübeck. Im Anschluss begann er seine Karriere als Trainer, seit 2017 ist er Cheftrainer der U23-Mannschaft des FC Schalke 04.

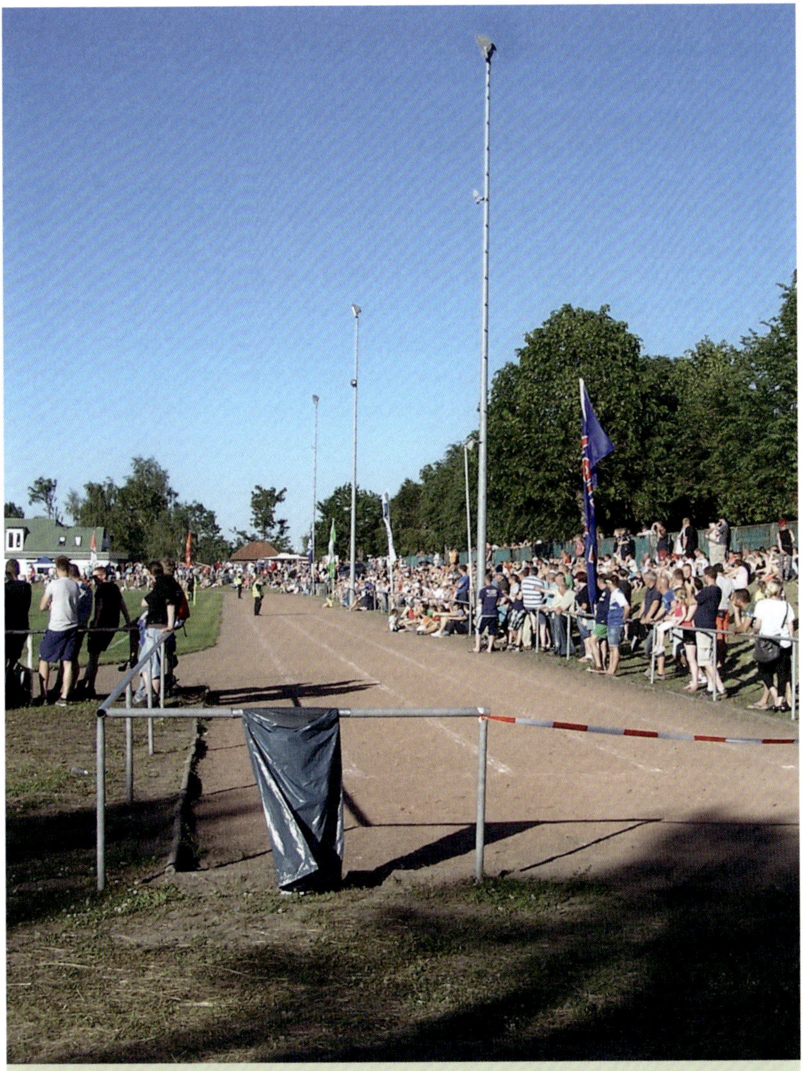

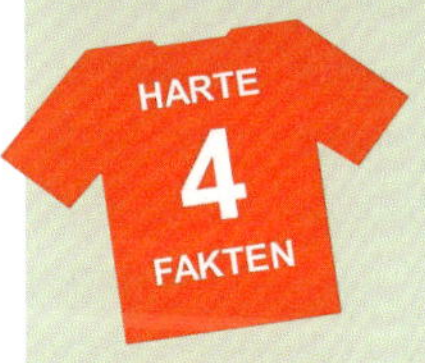

Einstiger Trägerbetrieb: Deutsche Reichsbahn

Spielstätte: Sportanlage Am Wall

Vereinsfarben: Gelb und Rot

Derzeitige Spielklasse: Verbandsliga

Chemnitz (Blankenhof) 011

SV 1950 Chemnitz

Himmelblaue vor den Toren Neubrandenburgs

Beim großen Chemnitzer FC, dem einstigen FC Karl-Marx-Stadt, trägt man bekanntlich mit Stolz die Farbe Himmelblau. Und auch beim kleinen SV 1950 Chemnitz ist dies die Vereinsfarbe. Allerdings sprechen wir hier nicht von der sächsischen Metropole, sondern von dem kleinen Ortsteil der Gemeinde Blankenhof, die vom Amt Neverin (Landkreis Mecklenburgische Seenplatte) verwaltet wird.

Dieses Chemnitz ist wahrlich recht winzig (die gesamte Gemeinde hat rund 720 Einwohner), doch darf es sich dank der Sehenswürdigkeiten über einen eigenen Wikipedia-Eintrag freuen. Neben Torfhaus, Gutshaus und Feldsteinkirche ist der Besuch eines Heimspiels des SV 1950 Chemnitz ein Muss. Immerhin pilgern schon mal 50 Schaulustige zu den Heimspielen in der Kreisoberliga, in der unter anderem Traktor Dargun und Sturmvogel Völschow die klangvollen Gegner sind. Ein Gebet in der Dorfkirche, etwas aus dem Hofladen geholt und dann nichts wie hin zum Sportplatz! Reizvoll ist in jedem Fall das schwungvolle Wappen des 1950 ins Leben gerufenen Vereins. Auf himmelblauem Grund ist ein für die damalige Zeit typisches Raupenfahrzeug zu sehen. Und im Gegensatz zum sächsischen Namensvetter hieß dieses Chemnitz auch zu DDR-Zeiten so.

Jährliches Highlight ist das im Juni ausgetragene Sommerfest, bei dem meist eine Tanzgruppe aus der Partnergemeinde Tychowo auftritt und mit DJ Torsten die laue Nacht durchgetanzt wird. Größter Erfolg in der jüngeren Vereinsgeschichte war der Aufstieg in die Landesklasse am Ende der Saison 2010/11. In den folgenden Spielzeiten ging es unter anderem gegen Burg Stargard und Krakow am See. In die Saison 2011/12 starteten die Chemnitzer sensationell, und so war es wenig verwunderlich, dass teils über 100 Zuschauer zu den Heimspielen kamen. Bis 2017 konnte sich der SV 1950 Chemnitz in der Landesklasse halten, dann ging es wieder runter in die Kreisoberliga. Schuld war jedoch nicht der miserable Tabellenplatz. Vielmehr war die Ligenreform in Mecklenburg-Vorpommern der Grund dafür, dass gleich sieben Vereine eine Etage runter mussten.

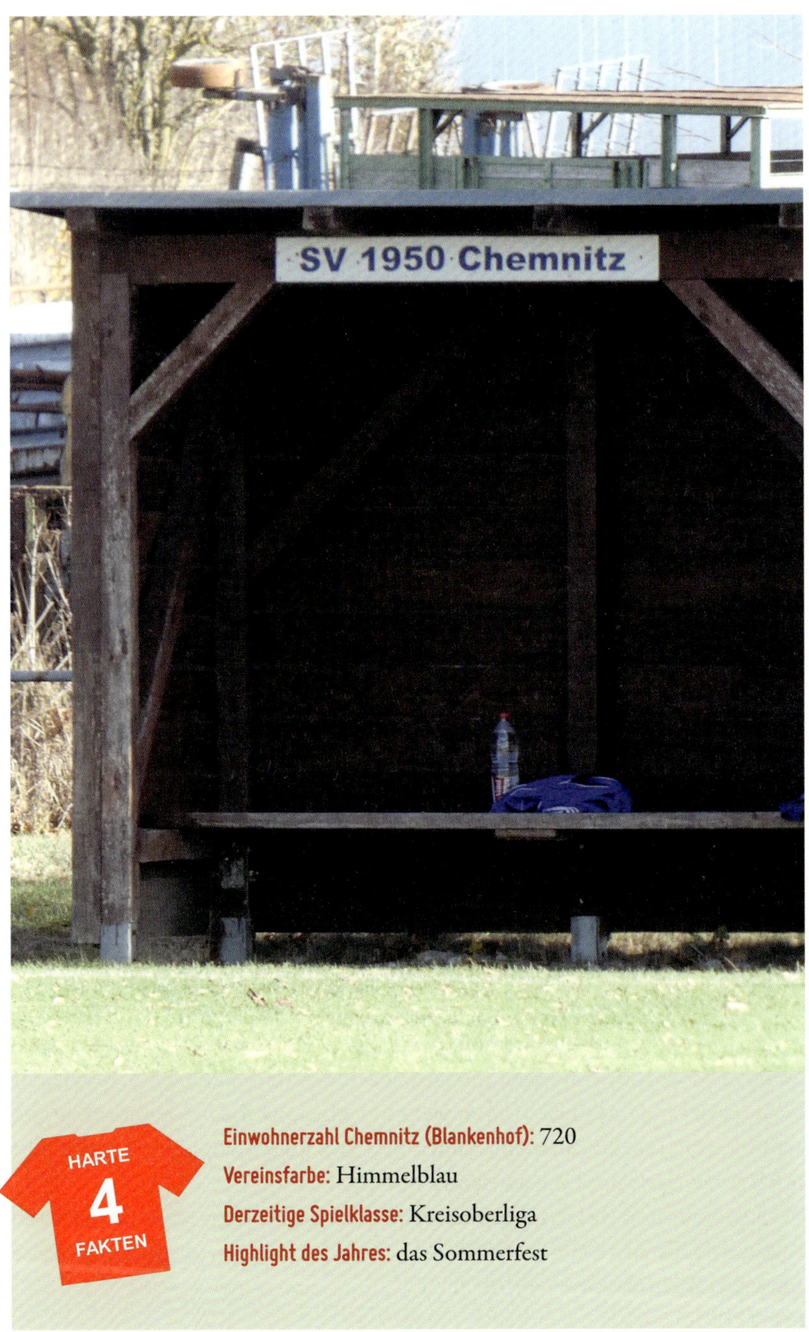

HARTE 4 FAKTEN

Einwohnerzahl Chemnitz (Blankenhof): 720
Vereinsfarbe: Himmelblau
Derzeitige Spielklasse: Kreisoberliga
Highlight des Jahres: das Sommerfest

Dargun 012

SV Traktor Dargun

Der SVT wird seine Gegner jagen

„Daaargun! Gelb-Blau, Gelb-Blau, ja das sind meine Farben. Gelb-Blau, Gelb-Blau, SV Traktor Dargun! Gelb-Blau, Gelb-Blau, ja das wird immer so sein, Gelb-Blau, Gelb-Blau, mein Lieblingssportverein. ... Mein Verein, der SVT, wird seine Gegner jagen ..." Ein Verein mit solch einer fetzigen Hymne (hörbar auf der Vereinswebseite) muss einfach rein in dieses Buch! Wenngleich am Klostersee die ganz großen sportlichen Erfolge ausblieben, so stehen immerhin sieben Spielzeiten in der Bezirksliga Neubrandenburg zu Buche, drei von ihnen von 1988 bis 1991.

Bereits am 16. Juli 1925 wurde der Verein als „Darguner Fussballclub v. 1925" ins Leben gerufen, 1950 bekam er den klassischen Namen BSG Traktor Dargun. In der Saison 1958 (gespielt wurde nach sowjetischem Vorbild im Kalenderjahr) war Traktor Dargun in der Gruppe 2 der Bezirksliga Neubrandenburg erstmals mit von der Partie. Nach der Wende wurde wie vielerorts aus der „BSG" ein „SV".

2005 musste der Abstieg in die Bezirksklasse hingenommen werden, doch die Rückkehr in die Bezirksliga klappte auf Anhieb. 2009 gelang der Sprung in die Landesliga – und das nur dank der mehr geschossenen Tore. Der FSV Blau-Weiß Greifswald hatte das Nachsehen. Bis 2017 konnte sich Traktor Dargun in der Landesliga behaupten, in der darauffolgenden Landesklasse-Saison wurde die Mannschaft nach 15 Spielen zurückgezogen. Der Neustart in der Kreisliga gelang, mit 19 Siegen in 22 Spielen wurde der Sprung in die Kreisoberliga gemeistert.

Ein Abstecher nach Dargun lohnt in jedem Fall. Eine Besichtigung des Schlosses Dargun, ein Spaziergang um den Klostersee, eine Fahrt mit der Naturpark-Draisine und nicht zuletzt ein Heimspiel des SV Traktor Dargun – da bietet es sich eigentlich an, eine Übernachtung einzuplanen. Und es gibt noch einen Bonbon: Eine zweite Hymne!

„Du hast alles, einfach alles, was für uns zählt. Unseren blau-gelben Schal tragen wir bis ans Ende der Welt. ... Wir folgen dir bis in die Ewigkeit. ... Unsere Fahnen werden ewig für dich wehen!"

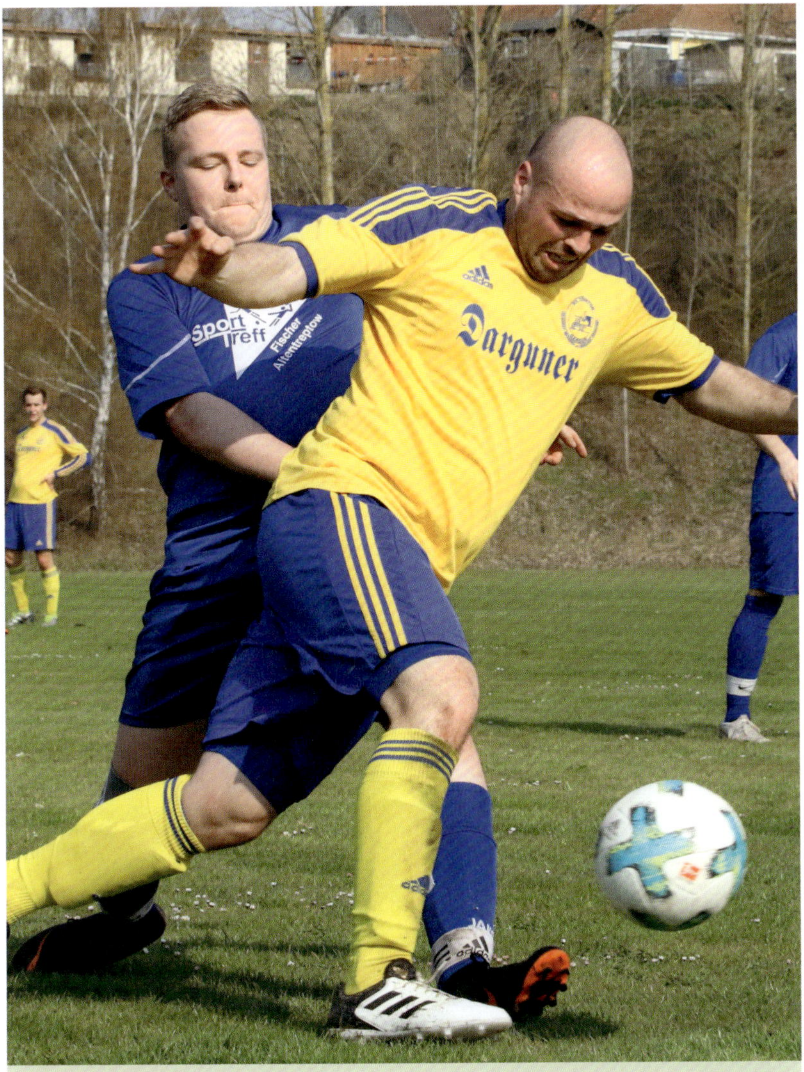

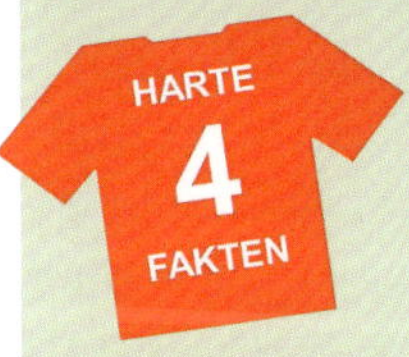

Besonderheit: die wohl coolste Vereinshymne

Gründung: 16. Juli 1925

Bezirksliga Neubrandenburg: 1988 bis 1991

Ausflugstipp: Naturpark-Draisine

Stadion der Jugend

Pommerns Griechen-Tempel

Das vorpommersche Demmin (10.000 Einwohner) erzielte mit dem größten deutschen Massenselbstmord kurz vor Ende des Zweiten Weltkriegs und mit der höchsten Arbeitslosenquote nach der Wiedervereinigung bereits traurige Rekorde. Dennoch machen die Stadt und die reizvolle Umgebung auf Touristen einen gepflegten Eindruck.

Die Attraktion des hiesigen Stadions ist der tempelartige Bau auf dem Hügel in der Kurve. Blickt man vom Hügel aus auf den Platz, dann ist das hier kein typischer DDR-Sportplatz. Die Elemente tragen den Stil der Stadionarchitektur der 1930er Jahre (die riesige Treppe, der „Tempel" mit seinen Arkaden und die Empore). Das Stadion wurde im Olympiajahr 1936 eingeweiht. Der „Tempel" ist eine der größeren Kriegergedächtnisanlagen, die zu Ehren der gefallenen Soldaten des Ersten Weltkriegs errichtet wurden. Auf der Webseite des Demminer SV 91 wird dem Besucher das Foto der Einweihung gezeigt. Die vier Mittel-Säulen waren mit übermenschlich großen Soldaten bestückt, das Dach mit dem Adler. Die Olympia-Ringe blieben bestehen, der Rest ist weg.

Mit dem Kriegsende erlosch auch die Viktoria Demmin. Großen Fußball gab es nie. Nur zwei Saisons als BSG Verkehrsbetriebe Demmin in der 2. Liga. Die BSG war eine Fusion aus Empor und Lokomotive. Empor bezieht sich auf die VEB Brauerei. In Demmin wird allerdings heute kein Bier mehr gebraut, doch gibt es Ideen zur Wiederbelebung. Einmal konnte die BSG Verkehrsbetriebe im FDGB-Pokal den BFC Dynamo herausfordern, allerdings nur die Zweitvertretung.

Die BSG überlebte die Wende nicht, fiel der Besinnung auf alte Zeiten zum Opfer und machte als Demminer SV 91 weiter (Bezug auf Demminer Sportverein von 1919). Der eigentliche Vorgänger war die Viktoria. Ihr Gründungsjahr wird im aktuellen Wappen des DSV 91 fixiert. In der strukturschwachen Region konnte der DSV überregional bisher keine Stiche setzen. Der letzte bemerkenswerte Eintrag datiert aus dem Jahr 2015, als es einen Spielabbruch aufgrund von Ausschreitungen gab. Der Gegner war Victoria Neustrelitz.

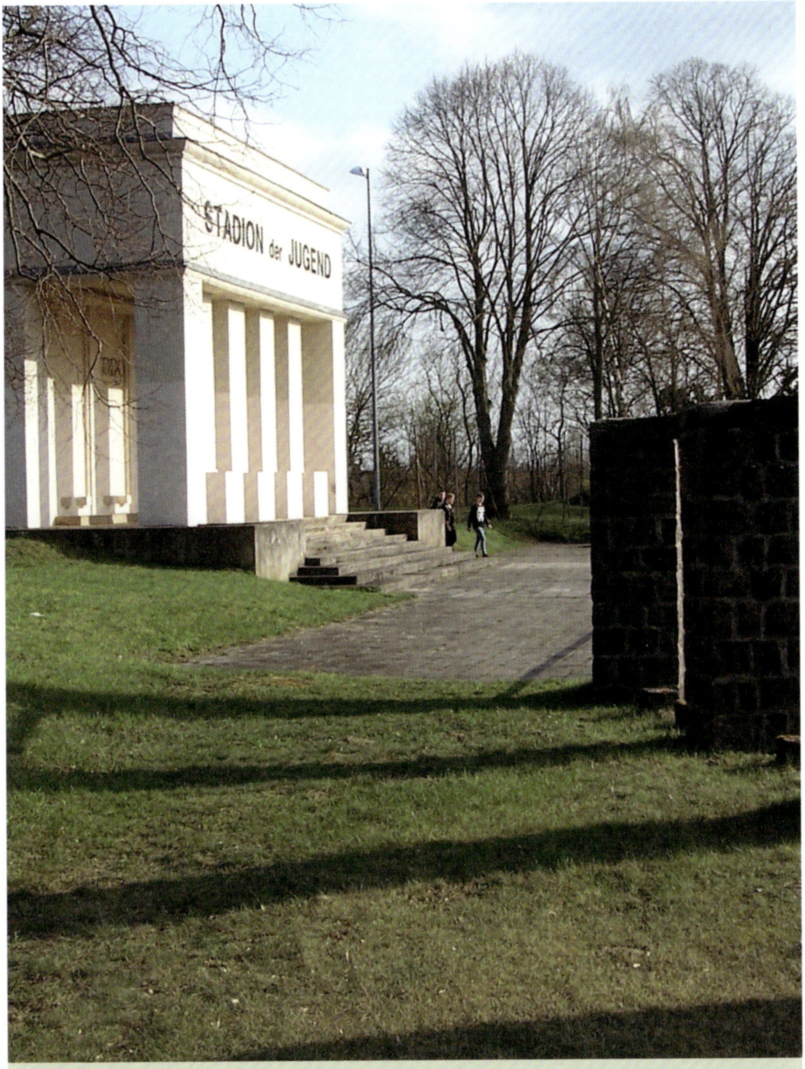

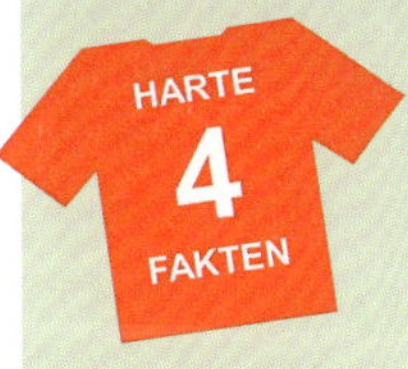

Adresse: Schützenstr. 1, 17109 Demmin

Gründung des TUS Demmin: 1861

Gründung des Demminer Sportvereins: 1919

Derzeitige Spielklasse: Kreisoberliga

Friedland in Mecklenburg 014

TSV Friedland 1814

Deutschlands ältester Sportverein

Friedland in Mecklenburg ist ein Städtchen mit zirka 6.000 Einwohnern. Das können mehrere Städte von sich behaupten. Das, was Friedland von allen anderen Städten in Deutschland unterscheidet, ist die Tatsache, dass hier im Jahre 1814 der erste Turnverein Deutschlands gegründet wurde. Im Datzetal wurde mit den Befreiungskriegen nach dem Jahn'schen Motto „Frisch, fromm, fröhlich, frei!" begonnen fleißig zu turnen, auch um Napoleons Truppen wieder vom Gebiet vertreiben zu können.

Wir begeben uns auf Spurensuche, um zu überprüfen, was man in Friedland mit dem Ruf, der älteste deutsche Sportverein zu sein, macht, denn heute, an diesem 5. September des Jahres 2015, tritt der TSV Friedland 1814 das erste Mal seit den 70er-Jahren gegen den SV Viktoria Salow an. Das brisante Pokalspiel findet im Sportpark des Dorfes statt. Doch bevor der Ball dort rollt, besuchen wir Friedland und sehen nach, ob dort der Geist der Jahn'schen Generation noch wahrnehmbar ist.

Der TSV-Sportplatz befindet sich am östlichen Rand des Ortes. Die Anlage „Am Hagedorn" ist allerdings nicht die hiesige Wiege der Leibesübungen. Ein Denkmal am Eingang des Sportplatzes verweist auf die Straße nach Schwanbeck, wo seit 1814 geübt wurde. Carl Leuschner, der ganz in der Nähe, im Dorf Roga, auf dem Friedhof liegt, Freund des Turnvaters Jahn war und an dessen Hochzeit teilnahm, war nicht nur Gymnasiallehrer in Friedland, sondern gilt auch der Begründer der Turnbewegung in Norddeutschland. Der TSV-Sportplatz selbst wirkt heute ebenso unspektakulär wie die damaligen Turnplätze. Seit 1914 wird hier dann auch gegen den Lederball getreten.

Heute rollt der Ball im Landespokal, der Verbandsligist, der später nach seinem freiwilligen Rückzug (2019) in der Kreisoberliga antritt, hat viele Leute mitgebracht. Und tatsächlich! Einige laufen mit dem Schriftzug, der auf den Titel des ersten deutschen Sportvereins hinweist, herum! Übrigens bietet die Internetseite des Vereins eine sehr detaillierte Chronik. Dort werden auch alle der zahlreichen Sektionen vorgestellt.

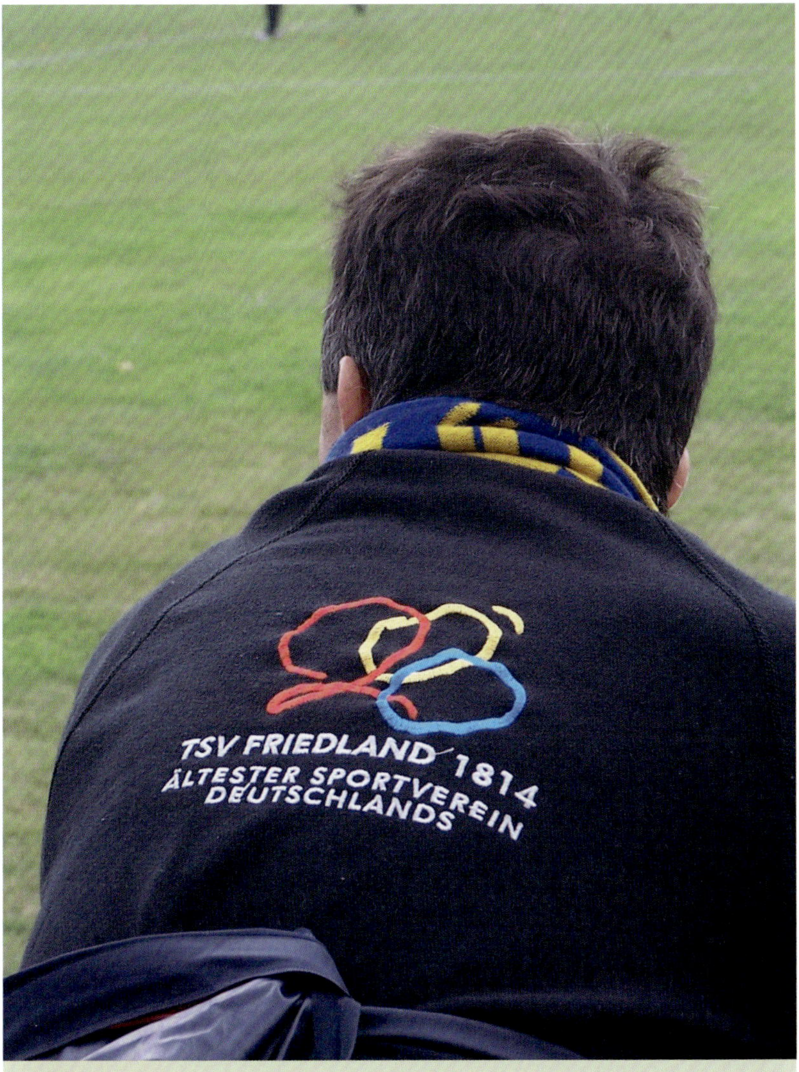

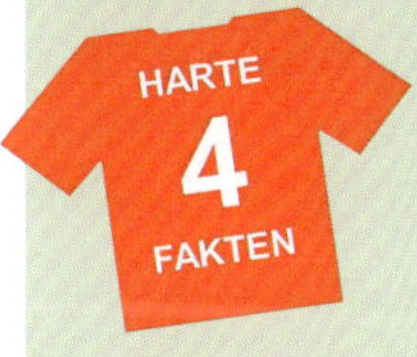

Adresse: Verwalterweg, 17098 Friedland

Alleinstellungsmerkmal: erster Sportverein Deutschlands

Einstige Sportanlage: Straße nach Schwanbeck

Heutiger Sportanlage: Am Hagedorn

SV 90 Görmin

Enger als Pech & Schwefel

Der SV 90 Görmin, ein Verein in der gleichnamigen Gemeinde (900 Einwohner) hat sich mittlerweile zu einer festen Größe in der vorpommerschen Fußballlandschaft etabliert. Der Weg dahin war, wie es in einem bekannten deutschen Lied der Populärmusik heißt, „steinig und schwer". Der heutige SV 90 Görmin kann im Gegensatz zur SG Görmin (1951 gegründet) auf geradezu luxuriöse Bedingungen aufbauen. Im Gründungsjahr bestand der Platz nur aus einer Wiese und zwei Toren. Das hing auch damit zusammen, dass die SG Görmin keine Betriebssportgemeinschaft war. Zu DDR-Zeiten war das schon ein Hindernis, da die Kosten für den Spielbetrieb selbst getragen werden mussten. Das Erreichen der Viertklassigkeit musste daher auch hervorgehoben werden!

Erst 1965 wurde etwas zusammengezimmert, sodass sich die Spieler wenigstens im Trockenen umziehen konnten. So verharrte der Platz mit seinen „obligatorischen" Pappeln, die so viele Sportplätze der DDR aufwiesen, bis zur Wende. Mit dem Umbruch kam die Frage nach einem besseren Domizil auf. Die Wirren der Neuordnung begruben dann schließlich alle Pläne für die Umgestaltung der LPG-Anlage zum neuen Sportplatz.

Seit Urzeiten existiert in Görmin eine enorme Gemeinschaftskraft, die man sonst im Land vergeblich sucht. Selbst die Fangruppe „Schlachtenbummler" mit der Peenetal-Hölle-Fahne ist schon seit fast 20 Jahren unermüdlich bei fast jedem Spiel dabei! Die rauschenden Pappeln wichen in der Modernisierungsphase neuen Nadelbäumen und Sträuchern, ein moderner Sozialtrakt wurde 1998 errichtet und dazu noch im Jahr 2004 eine sehenswerte Tribüne eingeweiht. Die Trainingsstätte und der Parkplatz liegen gleich nebenan.

Alles war bereit für das Abenteuer Verbandsliga, das nun schon seit 2016 anhält. Wer kann als ländliches Dorf tief im Nordosten des Landes schon über solche Bedingungen verfügen? Wer hat noch mehr Energie als diese wie Pech und Schwefel zusammenhaltende Gemeinschaft?

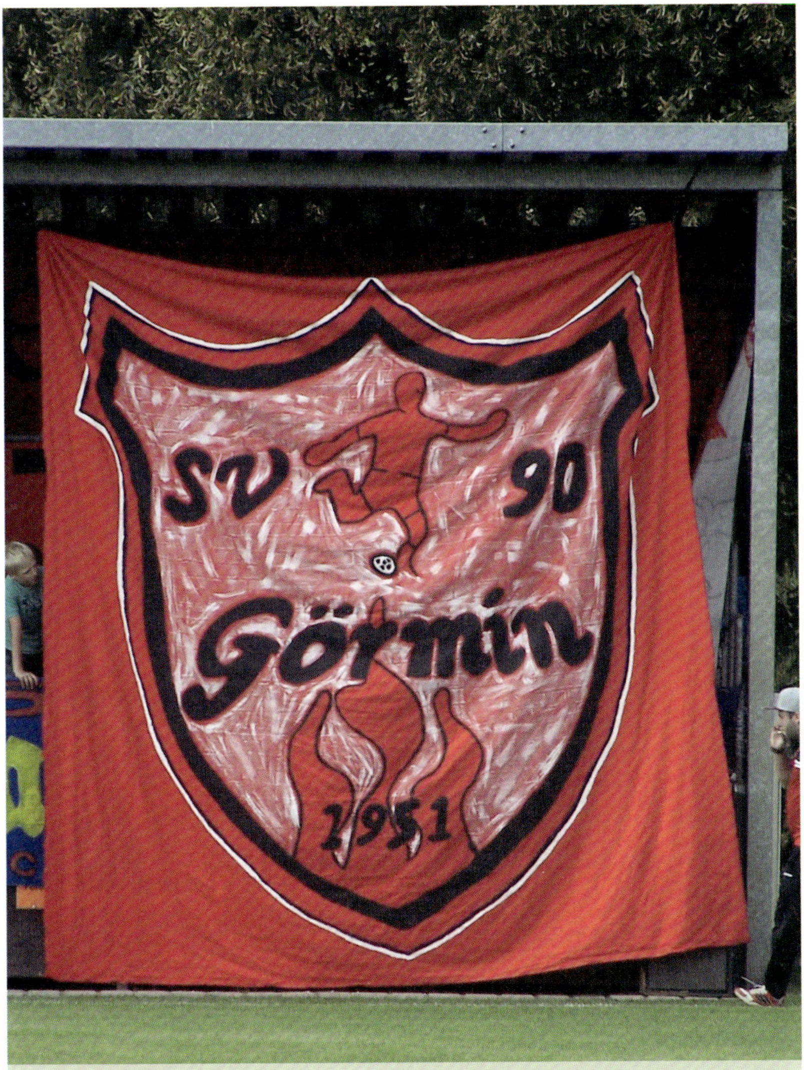

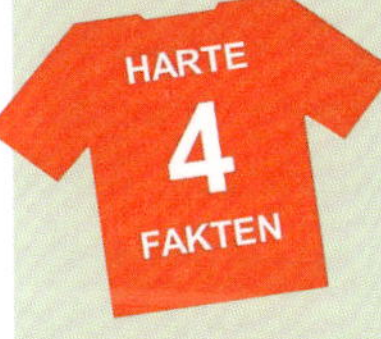

Adresse: Am Sportplatz 2, 17121 Görmin
Spielstätte: Peenetalstadion
Besonderheit: keine BSG zu DDR-Zeiten
Derzeitige Spielklasse: Verbandsliga

TSV Graal-Müritz 1926

Mit Reck und Barrenübungen fing alles an

Moin! Eines sogleich vorweg: Das Seeheilbad Graal-Müritz hat nichts mit dem See Müritz zu tun. Logisch weiß das jedes Nordkind, doch richtet sich dieses Buch auch an Leser, die aus der Ferne mal über den Tellerrand schnuppern wollen.

Graal-Müritz liegt zwischen Warnemünde und Wustrow. Es entstand 1938 per Dekret aus den beiden Ortschaften Graal und Müritz und hat aktuell rund 4.000 Einwohner. Bereits 1906 wurde in einer Bäckerstube der erste Männerturnverein mit dem Namen „Gut Heil“ Müritz-Graal gegründet. Vorerst blieb es bei Reck und Barrenübungen. Am 28.12.1926 wurde im Waldhotel der Verein in „Turn- und Sportverein“ umbenannt.

Nach dem Zweiten Weltkrieg wurde zunächst der Verein als Möwe Graal-Müritz neu ins Leben gerufen, ein erstes Fußballspiel fand im Juli 1946 gegen eine Mannschaft aus Klockenhagen statt. 1948 übernahm die BSG Lokomotive Graal-Müritz den Spielbetrieb, ein Jahr später wurde aus ihr die SG Fortschritt. 1950 sprang die SDAG Wismut ein, da einige Kumpels aus dem Erzgebirge an die Ostseeküste zur Erholung geschickt wurden. Nachdem sich 1953 Wismut zurückzog, übernahm das örtliche Gesundheitswesen als Trägerbetrieb. Als BSG Medizin Graal-Müritz wurde nun gekegelt und Fußball gespielt.

1976 konnte nach dreijähriger Bauzeit das Waldstadion am Lindenweg eingeweiht werden. Kurze Zeit später, 1979/80, spielte man in der Staffel West der Bezirksliga Rostock. Als Vorletzter ging es gleich wieder runter in die Bezirksklasse. Nach dem Ende der DDR sprang die Bauhof GmbH ein, der Verein trug von 1990 bis 1998 den Namen SV Graal-Müritz. Nicht zuletzt konnten so einige bautechnische Maßnahmen getroffen werden …

1998 erhielt der Verein schließlich den heutigen Namen TSV Graal-Müritz e. V. 1926. Mit diesem soll sich auf die alten Wurzeln besonnen werden. 2013 wurde auf dem Kunstrasenplatz eine Flutlichtanlage errichtet. Wenig später erhielt die Sportanlage des TSV am Tag des 18. Schneckenlaufs des TSV Graal-Müritz den Namen „Aquadrom Waldstadion“.

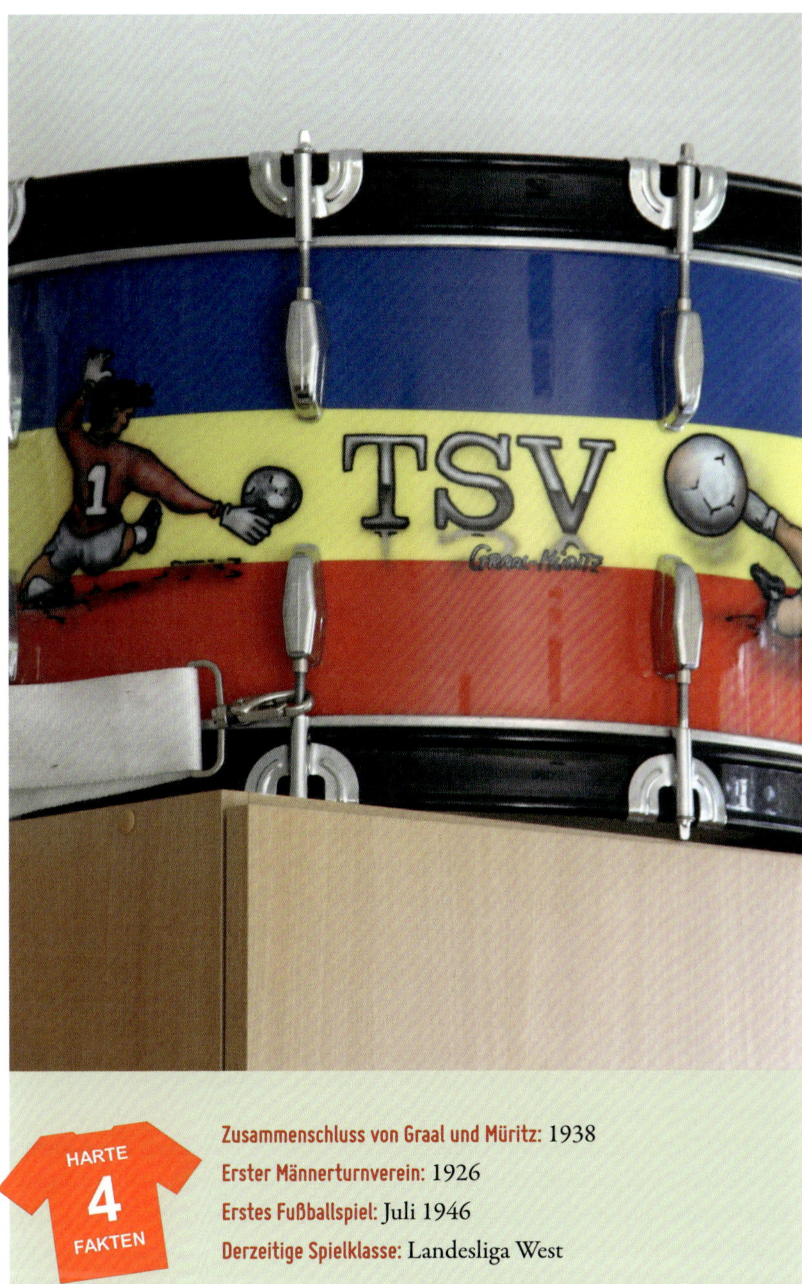

HARTE 4 FAKTEN

Zusammenschluss von Graal und Müritz: 1938

Erster Männerturnverein: 1926

Erstes Fußballspiel: Juli 1946

Derzeitige Spielklasse: Landesliga West

BSG Empor Grabow

Fans machen mobil …

Wie hätte eine Vereinswebseite – rein theoretisch gedacht – in den 1960er-Jahren aussehen können? Vielleicht so wie die der BSG Empor Grabow! „Wir sehen uns auf dem Platz." Daneben eine Zeichnung der Spieler. Das blaue Empor-Wappen auf den weißen Shirts. Angekündigt wird das nächste Heimspiel, das wie immer auf dem Sportplatz Fliederweg im Ortsteil Kremmin ausgetragen wird. Somit ist man (gezwungenermaßen) räumlich vom lokalen Kontrahenten SG 03 Ludwigslust/Grabow, der im Waldstadion in Grabow aufläuft, getrennt. Apropos, in der Landesklasse IV gibt es in der laufenden Saison 2019/20 ein regionales Gerangel, da auch noch Eintracht Ludwigslust mit von der Partie ist.

Im Sommer 2015 wurde die BSG Empor Grabow neu ins Leben gerufen, und das Vereinswappen ist ein echter Hingucker. Empor war eine Sportvereinigung in der DDR, die Trägerbetriebe der einzelnen Vereine kamen aus der Handel, Nahrungs- und Genussmittelindustrie. Der von Grabow verwendete Empor-Schriftzug ist in der Tat der gleiche wie der aus DDR-Zeiten. Bereits damals gab es eine BSG Empor Grabow. Aus dieser wurde der Grabower FC, und jener fusionierte 2003 mit dem SSV Lindenstadt zur SG Ludwigslust/Grabow.

2010 fertigten sich Anhänger der SG 03 Ludwigslust/Grabow, die unzufrieden mit der Ausrichtung des Vereins waren, aus einer Bierlaune heraus Jacken mit der Aufschrift „BSG Empor Grabow" an. Im Netz kursieren Videos von guten Auftritten. „Ganz Empor Grabow hüpft …". Aus ersten Überlegungen, den Verein neu aufleben zu lassen, wurde im September 2015 Realität. Rund 40 Personen packten fest an, und schon bald gingen die Mannschaften an den Start.

2016/17 wurde in der Kreisliga gestartet, auf Anhieb gelang der Aufstieg in die Kreisoberliga, bereits im Jahr darauf erfolgte der Sprung in die Landesklasse. Gegen Eintracht Ludwigslust schauten kürzlich 218 Fußballfreunde am Fliederweg vorbei. Eine Einigung mit der Stadt Grabow und der SG 03 steht noch aus. So lange muss notgedrungen im vier Kilometer entfernten Kremmin gespielt werden.

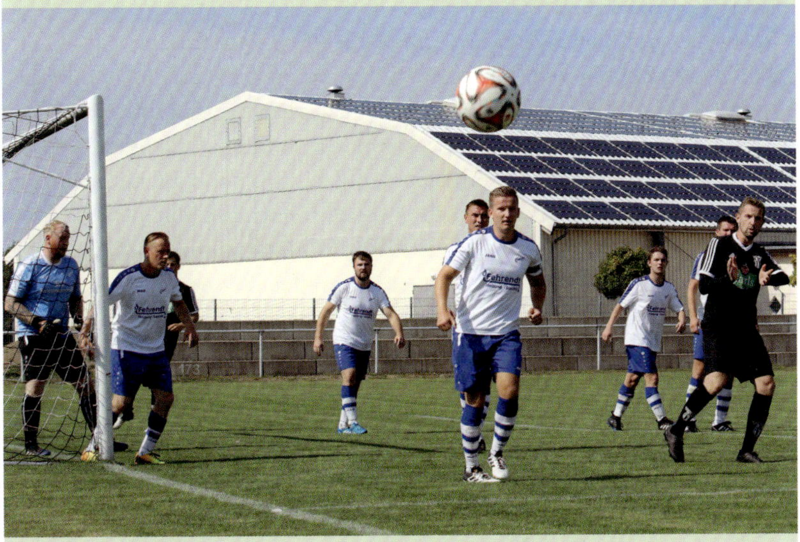

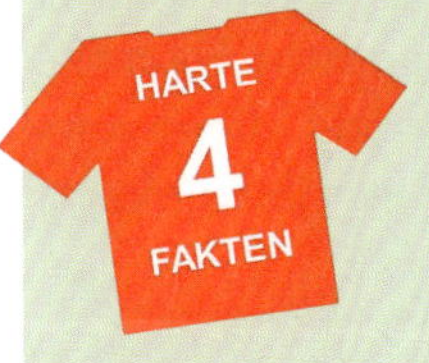

Neugründung: Sommer 2015

Motto: „Wir sehen uns auf dem Platz."

Besonderheit: gespielt werden muss in Kremmin

Derzeitige Spielklasse: Landesklasse IV

HSG Uni Greifswald

Fußballverrückte Akademiker

FC Liria Berlin als Gast bei der HSG Uni Greifswald? Handelt es sich dabei um ein Testspiel eines Vereins, der auf Usedom ein Trainingslager abhält? Nein, das ist ein Spiel im Futsal. Das ist nur eine der zahlreichen Sportart, die in der HSG Uni Greifswald angeboten wird. Im Prinzip ist die HSG Uni wie eine Eintracht Braunschweig Vorpommerns mit einem breiten Sportangebot und den meisten Mitgliedern im Landkreis. Es ist ein Verein, der inzwischen zwar losgekoppelt von der Universität Greifswald agiert, aber immer noch Anlaufpunkt für einige Studenten ist. Es ist egal, wohin man schaut: Beim Elitesport Tennis sind Studenten anzutreffen, sie rudern und sind auch in den restlichen Sportarten recht aktiv.

Natürlich treten die Akademiker auch gegen den Ball. Das ist keine Alltäglichkeit mehr. Die eigene Liga der Universität und die allgemeine Verpflichtung zu regelmäßigen Spielen am Wochenende halten viele Studenten ab. Natürlich muss auch Mitgliedsbeitrag gezahlt werden. Edel scheint der Greif auf den grün-weißen Trikots. Dennoch: Personalknappheit ist ein Übel, das neben der HSG auch sehr viele andere Vereine in Vorpommern kennen. Das war bei der Gründung der HSG vor über 60 Jahren noch nicht die Selbstverständlichkeit.

Nicht nur die Spieler fehlen der Mannschaft, es ist auch der Anhang. Eine Zeit lang wurde die HSG von einem kleinen lustigen Völkchen begleitet. Sie nannten sich „Oberschlaue“ und erregten durch kleinere Aktionen Aufmerksamkeit – ihre Liedchen waren Kult. Ständig spielten sie mit dem Akademiker-Klischee. Mit zu der Truppe gehörte ein Marder-Fell, Cosimo genannt. Nicht nur der Marder und die Fans machen den Verein zu einem Unikum. Die Fußballabteilung leistete sich sogar ein Vereinslied. In diesem Meisterwerk des Galgenhumors gibt es einige Passagen zum Schmunzeln. Da geht es um Siege gegen Bayern München, Koserow und Sturmvogel Lubmin sowie ein feuchtfröhliches Trainingslager in Stettin. Der ständige Abstiegskampf in der Landesklasse verbraucht Kraft, da muss man sich auch mal Heiterkeit gönnen.

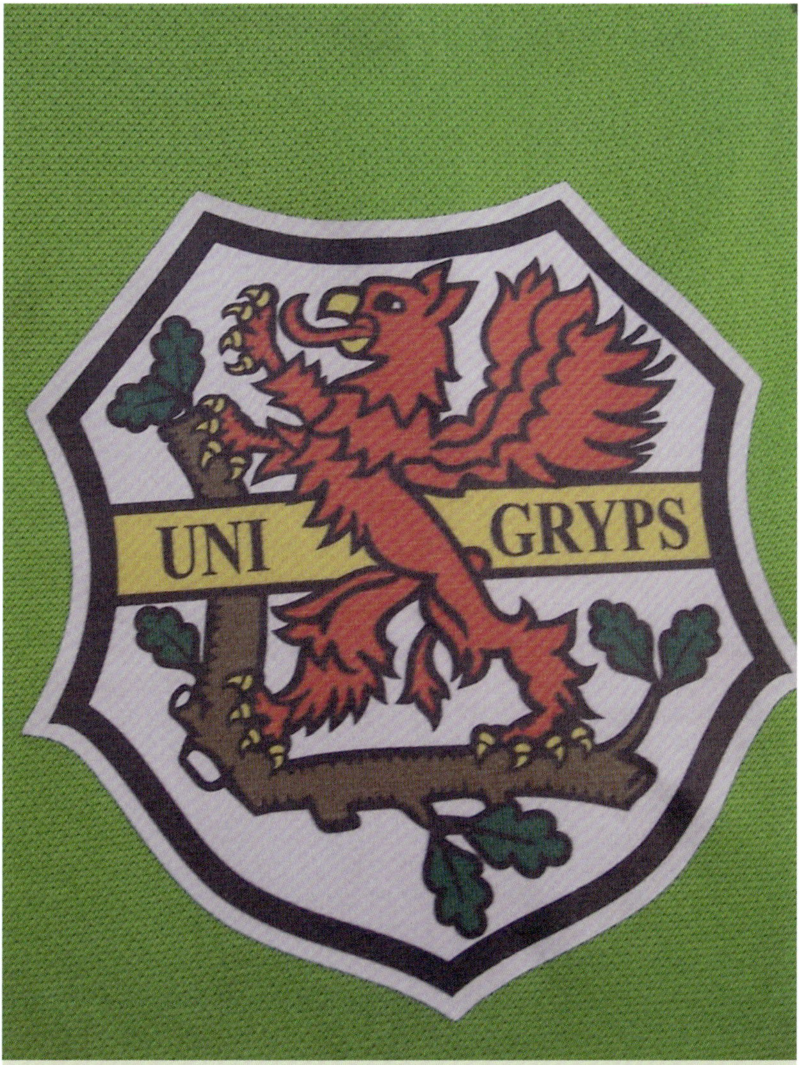

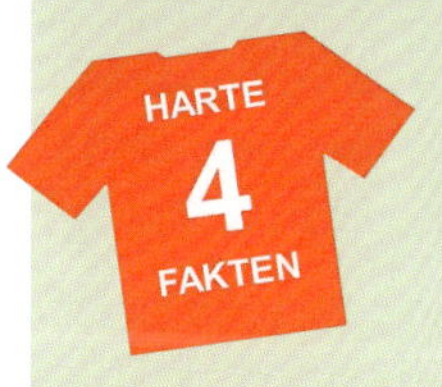

Adresse: Karl-Liebknecht-Ring 2, 17491 Greifswald

Fußballabteilung seit: 1972

Derzeitige Liga: Landesklasse II

Name des Marderfells: Cosimo

Volksstadion

Heimat des erfolgreichsten Klubs Vorpommerns

Es ist der 31. Mai 2003. Gewaltige schwarze Rauchschwaden steigen über Greifswald auf und lassen vermuten, dass ein Reifenlager brennt. Gerade lassen die Fans des erfolgreichsten Vereins Vorpommerns ihrem Frust freien Lauf. Es ist das letzte Spiel in der Vereinsgeschichte des Greifswalder SC. Bengalos werden gezündet, Fahnen verbrannt und blank gezogen. Ein Protestbanner gegen die neue Hoffnung des Greifswalder Fußball, ESV Empor, wird präsentiert, während die Spieler des Greifswalder SC noch einmal zeigen, was sie können und den SV Blau-Weiß Polz mit 5:2 besiegen. Das Gründungsmitglied der Amateuroberliga wurde nach elf Jahren Zugehörigkeit aus dem Vereinsregister wegen einer fehlenden Summe gestrichen, die heute unter Bagatelle laufen würde.

Der Greifswalder SC, der in Anlehnung an den erfolgreichen alten Greifswalder SC nach der Wende wiedererschaffen wurde, trat in die Fußstapfen der Vorgänger Einheit und BSG Kernkraftwerk (KKW) Greifswald. Mit dem Kernkraftwerk im Namen wurde sich auf das bei Lubmin befindende bezogen. Einheit und KKW waren vorrangig in der DDR-Liga zu finden. Fußballerischer Erfolg und Greifswald wurden in einem Zug genannt. Aus der Schule des GSC ging auch später ein gewisser Toni Kroos hervor. Im DFB-Pokal kickten die Rothosen in den 90er-Jahren gar gegen Rot-Weiss Essen und Borussia Mönchengladbach.

Nach der Löschung des GSC aus dem Vereinsregister konnte bisher kein Greifswalder Verein an die Erfolge des GSC anknüpfen. Nach gut einem Jahrzehnt wurde auch beim Greifswalder SV 04 das Ende eingeläutet. FC Pommern Greifswald war eine Eintagsfliege. Ebenso versuchte die HSG Uni kläglich den großen Sprung.

Nur das alte Volksstadion am Fuße des Bismarck-Turms ist solide und bestängig. Da wurden nur mal die rostigen Zäune entfernt und ein Gästekäfig installiert, der bis heute nur selten und freiwillig genutzt wurde. Das Stadion macht seinem Namen alle Ehre und ist Heimat für Breitensportler, Veranstaltungen und Schulsportfeste.

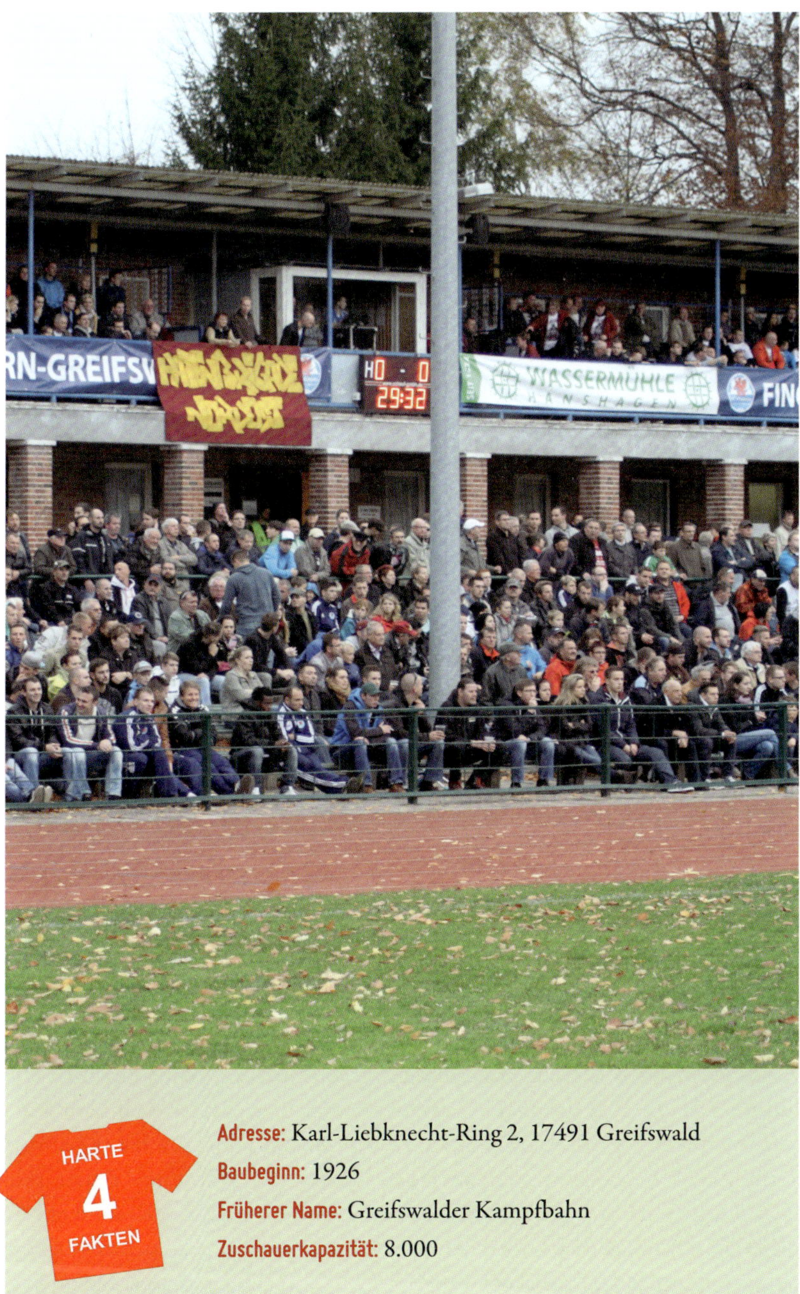

HARTE 4 FAKTEN

Adresse: Karl-Liebknecht-Ring 2, 17491 Greifswald

Baubeginn: 1926

Früherer Name: Greifswalder Kampfbahn

Zuschauerkapazität: 8.000

BSG KKW Greifswald

Hilmar Weilandt und weitere Prominente

Zu DDR-Zeiten wurde im Geographieunterricht vorn eine Landkarte aufgehängt, auf der die wichtigen Wirtschaftsstandorte vermerkt waren. Der Kolben für die Chemische Industrie bei Leuna, das Maschinenrad für die Schwerindustrie und die Atomkraft-Symbole bei Stendal, Rheinsberg und Greifswald. Diese drei Standorte waren furchteinflößend. Allein der Begriff „Kernkraft" ließ bei uns Schülern Gänsehaut aufkommen.

In Lubmin bei Greifswald begann ab 1969 der Bau des Kernkraftwerks Nord, ab 1974 wurde es schrittweise in Betrieb genommen. Nach Fertigstellung des Kernkraftwerkes übernahm der VEB Kernkraftwerk „Bruno Leuschner" die Trägerschaft der 1968 gegründeten BSG KKW Nord Greifswald. Mitte Oktober 1975 wurde das „Nord" im Vereinsnamen gestrichen.

Der Ball rollte bei der BSG KKW Greifswald in DDR-Liga und Bezirksliga Rostock, und man staune, wer alles einst das Trikot mit dem rot-weißen KKW-Emblem getragen hatte. Jens Dowe, Henri Fuchs, Bernd Wunderlich, Jörg Seering, Mayk Bullerjahn und Andreas Zachhuber – sie alle spielten einst (meist in der Jugend oder zum Karriereausklang) bei der BSG KKW Greifswald.

Ebenso das Fußballspielen lernte in Greifswald Hilmar Weilandt, der von 1986 bis 2002 im Trikot des F.C. Hansa Rostock 405 Pflichtspiele absolvierte. Nur Juri Schlünz konnte in der Vergangenheit diesen Wert überbieten – und zwar um ein Pflichtspiel (insgesamt 406)!

Geboren wurde Hilmar Weilandt am 29. September 1966 in der Hansestadt Rostock, das Fußballspielen erlernte er von 1972 bis 1977 bei der BSG KKW Greifswald. Weiter geformt wurde er im Anschluss in der Jugendabteilung von Hansa Rostock. Seinen ersten Auftritt in der ersten Männermannschaft hatte er am 20. August 1986. In der Zweitligasaison 1986/87 absolvierte er 20 Spiele und steuerte einen Treffer bei. Am Ende durfte mit deutlichem Vorsprung auf die SG Dynamo Fürstenwalde die Wiederkehr in die DDR-Oberliga gefeiert werden. Der Grundstein für die folgenden erfolgreichen Zeiten des F.C. Hansa war gelegt. 1990 lief Weilandt zweimal im Trikot der DDR-Auswahl auf.

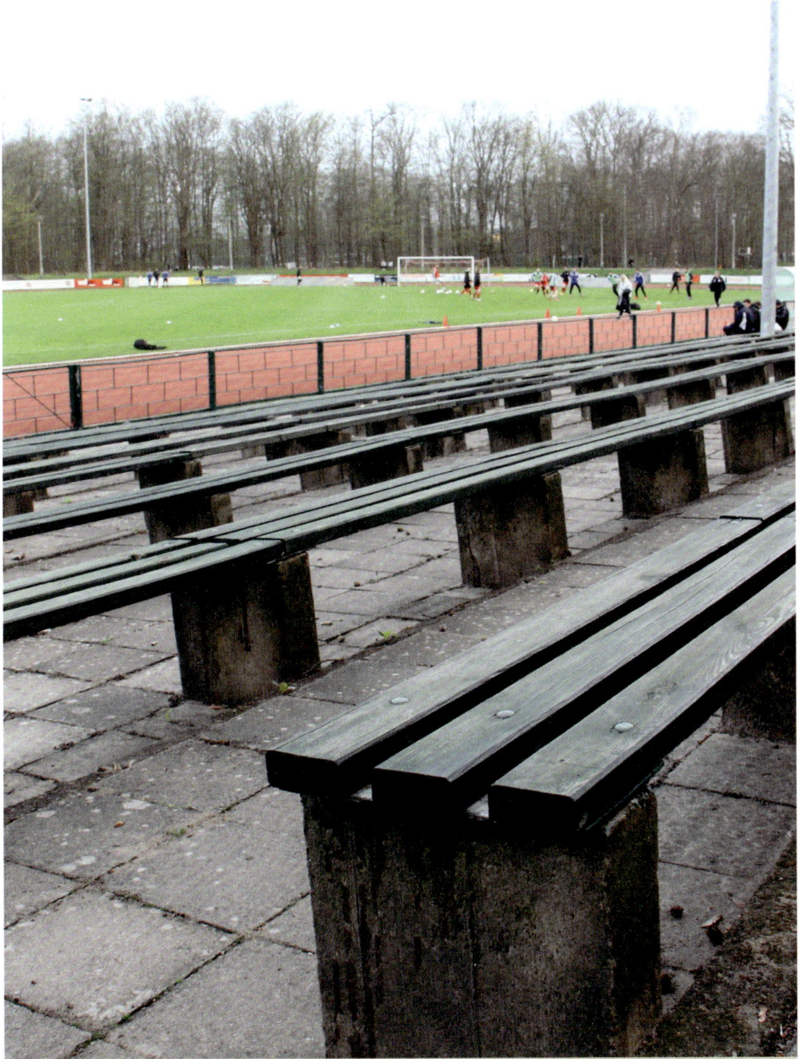

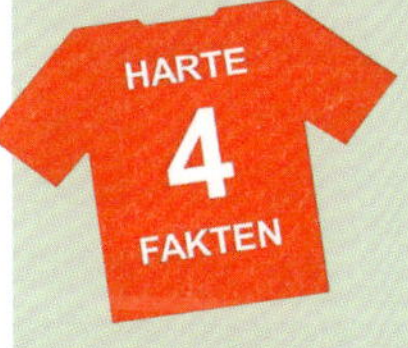

Gründung des Vereins: 15. August 1968
Baubeginn des Kernkraftwerks: 1969
Vereinsfarben: Rot und Weiß
Pflichtspiele von Hilmar Weilandt für Hansa Rostock: 405

Einheit Grevesmühlen & Grevesmühlener FC

Wachablösung am Tannenberg?

Bock auf Fußball? Timo Lange, von 1992 bis 2004 eine feste Größe beim F.C. Hansa Rostock, wurde im Januar 1968 in Grevesmühlen geboren und schnürte als Kind die Fußballstiefel bei der BSG Einheit Grevesmühlen, die vor 1958 noch BSG Empor Grevesmühlen hieß und 1945 als SG Grevesmühlen gegründet wurde. In der Hoffnung, dass auch in Zukunft noch einige „Timos" den Weg nach oben packen, sucht der Grevesmühlener FC derzeit nach Spielern aller Jahrgänge. Schnuppertraining? Einfach vorbeikommen!

Auf der Startseite der offiziellen Seite sind die verschiedenen Wappen der Vereinshistorie zu sehen. Beim von 1990 bis 1998 als Blau-Weiß Grevesmühlen genutzten Wappen muss man zweimal hinschauen. Ist das ein fliegender Storch mit einem Babybeutel im Schnabel? Ach nein, eher doch ein Pelikan. Oder ein?

1998 löste sich die erste Männermannschaft aus dem Verein heraus und spielte fortan als Grevesmühlener FC weiter. Trauriger Stand der Dinge ist die Kreisliga. 2014/15 wurde noch Landesliga gespielt, doch nach 13 Spieltagen wurde die Mannschaft zurückgezogen. Den SV Blau-Weiß Grevesmühlen gibt es indes auch weiterhin. Neben Badminton wird dort auch Handball, Basketball, Turnen und Reiten gespielt und trainiert. Fußball wird derzeit dort nur in der Mehrzweckhalle am Ploggensee gebolzt.

Großen Fußball gab es vor über 40 Jahren zu sehen, als die BSG Einheit Grevesmühlen 1971/72 und von 1975 bis 1977 in der DDR-Liga spielte. Knapp 1.300 Zuschauer sahen im Schnitt die Heimspiele, 1975/76 gab es auch zwei Duelle gegen den späteren Aufsteiger Hansa Rostock. In den 1980er-Jahren spielte Einheit Grevesmühlen nur noch auf Bezirksebene.

Und ja, auch in der Gegenwart gibt es ein Einheit Grevesmühlen. Dieser Verein stieg jüngst in die Kreisoberliga auf und schnappte sich im Stadion Am Tannenberg vor 400 Zuschauern gegen Selmsdorf auch den Kreispokal. Erst 2017 wurde nach der Neugründung in der 1. Kreisklasse der Spielbetrieb gestartet. Gibt es nun eine Wachablösung in Grevesmühlen?

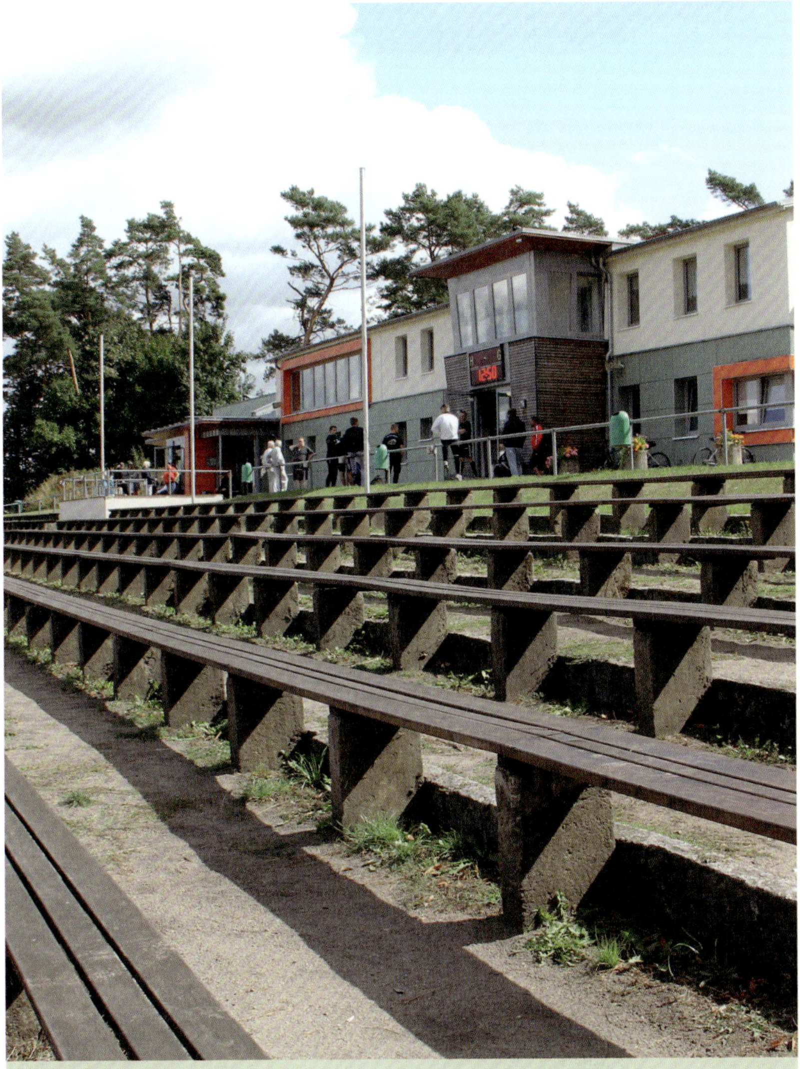

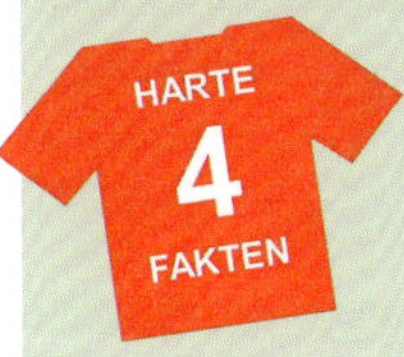

Berühmter Spieler aus Grevesmühlen: Timo Lange

DDR-Liga: 1971/72 und 1975 bis 1977

Abseits des Fußballs: Megalithanlagen im Ortsteil Barendorf

Grevesmühlen: eine der ältesten Städte Mecklenburgs

Grimmener SV

Einst im Zeichen des Erdöls

Wo genau liegt Grimmen? Aus dem Kopf heraus könnte man bei dieser 9.500-Einwohner-Stadt immer falsch liegen. Auf halber Strecke zwischen Greifswald und Stralsund befindet sich Grimmen, jedoch ein Stück landeinwärts. Den im Stadtwappen befindlichen schwarzen Greif mit goldener Bewehrung, der aus dem vierstufigen roten Mauergiebel aufwächst, hat auch der Grimmener SV in seinem Vereinswappen. Vorgängervereine des 1992 ins Leben gerufenen Grimmener SV gibt es gleich drei. So versuchten sich zu DDR-Zeiten die BSG Erdöl/Erdgas Grimmen, die BSG Bau Grimmen und BSG Einheit Grimmen. Sagen wir es so, das Wappen der erstgenannten Betriebssportgemeinschaft war ein echter Hingucker! Eine weiße Ölkanne auf schwarz-orangem Grund. Darunter ein roter Stern, an den Seiten zwei Ähren. Im Zeitraum von 1990 bis 1992 gab es noch eine geänderte Version mit gekreuzten Hämmern statt des roten Sterns.

Alle drei Vereine spielten zu unterschiedlichen Zeitpunkten in der Bezirksliga Rostock. Die BSG Bau Grimmen war von 1979 bis 1984 immerhin fünf Jahre in Folge mit von der Partie, die BSG Einheit Grimmen war von 1958 bis 1979 acht Spielzeiten mit dabei, die BSG Erdöl/Erdgas Grimmen packte erst 1988 für ein Jahr den Sprung in die Bezirksliga. Nachdem 1990/91 noch einmal Einheit Grimmen seine Visitenkarte in dieser Spielklasse abgab, erfolgte 1991/92 die erste gesamtdeutsche Saison. In den ersten Jahren des 1992 ins Leben gerufenen Grimmener Sportverein wurde in Anlehnung an die BSG Erdöl/Erdgas Grimmen noch häufig in Schwarz-Gelb gespielt, später jedoch griff man auf die neuen Vereinsfarben Rot und Weiß zurück, die an die BSG Bau Grimmen erinnern sollen.

2010 wurde nach einer überragenden Saisonleistung (21 Siege in 26 Spielen) der Aufstieg in die Verbandsliga gefeiert. Seitdem kann sich der Grimmener SV in dieser Spielklasse behaupten. Ausgetragen werden die Heimspiele seit 1957 auf dem Jahnplatz im Sportforum in der Werner-Seelenbinder-Straße am westlichen Stadtrand.

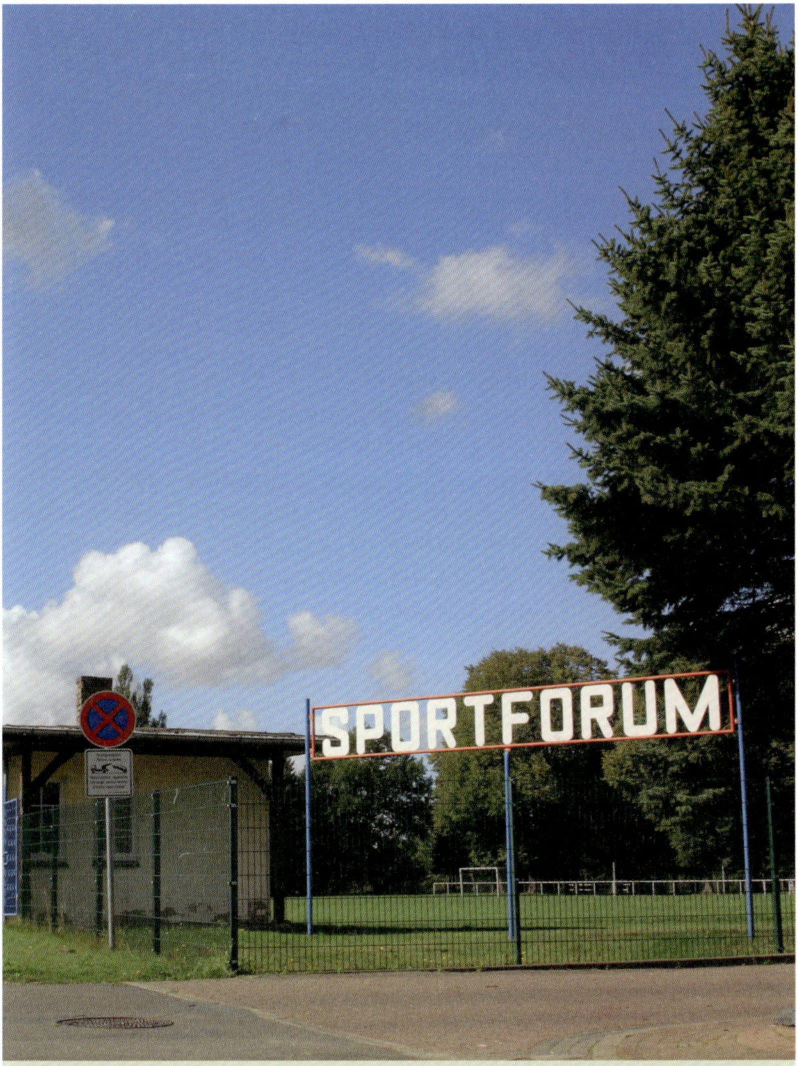

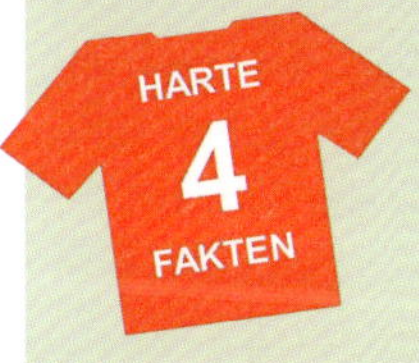

Besonderheit zu DDR-Zeiten: ein roter Stern im Vereinswappen

Gründung des Grimmener SV: 1992

Spielstätte: Jahnplatz im Sportforum

Derzeitige Spielklasse: Verbandsliga

Einheit Güstrow / Güstrower SC 09

Als Hansa Rostock ein Pünktchen abgeknöpft wurde

Man schrieb den 26. August 1973, als der frisch gebackene Aufsteiger BSG Einheit Güstrow in der Staffel A der DDR-Liga daheim gegen Schiffahrt/Hafen Rostock antrat. Das Auftaktspiel ging 1:2 verloren, doch am dritten Spieltag konnte der erste Saisonsieg eingefahren werden. 3:0 bei der BSG Motor Schwerin – was für ein Paukenschlag! Am Ende wurden es sechs Siege, allein aufgrund des schlechteren Torverhältnisses gegenüber TSG Bau Rostock musste der Weg in die Bezirksliga angetreten werden.

Güstrow ließ jedoch nicht locker. Die Wiederkehr gelang, und dieses Mal konnte drei Jahre in Folge in der zweithöchsten Spielklasse gespielt werden. Am 15.11.1975 kreuzte Einheit Güstrow die Klingen mit Hansa Rostock. Heraus sprang ein achtbares 1:1. Am letzten Spieltag bürstete Hansa jedoch die Güstrower mit 6:0 weg. 1977/78 gab es zwei weitere Duelle. Im Ostseestadion wurde mit 1:6, daheim mit 0:2 verloren. Mitte bis Ende der 1980er ging es als Einheit Güstrow bzw. BSG LMB Güstrow runter in die Bezirksklasse.

Einen interessanten Namen hatte der nach dem Zweiten Weltkrieg gegründete Verein von 1948 bis 1950. Als BSG John Brinckman wurde damals in der Landesklasse Mecklenburg gespielt. John Brinckman engagierte sich als junger Mann im März 1848 in der als vergessen geltenden Revolution in Mecklenburg. Er starb im September 1870 in Güstrow und erhielt postum zahlreiche Ehrungen.

Nach der Wende wurde der Verein als VfL Grün-Gold Güstrow neu aufgestellt. Der große sportliche Wurf wollte nicht gelingen. Um Kräfte zu bündeln, erfolgte am 1. Juli 2010 eine Fusion mit dem PSV 90 Güstrow (zuvor SG Dynamo Güstrow). Als Güstrower SC 09, der die Vereinsfarben Grün, Weiß, Schwarz und Gold hat, sollte nun der Aufstieg in die Verbandsliga angepeilt werden. Der Plan ging 2015 auf. Mit 15 Punkten Vorsprung auf den FSV Kühlungsborn nach 23 Siegen in 26 Partien durfte auf den Aufstieg angestoßen werden.

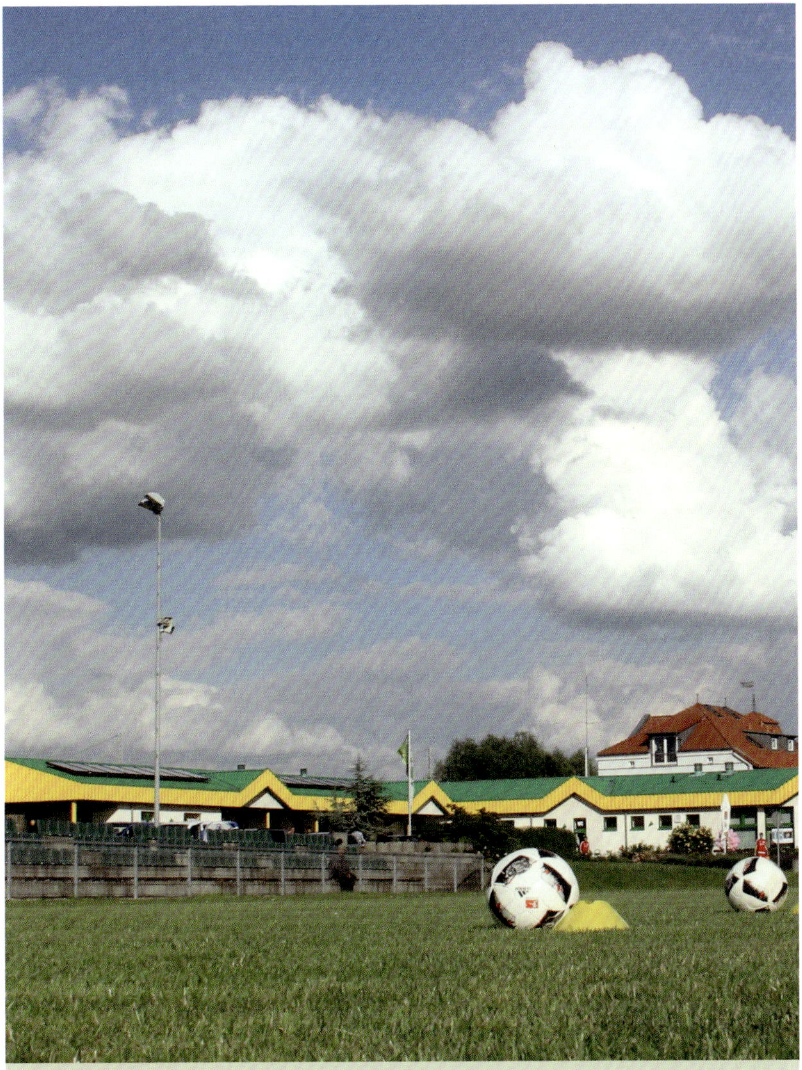

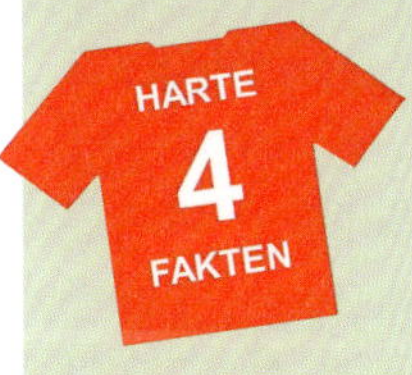

Vereinsname von 1948 bis 1950: BSG John Brinckman

Vereinsname nach der Wende: VfL Grün-Gold Güstrow

Fusion: 1. Juli 2010

Vereinsfarben Grün, Weiß, Schwarz und Gold

Gützkow 024

Jahnstation

SV Gützkow

Im unteren Peenetal nahe Jarmen befindet sich die Stadt Gützkow, deren Wappen bereits 1300 erstmals dokumentiert wurde. Zu sehen sind zwei schräg gekreuzte rote Stäbe auf goldenem Grund, bewinkelt von vier roten Rosen mit goldenem Butzen und grünen Kelchblättern. Der langen Tradition bewusst nahm der SV Gützkow das Stadtwappen kurzerhand mit ins Vereinsemblem. Ins Leben gerufen wurde der Verein 1895 vom Gastwirt Arthur Jobst als Männerturnverein Gützkow. 1925 wurde die Ortsgruppe der Freien Turnerschaft des Arbeiter-Turn- und Sportbundes der SPD gegründet, der erste Vorsitzende Karl Burkert stellte eine erste Fußballmannschaft zusammen. Im Jahr darauf begannen die Arbeiten am Sportplatz auf den Wiesen am Hasenberg, 1928 wurde die Freie Turnerschaft des Arbeiter-Turn- und Sportbundes in Arbeitersportverein umbenannt und der Sportplatz wurde fertiggestellt. Der ASV Gützkow gehörte zu jenem Zeitpunkt zu einem der insgesamt elf Arbeitersportvereine in Mecklenburg-Vorpommern. Wie überall wurde 1933 auch in Gützkow der Arbeitersportverein aufgelöst und verboten. Sechs Jahre später kam das Vereinssport insgesamt in Gützkow zum Erliegen.

Nach dem Zweiten Weltkrieg wurden zunächst FDJ-Sportgruppen gebildet, die dann 1948 zur Sportgemeinschaft Gützkow zusammengeschlossen wurden. 1953 erfolgte die Zusammenlegung der SG Gützkow mit der BSG VEB LMB Gützkow zur BSG Motor Gützkow. Zweimal konnte in die Bezirksliga aufgestiegen werden, 1978 erfolgte ein weiterer Zusammenschluss. Aus BSG Motor Gützkow und BSG Traktor Gützkow wurde die BSG Einheit Gützkow.

Nach der Wende wurde der Verein in SV Gützkow umbenannt, von 2002 bis 2004 erhielt das idyllisch gelegene Jahn-Stadion eine Tartanbahn und neue Sitzflächen. Die erste Mannschaft wurde mehrmals Kreispokalsieger und stieg 2010 in die Landesklasse auf. Zwei Jahre später ging es wieder runter in die Kreisoberliga. Von 2013 bis 2015 gab es noch einmal das Abenteuer Landesklasse. 2015 erfolgte ein Neubeginn in der Kreisklasse, über die Kreisliga ging es wieder hoch in die Kreisoberliga.

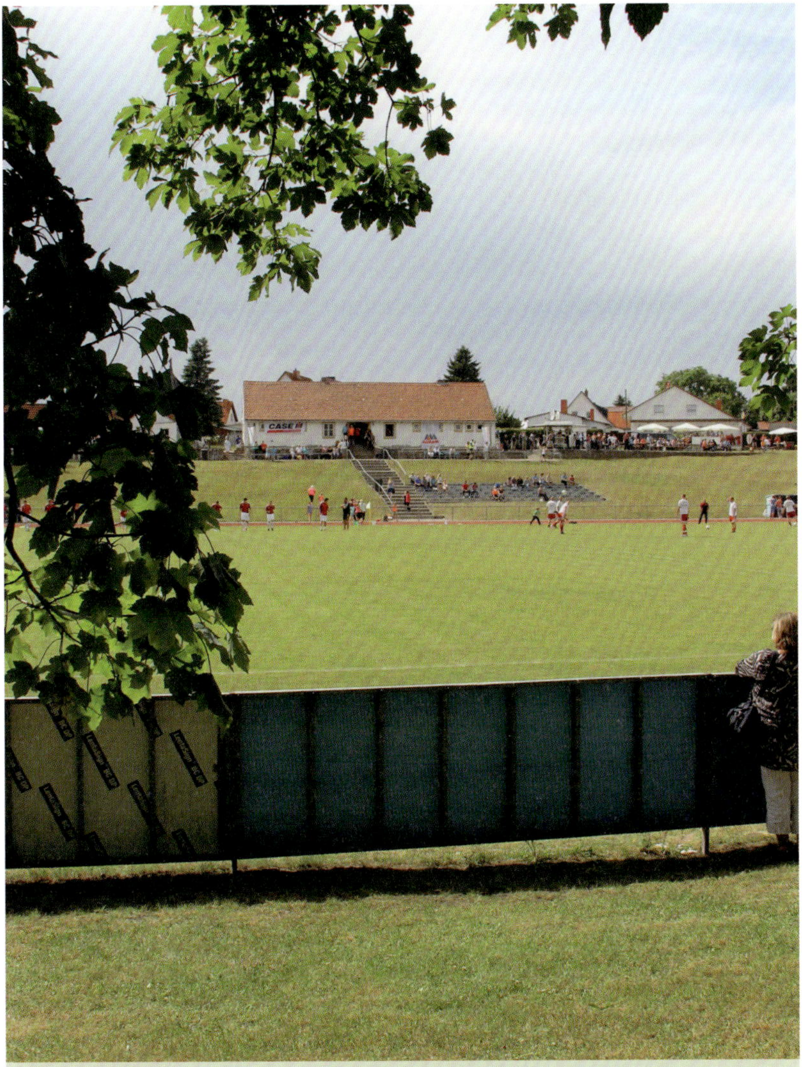

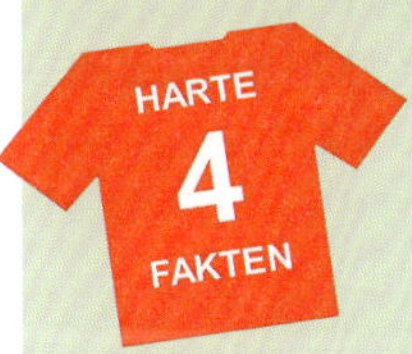

Gründung des Männerturnverein Gützkow: 1895

Arbeitersport: von 1925 bis 1933

Spielstätte: Jahn-Stadion

Derzeitige Spielklasse: Kreisoberliga

Hagenow 025

BSG Lokomotive / Hagenower SV

Fußball spielen mit dem Bischof auf der Brust

Wer ist der charismatisch dreinschauende Mann auf dem Vereinswappen des Hagenower SV? Ganz klar, dieses rot-weiße Wappen ist ein echter Hingucker. Einen Namen hat der Mann, der auch auf dem Wappen der Stadt Hagenow zu finden ist, nicht. Laut Beschreibung handelt es sich um einen Bischof mit natürlicher Gesichtsfarbe, silbernem Haar, rot verzierter goldener Bischofsmütze und goldenem Gewand.

Die meisten würden ziemlich sicher vermuten, dass zu DDR-Zeiten dieser Bischof nicht das Wappen der Hagenower Fußballer zierte, doch gab es den Kopf in kleinerer Form auch auf dem Wappen des Vorgängervereins BSG Lokomotive Hagenow (1968 bis 1990) zu sehen.

Anfang der 1950er Jahre wurde die SG Hagenow in BSG Einheit Hagenow umbenannt, zur Saison 1955/56 übernahm der staatliche Handel die Trägerschaft der Betriebssportgemeinschaft, die fortan den Namen BSG Empor trug, bis 1968 daraus die BSG Lokomotive Hagenow wurde.

Während Lokomotive Hagenow zwischen Bezirksklasse und Bezirksliga pendelte, war der aufstrebende Stadtrivale ASG Vorwärts Hagenow 1982 und 1985 als Bezirksliga-Meister auf dem Sprung in die DDR-Liga. Die Armeesportvereinigung Vorwärts zog jedoch jeweils die Mannschaft aus finanziellen Gründen (Begrenzung der Vorwärts-Vereine in den oberen beiden Ligen) zurück. 1981/82 kam es in der Bezirksliga Schwerin zu den Stadtduellen Vorwärts vs. Lokomotive, am Ende der Saison musste Lokomotive jedoch wieder den Weg in die Bezirksklasse antreten, Ende der 1980er musste sogar der Absturz in die Kreisliga hingenommen werden.

Nach dem Ende der DDR wurde Vorwärts Hagenow aufgelöst, aus der BSG Lokomotive wurde nun der Eisenbahn-Sportverein 48 Hagenow, 2006 der Hagenower Sportverein. 2011 schloss sich der SC AWO Hagenow dem Hagenower SV an, im Gegenzug konnte der Platz des SC AWO in der Landesliga übernommen werden. Gefeiert werden durfte am Ende der Saison 2015/16. Da die SpVgg Cambs-Leezen Traktor auf den Aufstieg verzichtete, durfte Hagenow den Sprung in die Verbandsliga wagen. Nach nur einem Jahr ging es wieder runter in die Landesliga.

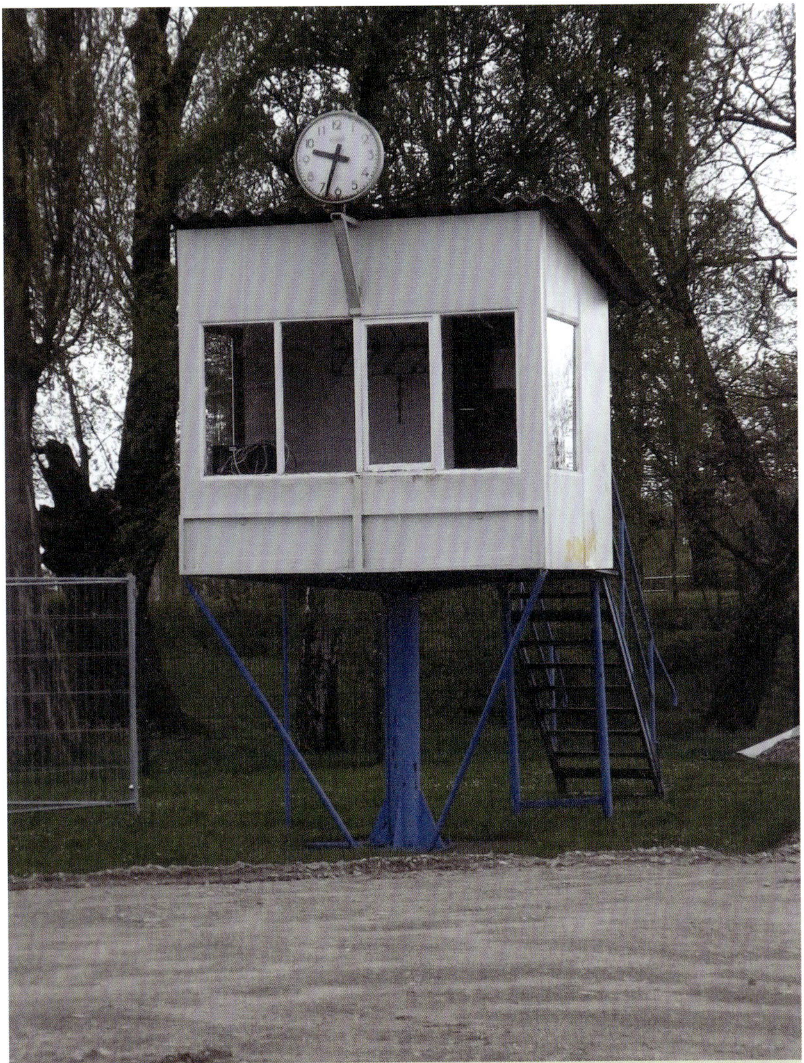

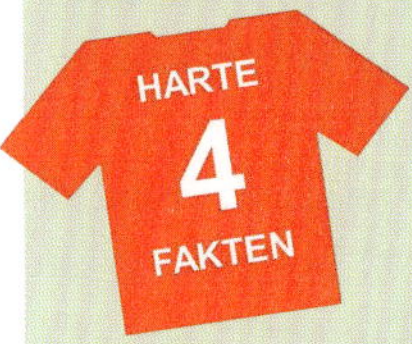

Besonderheit: ein Bischof im Vereinswappen

Stadtduelle Vorwärts vs. Lokomotive: 1981/82

Fusion des heutigen Vereins: 2011

Derzeitige Spielklasse: Landesliga West

MSC Jarmen / SV Blau-Weiß 21 Jarmen

Nicht nur Festival, auch Motoball

Ein dreifaches „Gib Gas!“ für die Saison 2019. Gas? Ja, denn in Jarmen wird der Ball nicht nur mit den Füßen, sondern auch mit dem Vorderrad eines Motorrads gespielt. Im Motoball ist der MSC Jarmen eine feste Größe und spielt in der Bundesliga Nord. Gegner ist unter anderem der MSC Kobra Malchin, und dieser wurde kürzlich vor 515 Zuschauern mit 12:0 vom Platz gefegt. Die hohe Zuschauerzahl war keine Ausnahme, in der Regel kommen stets über 500 Motoball-Freunde zu den Heimspielen.

Jarmen? Vielen wird dieser Name aus einem anderen Grund bekannt vorkommen. Wasted in Jarmen! Ende August lockt das Festival tausende Besucher an, und unter anderem tritt auch die Band „Feine Sahne Fischfilet“ auf. Jan „Monchi“ Gorkow, Sänger dieser Band, wurde 1987 geboren und wuchs in Jarmen auf. In früheren Zeiten war er in der Fan-/Ultraszene des F.C. Hansa Rostock aktiv, und auch er setzte sich bei der Randale in Stendal im Februar 2006 sein „Denkmal“. Im Alter von 20 Jahren gründete er zusammen mit Schulfreunden „Feine Sahne Fischfilet“. Am 2. August 2019 veröffentlichte „Monchi“ gemeinsam mit dem Rapper Sido die Single „Leben vor dem Tod“. Unter zahlreichen Hansa-Fans dürfte indes der Song „Ostrava“ auf reichlich Zustimmung gestoßen sein. Auf die alten Zeiten!

Neben Motoball und dem bekannten Musikfestival gibt es in Jarmen selbstverständlich auch Fußball. Zwar nicht in Verbands- oder Landesliga, sondern nur in der Kreisoberliga – aber immerhin. Der SV Blau-Weiß 21 Jarmen hält am Ufer der Peene die Fahne hoch. Dass auf Google Maps jedoch nur der Motoball-Verein markiert ist, zeugt von der Dominanz des MSC Jarmen. Fußball muss sich in dieser Stadt einfach in die zweite Reihe stellen. So schauen im Schnitt zwischen 30 und 60 Fußballfreunde auf dem Sportplatz vorbei. Etwas mehr werden es, wenn es im Kreispokal gegen Landhagen & Co rangeht.

Das Kuriose: Jarmen spielt im Kreis Vorpommern-Greifswald, der benachbarte SV Blau-Weiß Tutow 1949 (Tutow gehört zu Jarmen) im Kreis Mecklenburgische Seenplatte.

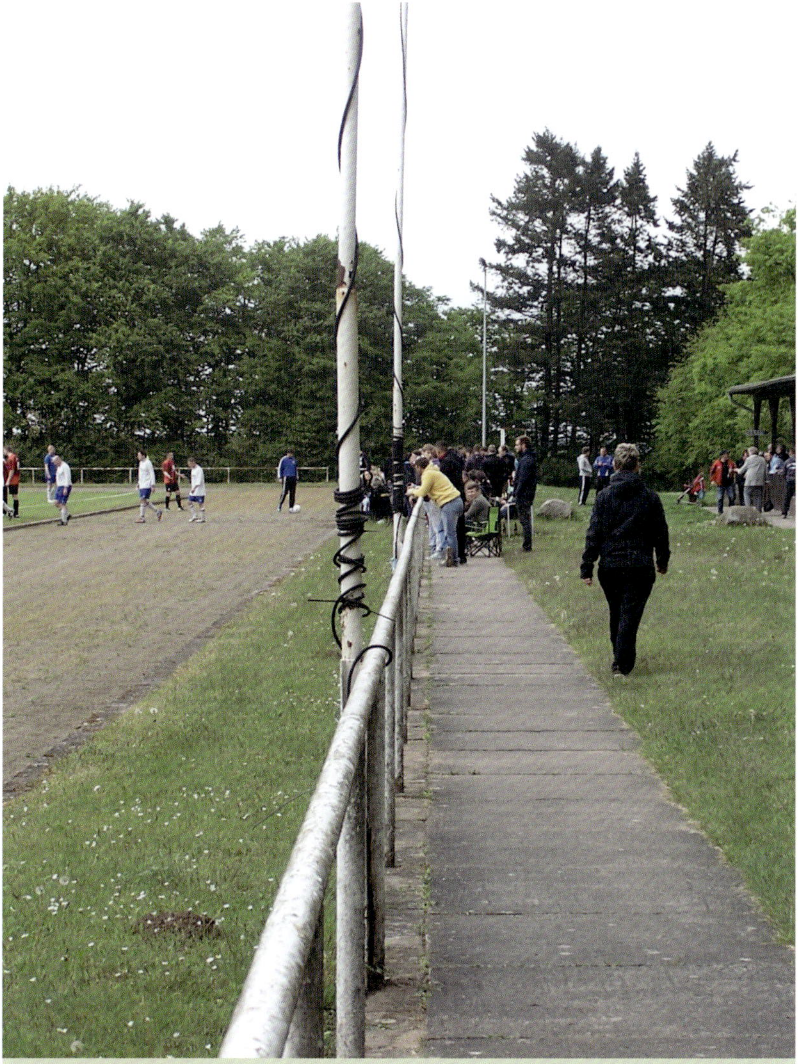

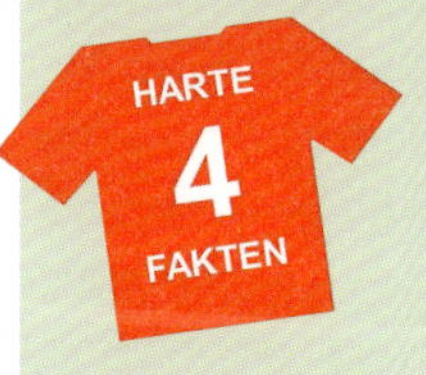

Motto in Jarmen: „Gib Gas!“
Rang des Fußballs: nur an zweiter Stelle
Die Fahne hält hoch: der SV Blau-Weiß 21 Jarmen
Jarmen ist auch bekannt für: „Wasted in Jarmen!“

MSV Beinhart Klink

Eine Comic-Figur als gemeinsamer Nenner

Selten gelingt es einem Verein der unteren Ligen, also der wirklichen niederen Ligen der Kreisebene, deutschlandweit bekannt zu sein. Die anwesenden Groundhopper von Nah und Fern haben allesamt den kleinen Weg zum Sportplatz des MSV Beinhart Klink gefunden. Der Weg ist unbefestigt. Am Ende des Steigs gibt es einen Parkplatz, für den man hier bezahlen muss. Die Parkplätze des Müritz-Sportparks sind sehr spärlich. Die Touristen gehen die Promenade entlang, schlecken ein Eis und blicken auf die große Müritz. Ein Ende des Sees ist nicht erkennbar.

Nur einen Katzensprung von den Touristen entfernt machen sich die Spieler zweier Mannschaften warm. Es ist noch untertrieben, wenn man die Uferlage des Sportparks als traumhaft bezeichnet. Der Platz ist noch relativ jung, gerade erst im Jahr 2001 angelegt.

Die Geschichte des Nutzers MSV Beinhart ist kaum jünger und beginnt im Jahr 1992. Als eingetragener Verein wird seit 1993 gegen den Ball getreten. Große Sprünge gelangen nicht. Das ist relativ zu sehen, denn auf der sehr informativen Seite des Vereins wird der Aufstieg in die Bezirksliga bzw. Kreisoberliga als Erfolg verbucht. Die Strukturen im Verein und Bedingungen um den Sportpark herum bieten eine gute Basis für höhere Ziele. Viele Vereine nutzen auch gern die Anlage als Basis für ihre Trainingslager. Dadurch muss der MSV sich im Sommer nie auf große Testspielpartnersuche begeben.

Warum aber eigentlich der Name MSV Beinhart? Lange muss man nicht nach einer Antwort suchen. Da reicht der Blick auf das Logo, von dem die Comic-Figur Werner breit grinst. „Motorradsportler"? Eher ist es der gemeinsame Nenner des Comic-Films, der alle zusammenbrachte. Bei dem Namen könnte man andere ausschweifende Geschichten rund um den Verein erwarten. Aber dem ist nicht so. Es geht hier ruhig und gemütlich zu. Von Lederkutten und grimmigen Gesellen ist weit und breit nichts zu sehen. Dennoch, um es mit den Worten von Gunter Gabriel zu sagen, den Rocker kriegt man nicht mehr aus dem Feriendorf Klink raus.

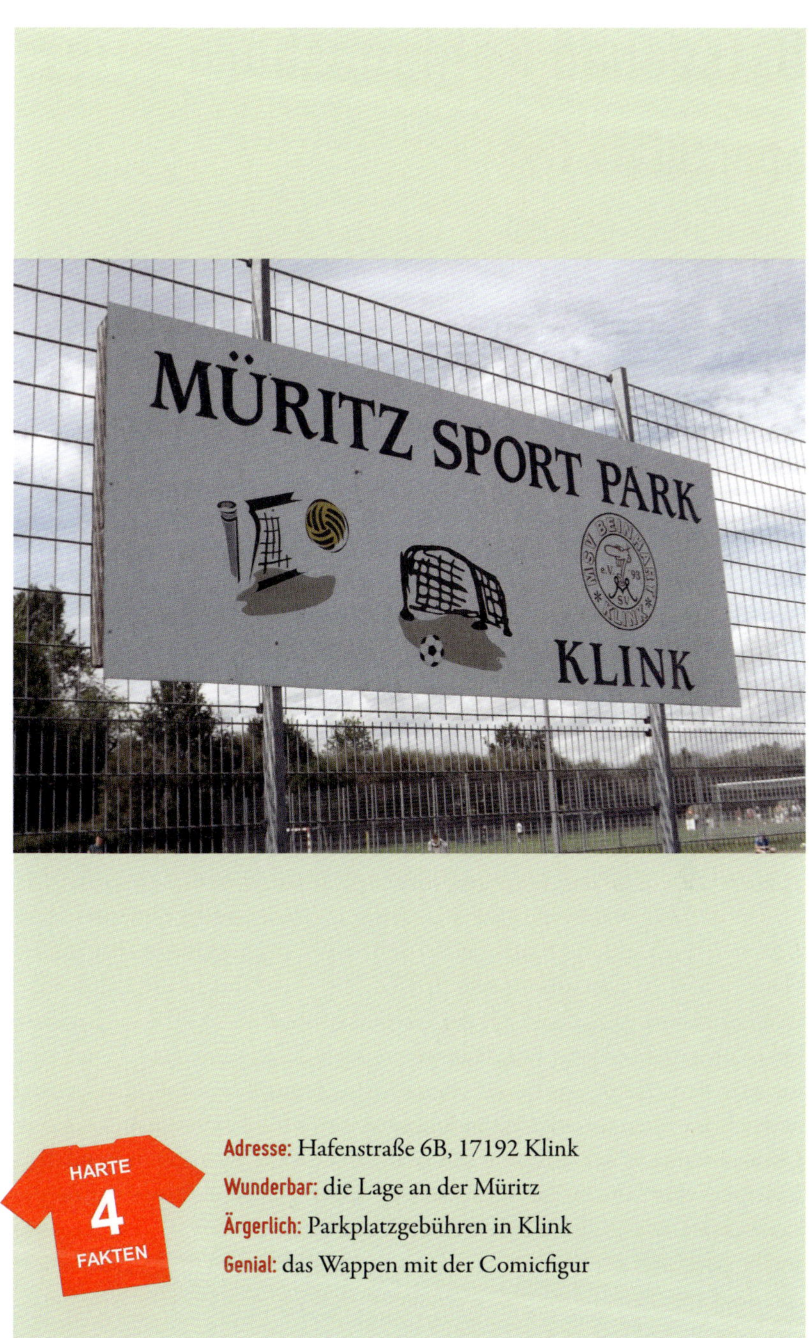

Adresse: Hafenstraße 6B, 17192 Klink

Wunderbar: die Lage an der Müritz

Ärgerlich: Parkplatzgebühren in Klink

Genial: das Wappen mit der Comicfigur

Ostseebad Kühlungsborn 028

Sportplatz Ost

FSV Kühlungsborn

Lust, einmal im Ostseebad Kühlungsborn „vorbeizuhoppen"? Im Fall eines Ausflugs nach Kühlungsborn bietet es sich an, von Bad Doberan aus die Mecklenburgische Bäderbahn Molli zu nutzen. Auf schmaler Spur wird vorbeigedampft an Kornfeldern und Heiligendamm. Fußballtechnisch ist der FSV Kühlungsborn die klare Nummer eins des beliebten Badeorts. Drei Möwen im Vereinswappen zeigen es an: vom Sportplatz Ost ist es quasi nur ein Sprung bis zum Ostseestrand. Gegründet wurde der Verein einst am 1. Oktober 1948 als Eintracht Kühlungsborn. Fünf Jahre später durfte der Aufstieg in die Bezirksklasse gefeiert werden, im Mai 1956 erfolgte die Umbenennung in BSG Empor Kühlungsborn. Zu jenem Zeitpunkt fertiggestellt wurde auch der Sportplatz Ost, auf dem heute noch die Heimspiele ausgetragen werden. 1962 stieg Empor Kühlungsborn in die Bezirksliga auf. Die damaligen Gegner hießen unter anderem BSG Motor Warnowwerft Warnemünde, BSG Motor Wolgast und BSG Lokomotive Greifswald. Nonstop wurde von 1962 bis 1978 in der Bezirksliga Rostock gespielt, dann ging es als Tabellenletzter hinter der SG Dynamo Wismar und der BSG Traktor Dorf Mecklenburg wieder runter in die Bezirksklasse.

Nach dem Fall des Eisernen Vorhangs lösten sich die Fußballer am 12. Januar 1992 von Empor Kühlungsborn los und spielten nun unter dem Namen FSV Kühlungsborn weiter. Innerhalb eines Jahrzehnts arbeitete sich der FSV Kühlungsborn von der Kreisliga hoch bis in die Landesliga. Grund zu feiern gab es am Ende der Landesliga-Saison 2017/18. Zwar wurde FSV Kühlungsborn nur Tabellenzweiter, doch da der Bölkower SV auf den Aufstieg verzichtete, durfte sich der FSV Kühlungsborn über den Sprung nach oben freuen. Das Auftaktspiel gegen den FSV 1919 Malchin wollten 150 Zuschauer sehen, mitunter schauten bis zu 200 Fußballfreunde auf dem Sportplatz Ost am Hermann-Löns-Weg vorbei. Abgeschlossen wurde die Saison mit Rang neun, so dass das Abenteuer Verbandsliga weitergeht. Und auch in der laufenden Saison 2019/20 ist Kühlungsborn im Mittelfeld mit von der Partie.

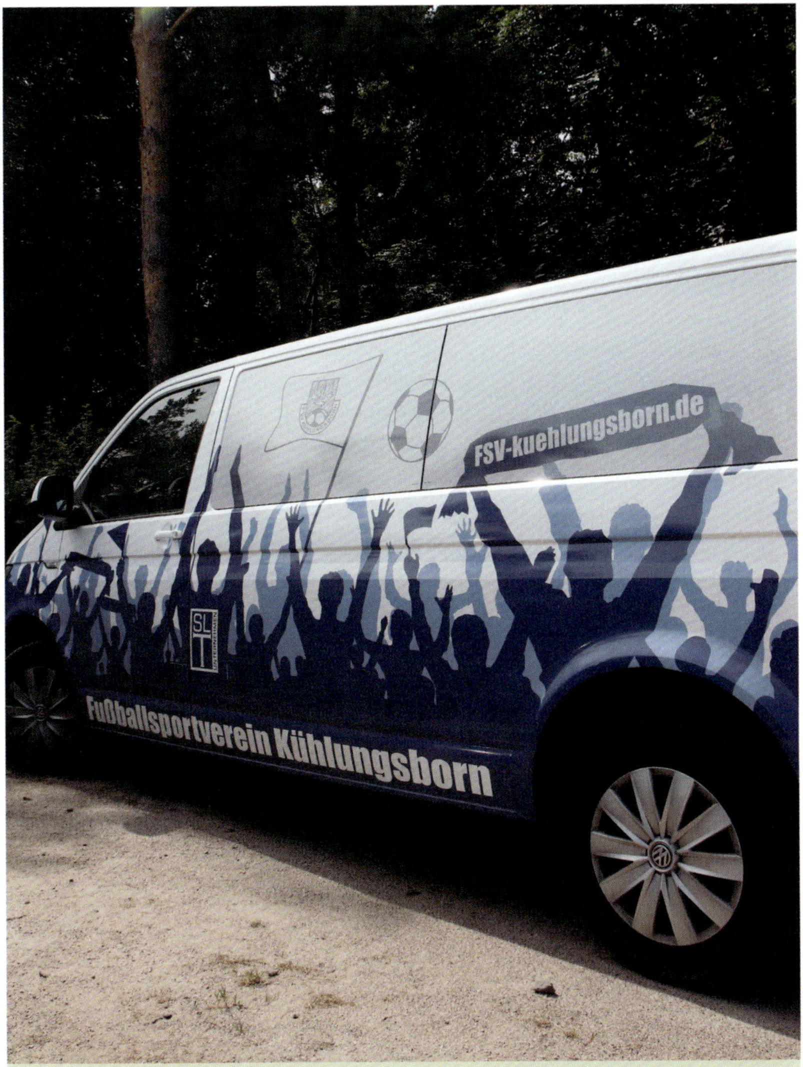

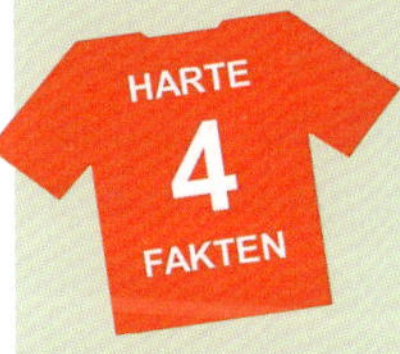

Ein Muss für Groundhopper: Anfahrt mit der „Molli"

Adresse: Hermann-Löns-Weg, 18225 Kühlungsborn

Bezirksliga Rostock: 1962 bis 1978

Derzeitige Spielklasse: Verbandsliga

Laage 029

Recknitzkampfbahn

Flughafen Rostock-Laage / Laager SV 03

Rund 40 km sind es vom Flughafen Rostock-Laage bis zum Ostseestadion. Die Fans des SV Darmstadt 98 nutzten am 15. März 2014 die Gelegenheit und flogen von Frankfurt/Main nach Laage – und zwar mit „Lilienair"! Das gesamte Flugzeug wurde umgestaltet, pro Person kostete der Spaß 198 Euro, und diese waren es wert. Ein Sonderflug der Anhänger des TSV 1860 München musste im August 2018 indes abgesagt werden. Der Preis war mit 390 Euro schlichtweg zu hoch, es gab zu wenige Buchungen.

Laage ist also bekannt für seinen Flughafen. Und ähnlich wie bei Frankfurt-Hahn wird bei Laage das „Rostock" vorangestellt, auch wenn Laage eine eigenständige 6.400-Einwohner-Stadt ist. Zu DDR-Zeiten war auf dem Militärflugplatz Laage das Jagdbombenfliegergeschwader 77 stationiert. Ab 1992 begann die zivile Nutzung des Flughafens.

In Sachen Fußball hält der Laager SV das Fähnchen hoch. Im Jahre 1907 wurde der FC „Corso Laage" 1907 ins Leben gerufen, ausgetragen wurden die Heimspiele auf dem Sportplatz „Beim Einsiedler" in Laage-Pinnow im Nordosten der Stadt. Nach dem Zweiten Weltkrieg wurde der Spielbetrieb als Sturmvogel Laage fortgesetzt, der vermutlich erste Sieg in jener Zeit wurde im Pokal gegen Tessin errungen. 1947 bekam der Verein den klassischen Namen BSG Traktor Laage, sieben Jahre später begannen die Arbeiten am Sportplatz Recknitzkampfbahn, auf dem auch heute noch gespielt wird. Am 26. Oktober 1979 fand dort das Juniorenländerspiel DDR vs. Ungarn statt.

1957 spielte der Verein für eine Saison in der Bezirksliga Schwerin, in der Folgezeit ging es wieder abwärts. 1975 gelang immerhin der Aufstieg in die Bezirksklasse Nord, am Ende der Saison 1980/81 glückte die Rückkehr in die Bezirksliga, in der bis zum Fall der Mauer gekickt wurde.

Das „Traktor" wurde nun abgelegt, als Laager SV 03 spielt man derzeit in der Landesliga Ost, in der unter anderem der TSV 1860 Stralsund, der SV Waren 09, der VFC Anklam, der FSV Blau-Weiß Greifswald und der SV Hanse Neubrandenburg die Gegner sind.

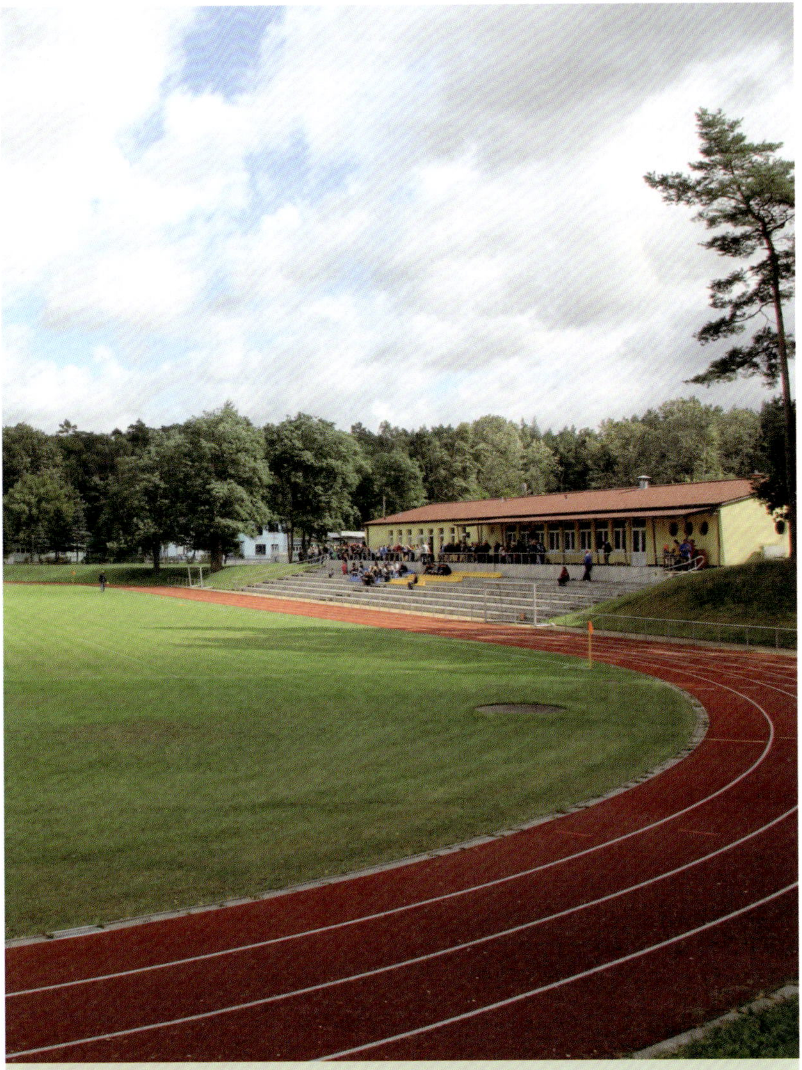

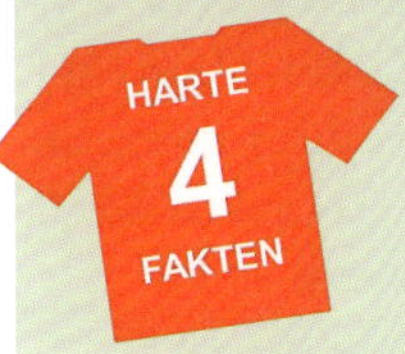

Adresse: Am Sportplatz 4, 18299 Laage

Vereinsfarben: Blau und Gelb

Erstmals Fußballbetrieb: 1907

Einweihung der Recknitzkampfbahn: 6. Oktober 1957

Sportplatz Leezen

Spvgg Cambs-Leezen Traktor

Wo liegt Cambs? Die 630-Einwohner-Gemeinde liegt im Landkreis Ludwigslust-Parchim nahe dem östlichen Ufer des Schweriner Sees. Und Leezen? Diese Gemeinde befindet sich ein Stück weiter südlich von Cambs und hat immerhin 2.200 Einwohner. Und was ist ein Traktor? Spaß beiseite! Ein Verein mit solch einem Namen muss einfach in diesem Buch erwähnt werden. Leider haben allzu viele Vereine das „Turbine", „Aufbau", „Vorwärts", „Chemie" und „Traktor" nach 1990 abgelegt. Als BSG Traktor Cambs ließ man zu DDR-Zeiten den Ball rollen, von 1980 bis 1983 wurde immerhin in der Bezirksliga gespielt. 1980/81 und 1981/82 war einer der Gegner die BSG Traktor Lenzen (bei Dömitz), nicht zu verwechseln mit Leezen.

Neue Zeiten, neue Ziele. Eiche und Fische sowie Steingrab und Pflugscharen taten sich zusammen. Im Jahr 2000 erfolgte die Fusion der beiden Vereine Traktor Cambs und Leezener SV. Heraus kam der Verein Spvgg Cambs-Leezen Traktor, der seine Heimspiele auf dem Sportplatz Leezen austrägt.

Ins Rennen ging es 2000/01 in der Bezirksliga, bereits Ende der nächsten Spielzeit konnte der Aufstieg in die Landesliga gefeiert werden. 2011/12 gab es in der Landesliga West sogar den Meistertitel zu bejubeln. Am letzten Spieltag wurde nach Rückstand der Parchimer FC 92 mit 2:1 besiegt und die SG Aufbau Boizenburg wurde mit einem Punkt Abstand hinter sich gelassen. Aufstieg? Nein, den Sprung nach oben in die Verbandsliga wagte der Tabellenvierte Schweriner SC. Für die Schweriner gab es dann bald ein dickes Ende, die Mannschaft wurde zurückgezogen.

Bei der Spvgg Cambs-Leezen Traktor wird indes bis in die Gegenwart erfolgreich Fußball in der Landesklasse gespielt. Der Traktor zieht seine Kreise über Plate, Lübz, Schönberg, Hagenow und Carlow. Zum Auftakt-Heimspiel gegen den SV Platz kamen am 17. August 2019 immerhin 120 Zuschauer zum Sportplatz am Wittgensteiner Plate in Leezen. Idyllischer geht es auch kaum. Vom Sportplatz aus kann man quasi zu Fuß über das Feld zum Ufer des Schweriner Innensees spazieren.

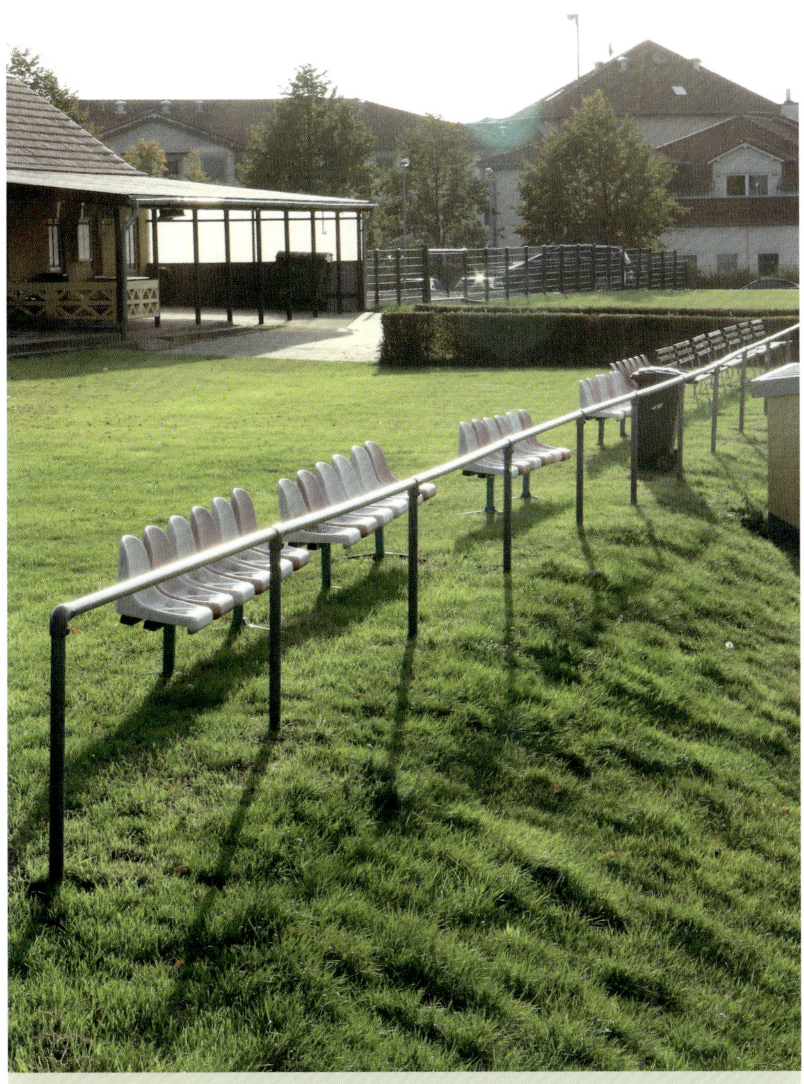

HARTE 4 FAKTEN

Fusion/Vereinsgründung: 2000

Vereinsname: genial!

Vereinswappen: genial!

Lage des Sportplatzes: genial!

Lübz 031

Rudolf-Harbig-Sportplatz

Nicht nur Bier ... Lübzer SV

Was trinkt man gern im hohen Norden beim Fußball? Frisch gezapftes Pils aus Rostock, Stralsund und Lübz! Die an der Müritz-Elde-Wasserstraße (Landkreis Ludwigslust-Parchim) gelegene 6.400-Einwohner-Stadt Lübz ist über die Landesgrenzen hinaus bekannt für seine Brauerei. Diese wurde 1877 durch August Krüger gegründet, zu DDR-Zeiten wurde ab 1969 in der VEB Brauerei Lübz für Bier-Nachschub gesorgt. Und man staune, die Brauerei Lübz besaß die einzige Dosenabfüllanlage in der gesamten DDR!

Was den Fußball in der Stadt betrifft, so naht der 100. Geburtstag des Lübzer Sportverein, welcher im Jahre 1921 ins Leben gerufen wurde. Als damaliges Vereinslokal wurde „Sturm's Restaurant" (heute „Zum Stadtturm") auserkoren. Zu DDR-Zeiten erhielten die Lübzer auch einen Trägerbetrieb. Zuständig von 1953 bis 1965 war die örtliche Zuckerfabrik, sodass der Verein als BSG Empor Lübz ins Rennen ging. Das „Empor" wurde bald wieder abgelegt und offiziell wurde als Lübzer Sportvereinigung weiter Sport getrieben. Die Sektion Fußball spaltete sich jedoch zur SG Dynamo Lübz ab. 1979 kehrte die Sektion Fußball wieder zum Stammverein zurück, 1988/89 spielte man für ein Jahr in der Bezirksliga Schwerin. 1990 wurde aus der „Sportvereinigung" schließlich wieder der „Sportverein".

Am Ende der Saison 2004/05 knallten die Sektkorken, als der Lübzer SV in die Verbandsliga aufstieg. 2009 ging es als Tabellenletzter wieder runter in die Landesliga, in der bis in die Gegenwart gespielt wird. Die Heimspiele werden auf dem am östlichen Stadtrand befindlichen Rudolf-Harbig-Sportplatz ausgetragen.

Auf dieser Anlage wird jährlich das Mai- und Stadtsportfest, bei dem die Mädchen und Jungen aus den Kindertagesstätten des Amtes Eldenburg-Lübz ihren großen Auftritt haben, gefeiert. Zudem dürfen Interessierte antreten und sich um den Titel als Elfmeter-König kräftig ins Zeug legen. Für Speis und Trank sei gesorgt, heißt es auf der entsprechenden Webseite. Wir nehmen mal stark an, dass für die Eltern die lokale Bierspezialität ausgeschenkt wird ...

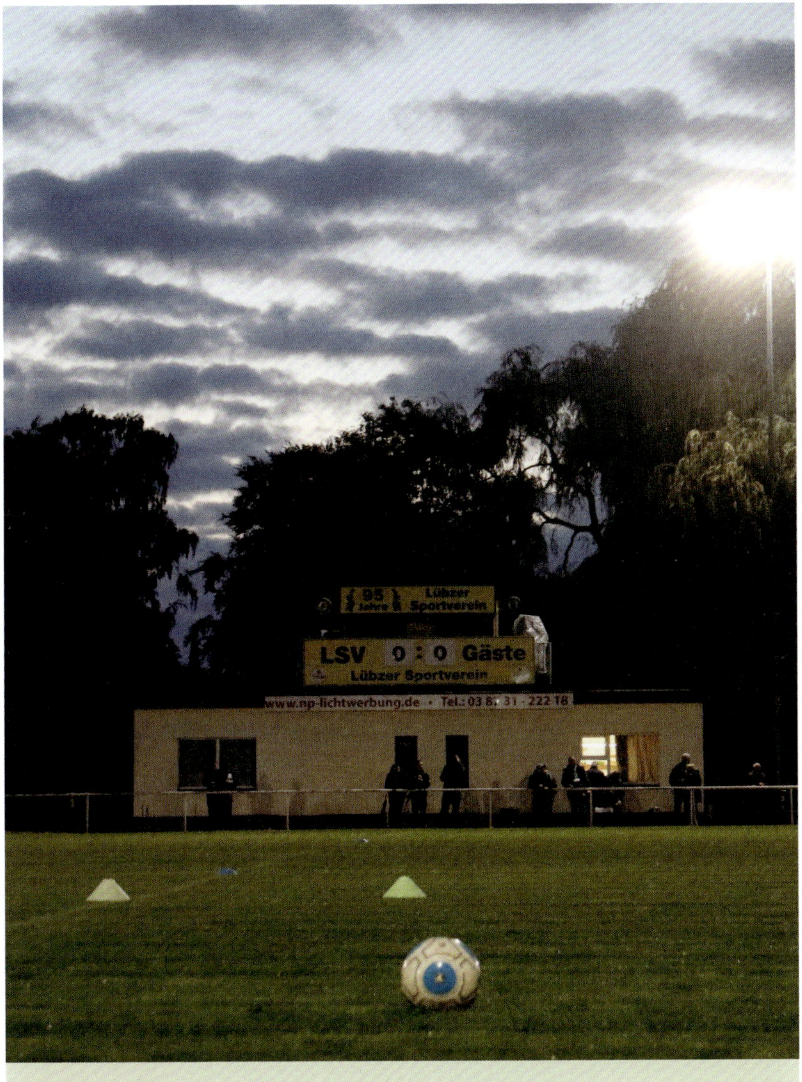

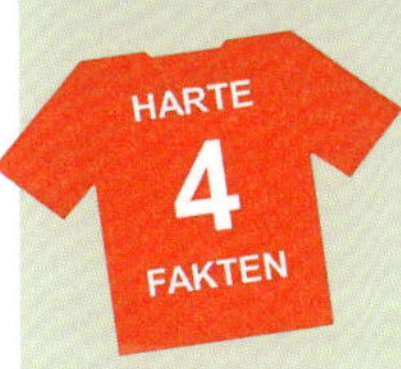

Woran denken wir bei Lübz?: Frisch Gezapftes!

Gründung der Brauerei: 1877

Gründung des Sportvereins: 1921

Trägerbetrieb von 1953 bis 1965: örtliche Zuckerfabrik

Eintracht und SG 03 Ludwigslust/ Grabow

Wachablösung in „Lulu"?

Kommst du nächstes Wochenende wieder nach Schwerin? Denke dran, in Lulu musst du umsteigen! Diese erstmals im Herbst 1996 gehörte Abkürzung hatte sich eingebrannt. „Lulu!" Meine damalige große Liebe wohnte in der Landeshauptstadt, und Mecklenburg-Vorpommern wurde eine zweite Heimat.

Was geht fußballtechnisch eigentlich in Ludwigslust – genannt „Lulu"? Verbands- und Landesliga sind derzeit Fehlanzeige. Sowohl die SG 03 Ludwigslust/Grabow, als auch Eintracht Ludwigslust 1994 kicken momentan in der Landesklasse, und am 15.9.2019 kam es auf dem Sportplatz an der Techentiner Straße zu einem echten Derby. Vor 360 Zuschauern konnte die SG 03 bei Eintracht mit 2:1 gewinnen.

In der vergangenen Saison spielte Ludwigslust/Grabow noch in der Landesliga, am Ende musste der Weg nach unten angetreten werden. 2003 fusionierte der Grabower FC (zu DDR-Zeiten BSG Empor Grabow) mit den Ludwigslustern, die nach der Wende die Namen Post SV 50 und SSV Lindenstadt trugen. Zuvor wurde in der DDR anfangs als SG Ludwigslust und BSG Kreisverwaltung Ludwigslust gespielt, 1950 erfolgte die Umbenennung in Einheit Ludwigslust, 1968 wurde daraus die TSG Ludwigslust und 1979 nach einer Fusion die TSG/Post Ludwigslust.

Und Eintracht Ludwigslust 1994? Während Ludwigslust/Grabow seit anderthalb Jahrzehnten in der Landesliga spielte, arbeitete sich Eintracht in der jüngeren Vergangenheit von ganz unten hoch. Bis 2010 wurde in der 1. Kreisklasse gespielt, dann durfte dank der besseren Tordifferenz gegenüber LSV Germania 04 Kummer der Aufstieg gefeiert werden. 2014 folgte der überaus souveräne Aufstieg in die Kreisoberliga. Die Bilanz aus 22 Spielen: 21 Siege und eine Niederlage.

Und dann! Im Mai 2019 fielen die Würfel, als Nachrücker stieg Eintracht auf. Konfetti zur Party, Abstiegstränen dagegen beim Rivalen Ludwigslust/ Grabow.

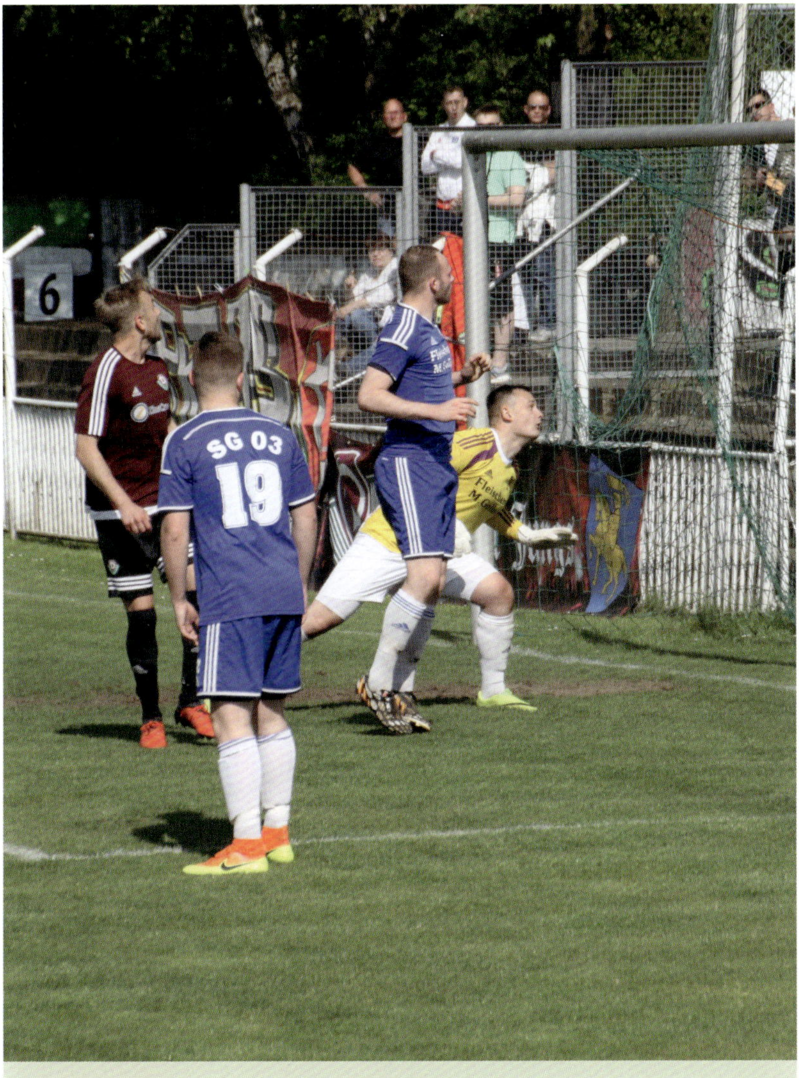

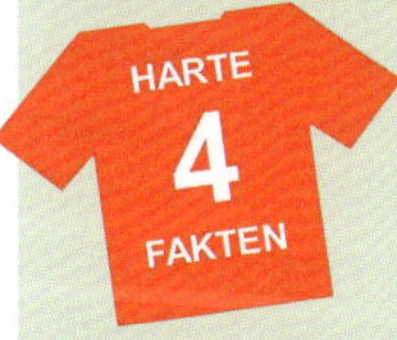

Spitzname für Ludwigslust: „Lulu“
Ludwigslust war einst: Umsteigebahnhof nach Schwerin
Zuschauer bei Stadtduellen: bis zu 400
Derzeitige Spielklasse: Landesklasse IV

SG „Theodor Körner" Lützow

Helden der Befreiungskriege als Namenspatrone

Namenspatrone in Vereinsnamen? So oft kommt das nicht vor, jedenfalls in deutschen Landen. Der prominenteste Vertreter ist Friedrich Ludwig Jahn, der durch seinen Nachnamen „Jahn" und Wirken der Beiname vieler Vereine und auch Stadien in Deutschland geworden ist. In Mecklenburg-Vorpommern tritt in den unteren Ligen beispielsweise ein SV Jahn Neuenkirchen an. Die am höchsten spielende Mannschaft im deutschen Ligafußball ist der SSV Jahn Regensburg. Jahn-Stadien gibt es ebenso viele.

In Mecklenburg-Vorpommern ist das Neubrandenburger Jahn-Stadion das größte und bekannteste. Unweit des Stadions befindet sich im Wald am Tollensesee der Gedenkstein für den Turnvater. Ihn zieren die vier „F", die für den Leitspruch „Frisch, fromm, fröhlich, frei!" stehen. Im ganzen Bundesland gibt es Turnplätze, die auf den Turnvater zurückgehen. Nahe des Wismarer Jahn-Sportplatzes befindet sich noch ein traditioneller Turnplatz. Schwer erkennbar, aber noch da.

Da bilden die Beinamen in Vereinsnamen einprägsamere Denkmäler für die Helden der Befreiungskriege (1813–1815). Einzigartig ist in diesem Zusammenhang die SG „Theodor Körner" Lützow. Einst als Empor Lützow gegründet, erhielt der Verein zu DDR-Zeiten im Jahr 1972 den Beinamen. Warum Theodor Körner?

In der Nähe des Stadions ereignete sich die Schlacht, in der der Dichter Körner von einem Soldaten der napoleonischen Truppen erschlagen wurde. Das Lützowsche Freikorps (schwarze Reiter bzw. Jäger), dem Körner angehörte, war ein Freiwilligenverband im Kampf gegen die französische Okkupation unter Freiherr von Lützow. Diese deutschen Kämpfer tragen bis heute Symbolcharakter ebenso wie ihre Farben Schwarz, Rot und Gold. Lehrer, Dichter, Studenten, Handwerker, Jäger rangen mit einfachsten Mitteln um die Befreiung. Bekannte Namen in den Reihen der schwarzen Reiter sind Jahn, Friesen und von Eichendorff. In Lützow ist Theodor Körner allgegenwärtig: auf Schals, im Stadionnamen und beim Stadtfest.

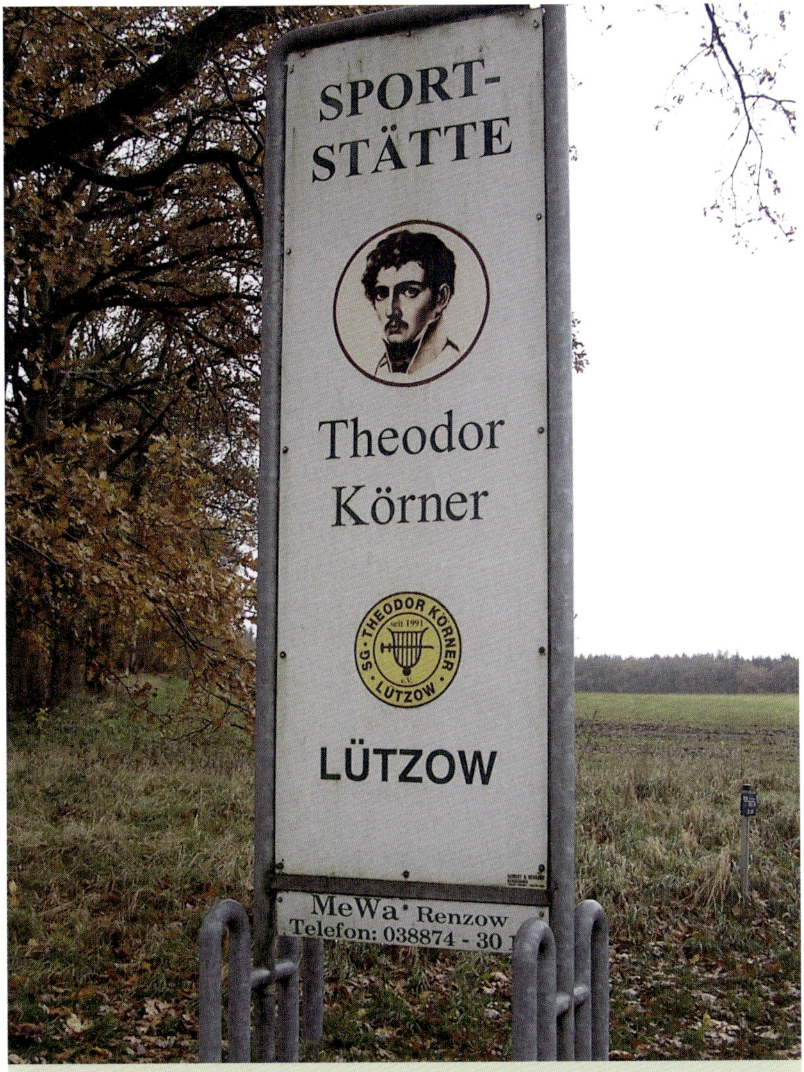

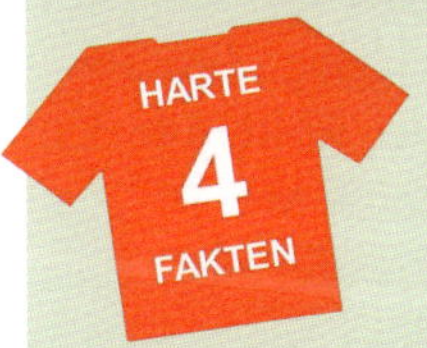

Adresse: Pokrenter Straße, 19209 Lützow

Namenspatron: Theodor Körner

Beiname seit: 1972

Vier „F“ stehen für: „Frisch, fromm, fröhlich, frei!“

Malchin 034

Walter-Block-Stadion

Arbeitersport am Ufer des Peenekanals

Unmittelbar nach dem Ersten Weltkrieg wurde in Malchin der Arbeiterturn- und Sportverein (ATSV) gegründet, im Jahr darauf entstand der Fußballverein „Freie Spielvereinigung Malchin von 1919“ (FSV). Zwischen 1921 und 1929 wurde der Verein viermal mecklenburgischer Fußballmeister, doch ging es es am Rande des Sportgeschehens mitunter recht ungesittet zur Sache. Es kam zu Beleidigungen, körperlicher Gewalt und Spielabbrüchen. Im Oktober 1926 flogen beim Duell FC Vorwärts Teterow vs. FSV Malchin (2:5) sogar Steine in Richtung des aus Güstrow stammenden Schiedsrichters. Die Täter konnten in der Masse nicht ausfindig gemacht werden.

1946 wurde die SG Malchin gegründet, 1950/51 ging diese in die BSG Einheit Malchin über. Zwei Jahre später durfte der Aufstieg in die Bezirksliga gefeiert werden, im gleichen Jahr spielte Malchin in der Qualifikation des FDGB-Pokals gegen Einheit Schwerin 3:5. In der Saison 1954/55 war Einheit Malchin nochmals im FDGB-Pokal dabei. Nachdem in der ersten Runde die BSG Sparta Lichtenberg aus dem Weg geräumt wurde, musste in der zweiten Runde auswärts bei der BSG Lok Haldensleben angetreten werden. Zu holen gab es nichts, 1:4 lautete der Endstand.

Am 13. November 1955 wurde der Verein in BSG Lokomotive Malchin umbenannt, und in den 1970er-Jahren gab es sieben weitere Auftritte im FDGB-Pokal. Ein großer Wurf gelang 1974, als die BSG Post Neubrandenburg mit 2:1 geschlagen wurde. In der nächsten Runde gab es ein 0:1 gegen Hansa Rostock II.

Aktuell ist der FSV 1919 Malchin in der Landesliga zu finden. Zu nennen sind zwei bekannte Personen, die aus Malchin stammen. Zum einen wurde im April 1966 Thomas Doll in Malchin geboren, er spielte bis 1979 beim Nachwuchs von Lok Malchin, bevor er zu Hansa Rostock ging. Zum anderen wurde 1903 der antifaschistische Widerstandskämpfer Walter Block in Malchin geboren. Mit anderen KZ-Häftlingen kam er am 3. Mai 1945 auf dem Schiff Cap Arcona (versenkt durch die britische Luftwaffe) ums Leben. Nach ihm benannt ist das Walter-Block-Stadion in Malchin.

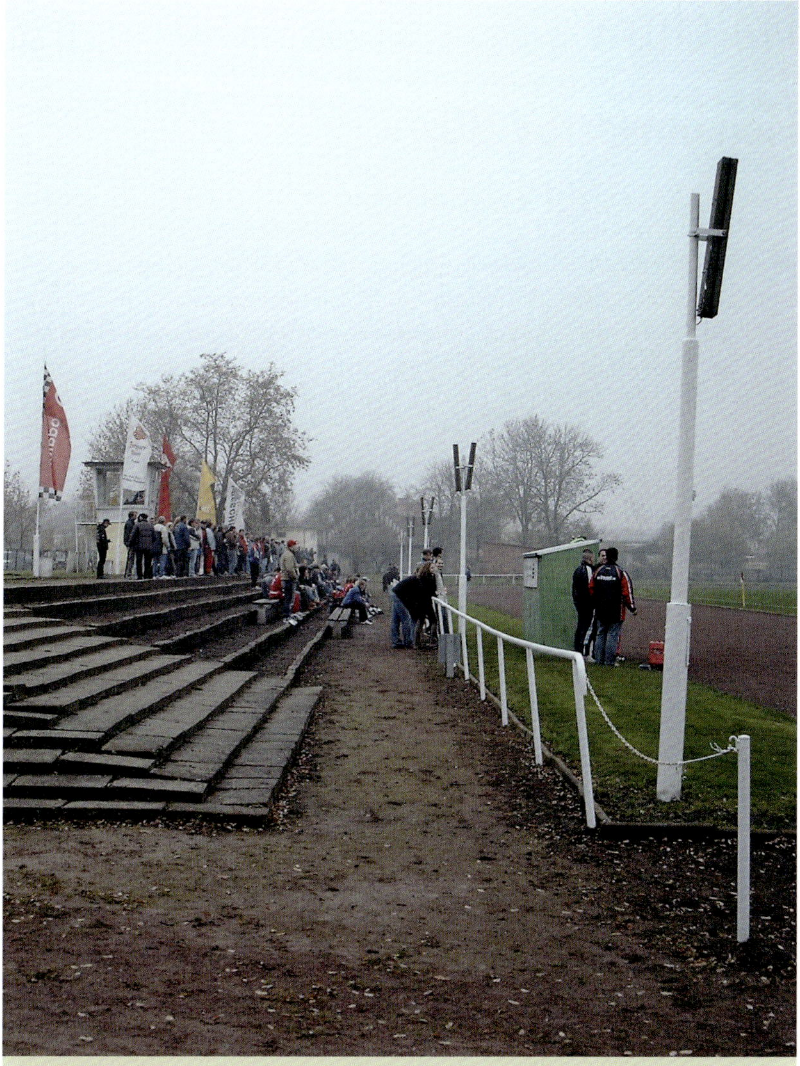

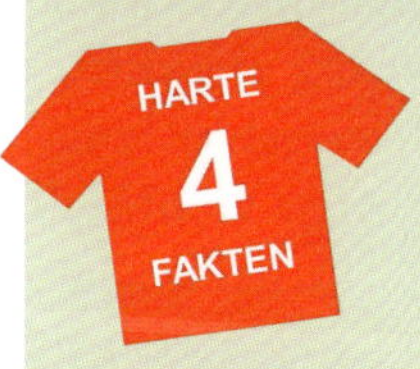

Größte Erfolge: viermal mecklenburgischer Fußballmeister

Negativer Höhepunkt: Steinwürfe im Oktober 1926

Walter Block: antifaschistischer Widerstandskämpfer

Derzeitige Spielklasse: Landesliga

Malchower SV 90

Zehn Jahre NOFV-Oberliga

Beim Malchower SV 90 hatte man sich mit der NOFV-Oberliga schon richtig angefreundet. Seit 2009 waren die Malchower nonstop dabei, und bei Auswärtsfans war die kleine überdachte Gästetribüne durchaus beliebt. Malchow ist immer eine Reise wert. Mitte April 2014 wurde das Waldstadion richtig voll, als der BFC Dynamo mit kompletter Kapelle anreiste und dort feuchtfröhlich den Sprung in die Regionalliga feierte.

Zehn Jahre lang konnte sich Malchow in der Oberliga halten, dann folgte 2018/19 eine unterirdische Saison. Nur einen Sieg und ein Remis gab es in 30 Saisonspielen. Beim Verein scheint man den Abstieg noch nicht verdaut zu haben, im Menü der Webseite ist noch der Button „Oberliga" zu finden. Erst einmal wieder Fuß fassen in der Verbandsliga. Zum Auftaktspiel gegen den FSV Kühlungsborn kamen immerhin 346 Zuschauer ins Waldstadion. Die Mannschaft dankte mit einem 4:0-Sieg.

Die Wurzeln des Vereins gehen zurück ins Jahr 1911, als der Malchower Fußballclub gegründet wurde. Später folgte der Arbeitersportverein SV Kloster-Malchow. 1938 erfolgte der Zusammenschluss zum Verein für Leibesübungen (VfL). Nach dem Zweiten Weltkrieg gab es in Malchow zwei Sportgemeinschaften. Neben der SG Malchow ließ auch die BSG Tufama den Ball rollen. Ein erstes Stadtduell gab es im Februar 1950, das Tufama mit 4:2 für sich entscheiden konnte. Wenig später kam es zur Fusion, und die BSG Fortschritt Malchow konnte nun fortan ihr Glück versuchen. Bis 1967 konnte sich Malchow in der Bezirksliga behaupten, danach reichte es nur für die Bezirksklasse.

Erst mit der Wende gab es wieder sportlichen Auftrieb. Als Malchower SV 90 wurde seit 1996 nonstop in der Verbandsliga gespielt, mehrfach wurde am Aufstiegsplatz geschnuppert. Als Vizemeister (Schönberg verzichtete) gelang schließlich 2009 der Sprung nach oben. Die Zuschauerzahlen konnten sich anfangs sehen lassen. Zum Auftaktspiel gegen Energie Cottbus II kamen 1.004 Zuschauer. Und auch in der Folge gab es gute dreistellige Zahlen. Über die Jahre hinweg nahm der Zuschauerzuspruch allerdings stetig ab.

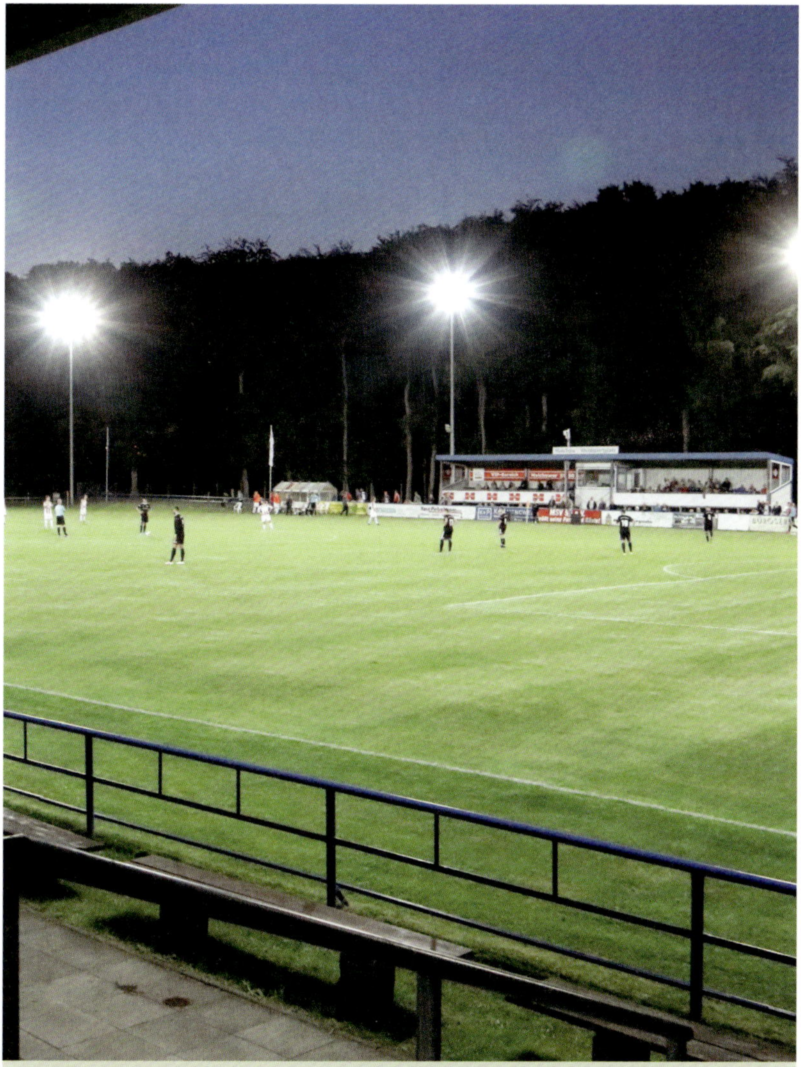

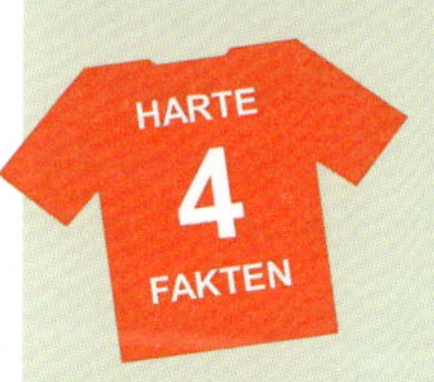

Gründungsjahr des Vorgängervereins: 1911
Neugründung: 26. Juli 1990
Spielstätte: Waldsportplatz
NOFV-Oberliga: 2009/10 bis 2018/19

BSG ScanHaus Marlow

Ein Verein der Freizeitliga NVP

Ein Fußballspiel an einem Mittwoch in Mecklenburg-Vorpommern? Das gehört hier doch nicht zur Alltäglichkeit. Doch, doch. Schon seit den 90ern hat sich eine Freizeitliga entwickelt, die sich neben dem „normalen“ Spielbetrieb fest etabliert hat. Diese Liga nennt sich NVP-Freizeitliga. NVP ist die Abkürzung für den Kreis Nordvorpommern. Der Name täuscht etwas. Die Vereine kommen nicht etwa von Rügen. Die meisten tummeln sich im Raum zwischen Stralsund und Rostock – Gelbensande, TSG Wustrow, SV Böhlendorf, BSV Löbnitz, SG Wöpkendorf und Co. Es existiert sogar eine Internetseite, auf der alle Ansetzungen mit Spielorten stehen. Die meisten Titel hat bereits KSV Blau-Weiß Ribnitz-Damgarten eingefahren. Doch wer spielt hier alles? Unter der Woche? Was ist mit Arbeit? Aufschluss darüber gibt nur ein Besuch bei einem der Spiele.

Und es ist so ein lauer Frühlingsabend. Natürlich verfügen hier die Gemeinden nicht über solche Möglichkeiten wie in Berlin, wo es unzählige Kunstrasenplätze mit Flutlicht gibt. Es handelt sich bei der NVP-Freizeitliga um eine Sommerliga, wie man die aus dem Altherrenbereich kennt. Die Sonne muss als Lichtquelle herhalten. Heute kickt der SV Böhlendorf gegen die BSG ScanHaus Marlow. Die Kulisse von über 40 Zuschauern lässt Außenstehende staunen.

Das Catering-Angebot ist groß. Es gibt Bratwurst, Bier und auch gebratene Bockwurst. Ungesund, aber schmeckt. Was auffällt: Die Tore wurden nach vorn gezogen. Die Spielform nennt sich Norwegermodell. Es setzt sich in strukturschwachen Räumen immer mehr durch. Ein Spielfeld von Strafraum zu Strafraum, 9 Spieler pro Mannschaft. Wer sind die Spieler? Viele wollen sich am Wochenende ihren Familien widmen. Ohne Druck ist das Zauberwort. Auch Marlow mischt hier mit. Ein Klub, der auch im Vereinsfußball antritt. Viele Dörfer bekommen keine Mannschaften mehr zusammen. Da trifft man sich halt einmal pro Woche auch mal an einem Mittwoch, um zu kicken. Das Geheimnis um die NVP-Liga wäre damit gelüftet.

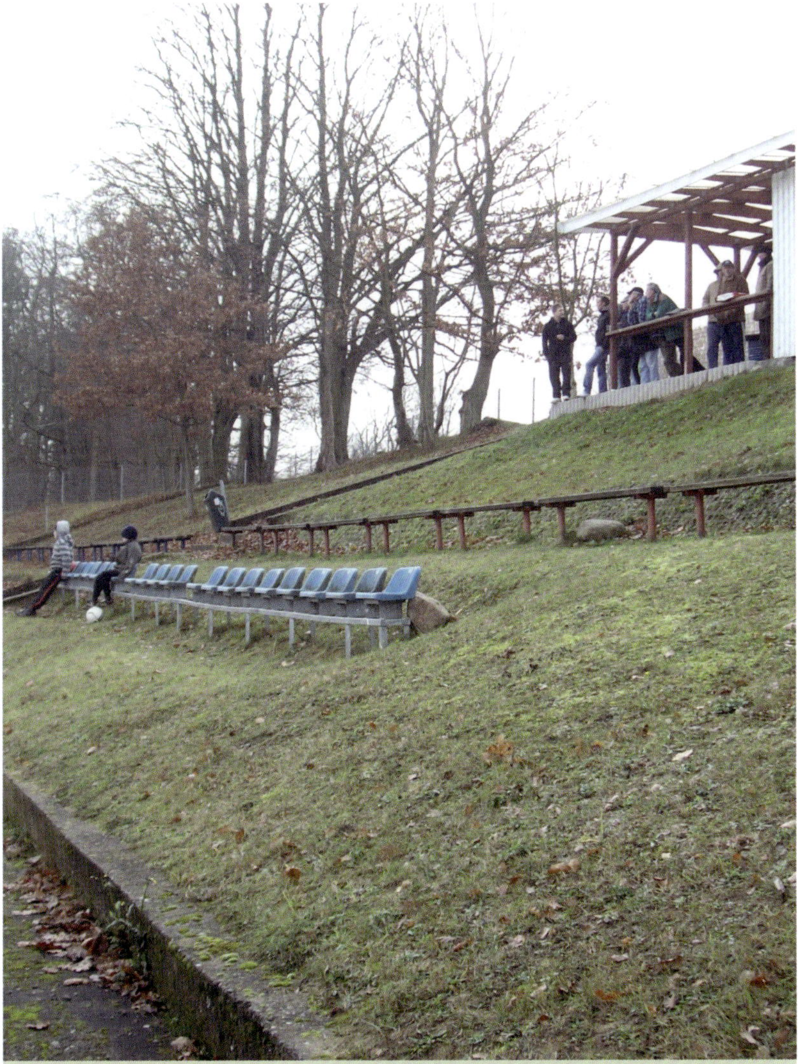

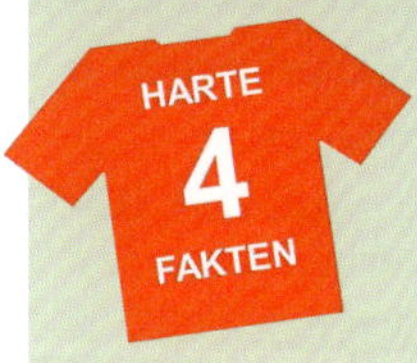

Adresse: Stralsunder Straße 15, 18337 Marlow

Catering-Angebot: Bratwurst, Bier und gebratene Bockwurst

Derzeitige Spielklasse: Kreisoberliga

Gespielt wird auch in der: NVP-Freizeitliga

Neubrandenburg 037

ASG Vorwärts Neubrandenburg

Als Dessau und Stralsund der Vorzug gegeben wurde

23 Jahre war die ASG Vorwärts Neubrandenburg in der DDR-Liga dabei und somit gemeinsam mit dem Stadtrivalen BSG Post Neubrandenburg eine feste Größe. Was die Zuschauerzahlen bei Heimspielen betraf, so hielt sich das Anfang der 1980er die Waage. Aus sportlicher Sicht Bitteres geschah am Ende der Saison 1983/84. Die 1956 ins Leben gerufene ASG Vorwärts Neubrandenburg (die Mannschaft des SV der KVP Vorwärts Prenzlau wurde nach Neubrandenburg versetzt) wurde Meister in der Staffel A vor der SG Dynamo Schwerin und der BSG Post Neubrandenburg. Auf Rang elf war zudem die BSG Neumechanik Neubrandenburg zu finden.

An der Aufstiegsrunde zur DDR-Oberliga durfte Vorwärts Neubrandenburg jedoch nicht teilnehmen. Stattdessen rückte Dynamo Schwerin nach, hatte aber gegen Stahl Brandenburg und Motor Suhl keine Chance.

Die Armeesportvereinigung Vorwärts hatte beschlossen, dass es neben dem Zugpferd Vorwärts Frankfurt in der Oberliga nur noch zwei weitere Vorwärts-Vereine in der DDR-Liga geben durfte. Man entschied sich für die Standorte Stralsund und Dessau, die ASG Vorwärts Neubrandenburg wurde daraufhin aufgelöst. Bereits 1978 schnupperte Vorwärts Neubrandenburg am Aufstieg in die Oberliga, doch damals scheiterte man auf sportlichem Wege an Stahl Riesa und Hansa Rostock.

Bis 1989 spielten zahlreiche ehemalige Neubrandenburger Spieler bei der ASG Vorwärts Fünfeichen weiter, die 1985 sogar den Sprung in die Bezirksliga packte. Die Nachwuchsabteilung der ASG Vorwärts Neubrandenburg bestand indes weiter bis 1992 und feierte mit der D-Jugend sogar noch einen Titel. Diese wurde 1990/1991 Bezirksmeister. Im Jahr darauf wurde der Nachwuchs dem SV Post Telekom Neubrandenburg angegliedert.

Einst bei Vorwärts Neubrandenburg spielten Karl-Heinz Aul, Dirk Barsikow, Reinhard Lauck und Alfred Zulkowski. Der 1940 in Wismar geborene Zulkowski kickte nach seiner Zeit in der Viertorestadt noch neun Jahre bei Vorwärts Berlin, wo er viermal DDR-Meister wurde.

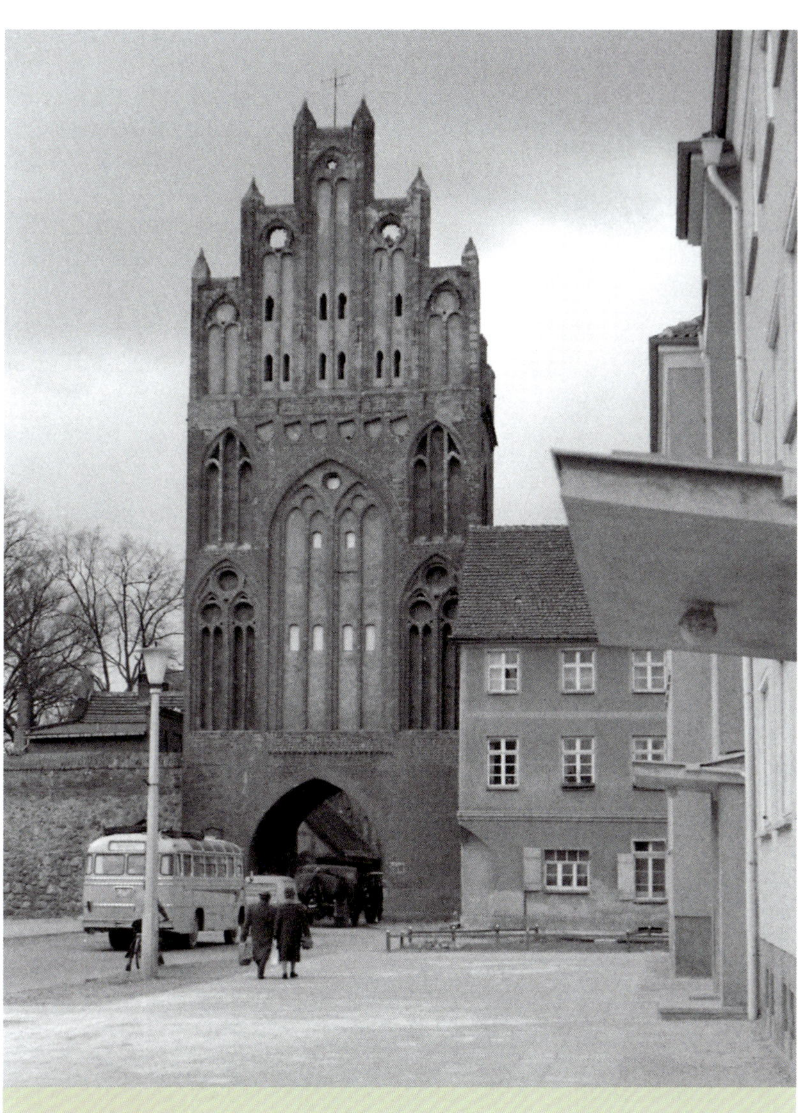

Gründung: 1956

Auflösung: 1984

DDR-Liga: 1961/62 bis 1969/70, 1971/72 bis 1983/84

Vereinsfarben: Rot und Gelb

Souleymane Chérif

Zwei goldene Jahre beim SC Neubrandenburg

Neubrandenburg. Dort hatte alles angefangen. Wenn er diese Chance nicht bekommen hätte, wäre er nicht Afrikas Fußballer des Jahres (1972) geworden, erklärte der frühere Fußballer Souleymane Chérif kürzlich in der WDR-Sendung „Sport inside“. Das TV-Team hatte ihn in seinem Heimatland Guinea besucht, und in seiner Wohnung sind noch immer die Erinnerungsstücke aus seiner Zeit in Neubrandenburg präsent. Die Mannschaftsposter des SC Neubrandenburg und der BSG Empor Neustrelitz, einige Bücher aus DDR-Zeiten: „Übungsformen für die Sportspiele“, „Geschichte der Körperkultur“, „Fußball – 600 Übungen“. Mit Stolz zeigte er auf ein großes Bild aus der Saison 1963/64, auf dem der Trainer und die Spieler des SC Neubrandenburg abgebildet sind: Gottfried Eisler, Meinhard Uentz, Jürgen Schröder – und natürlich Souleymane Chérif.

Souleymane Chérif wurde am Neujahrstag 1944 in Kindia (Guinea) geboren und kam 1961 im Rahmen der sozialistischen Entwicklungshilfe als Student nach Neustrelitz. Neben seinem Studium in Bauwesen trieb er reichlich Sport und beeindruckte unter anderem ein paar anwesende Fußballer des SC Neubrandenburg.

Kurzerhand wurde er nach Neubrandenburg geholt und durfte zwei Jahre beim Zweitligisten SC Neubrandenburg spielen. Im Frühjahr 1964 wurde der Aufstieg in die Oberliga gefeiert, Chérif hatte als Mittelfeldspieler 12 Tore beigesteuert und machte sich somit unsterblich. Mit einem Torverhältnis von 89:37 und zwei Punkten Vorsprung vor dem TSC Berlin wurden die Neubrandenburger Meister der Staffel Nord.

Die Früchte durfte er allerdings nicht ernten. Aufgrund des in der DDR-Oberliga geltenden Ausländer-Verbots verließ er Neubrandenburg und spielte noch eine Zweitligasaison bei der BSG Empor Neustrelitz, bevor es wieder zurück nach Guinea ging, wo er bis Ende der 1970er noch äußerst erfolgreich den Ball rollen ließ. So war er von 1970 bis 1979 beim Hafia FC unter Vertrag und absolvierte zehn Spiele in der Nationalmannschaft. Wie eingangs erwähnt wurde er 1972 sogar Afrikas Fußballer des Jahres.

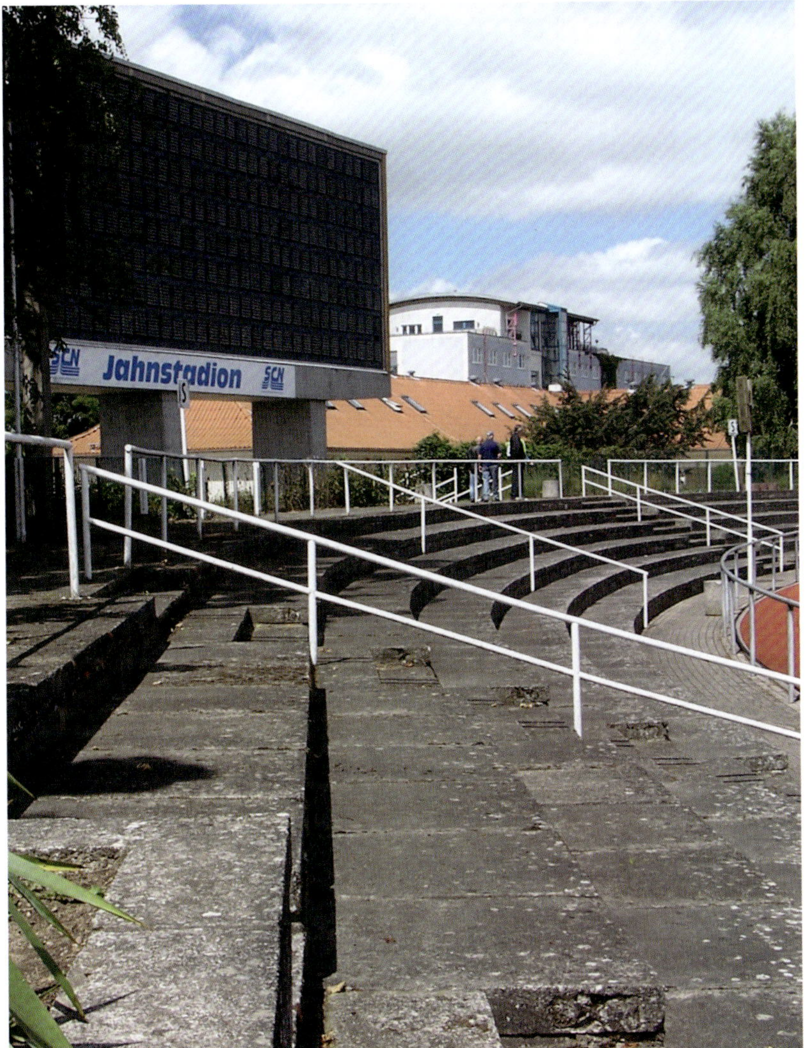

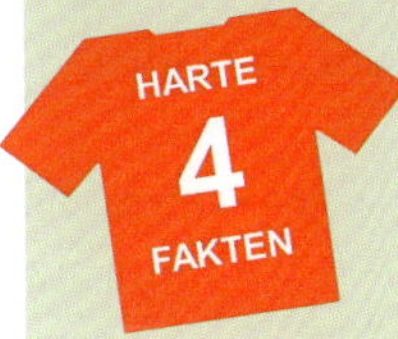

Geburtsort: Kindia (Guinea)

Beim SC Neubrandenburg: 1962 bis 1964

Größter Erfolg: Aufstieg in die DDR-Oberliga

Wermutstropfen: Er durfte nicht in der DDR-Oberliga spielen.

1. FC Neubrandenburg

Auch heute noch im Zeichen der BSG Post

Als kürzlich der 1. FC Neubrandenburg beim Grimmener SV antrat, hängten die mitgereisten Fans ein Banner in den alten Farben auf. Von 1965 bis 1990 trug der Verein den Namen BSG Post Neubrandenburg, nachdem Ende 1965 die Fußballsektion aus dem Sportclub Neubrandenburg herausgelöst worden war. Das damalige Wappen war ein Hingucker: Zwei geknickte Pfeile (Blitze) in den Farben Hellblau und Rot, die zusammen ein großes „N" auf gelbem Grund bildeten. Vor seiner Zeit als SC Neubrandenburg hieß der Verein SG Fritz Reuter, BSG Energie und BSG Turbine. Nach 1990 wurde aus der BSG Post für ein Jahr der MSV Post, dann der SV Post Telekom. Von 1993 bis 1999 wurde als FC Neubrandenburg, bis 2004 als FC Tollense Neubrandenburg gespielt, und erst seit 2004 trägt der Verein den heutigen Namen 1. FC Neubrandenburg.

Der Blick zurück: 1964 wurde der sensationelle Aufstieg in die Oberliga gefeiert. Mit dabei war Souleymane Chérif. 8.808 Zuschauer sahen im Schnitt die Heimspiele in der folgenden Oberligasaison 1964/65. Meister wurde Vorwärts Berlin, der SC Neubrandenburg musste mit zwei Punkten Rückstand auf den SC Dynamo Berlin absteigen. Immerhin war später Post Neubrandenburg Dauergast in der DDR-Liga. Somit ist der Verein mit 29 Spielzeiten auf Rang sechs der Ewigen Tabelle dieser Liga zu finden. Bis 1984 wurden hier häufig im Lokalderby die Klingen mit der ASG Vorwärts, die sich dann auflösen musste, gekreuzt.

Nach der Wende war Neubrandenburg von 1991 bis 1995 in der NOFV-Oberliga Nord dabei, anschließend erfolgte der Absturz in die Landesliga. Von 2011 bis 2016 gab es ein Gastspiel in der Oberliga. Trotz der Teilnahme am DFB-Pokal im Sommer 2014 geriet der 1. FC Neubrandenburg 04 in Schieflage und musste zwei Jahre später Insolvenz anmelden. In der Verbandsliga wird nun ein Neustart vollzogen.

Das Günther-Harder-Stadion, in dem von 1985 bis 1991 gespielt wurde, musste 1992 einem Krankenkassenneubau weichen. Gespielt wird nun auf dem Nebenplatz des Friedrich-Ludwig-Jahn-Stadions, das derzeit den offiziellen Namen „neu.sw Stadion" trägt.

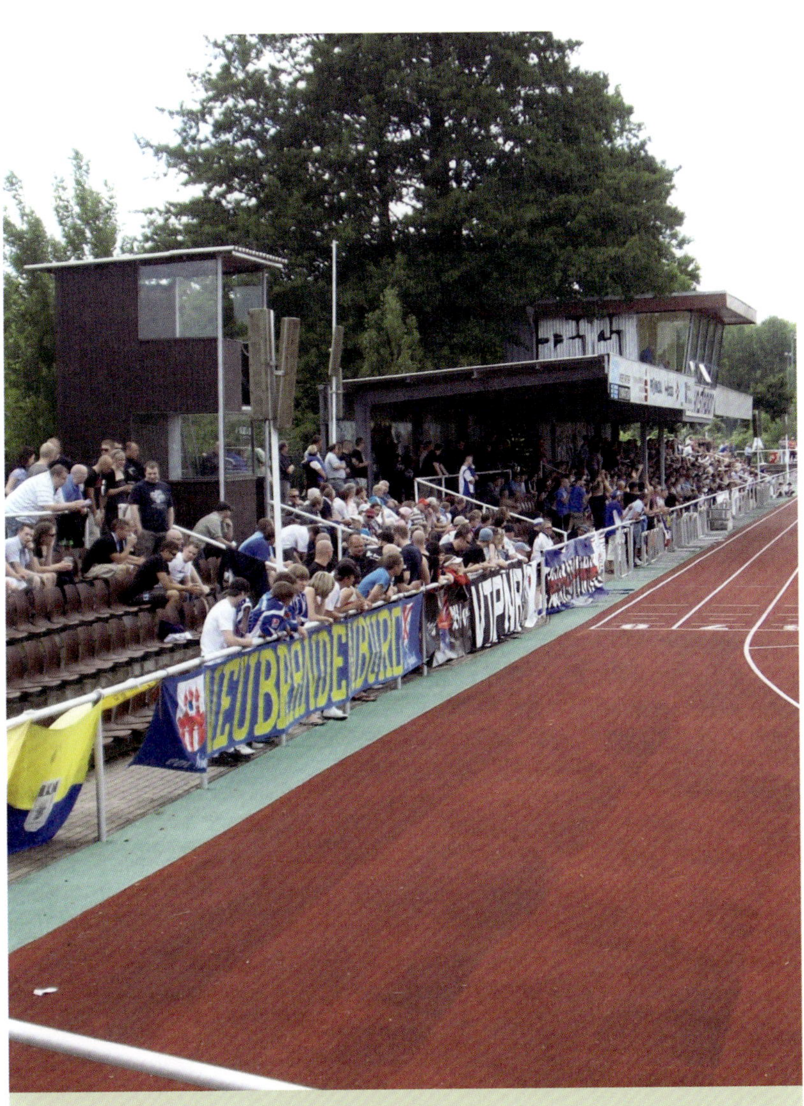

HARTE 4 FAKTEN

Gründung des Vorgängervereins: 1947

Namenswechsel seit 1947: neun

DDR-Oberliga: 1964/65

DDR-Liga: 1954/55, 1962 bis 1964, 1965 bis 1991

Neuenkirchen 040

SV Friedrich-Ludwig-Jahn Neuenkirchen

Fußball im Zeichen des Turnvaters

Neuenkirchen gibt es in Deutschland einige. In diesem Fall sprechen wir von der Ortschaft, die sich sieben Kilometer nordöstlich von Neubrandenburg befindet. Überdurchschnittlich viele Jahn-Sportlätze sind in Mecklenburg-Vorpommern zu finden. Dies liegt daran, dass der im August 1778 in Lanz (Prignitz) geborene Johann Friedrich Ludwig Christoph Jahn, bekannt als Turnvater Jahn, unter anderem an der Universität in Greifswald studiert und von 1803 bis 1804 in Neubrandenburg gelebt hatte. Als Hauslehrer führte er bei den Schülern der oberen Klassen der Gelehrtenschule Exkursionen ins Umland und das Turnen ein.

Der 1925 gegründete SV Friedrich-Ludwig-Jahn Neuenkirchen nahm den einstigen Turnvater gleich komplett mit auf in den Vereinsnamen und auch ein Porträt von Jahn ziert das schwarz-grüne Vereinswappen.

Eine Recherche zu den Fußballaktivitäten in der DDR ist im Fall Neuenkirchen alles andere als einfach. Ziemlich schnell wird man immer wieder auf das „falsche" Traktor Neuenkirchen stoßen, welches in der Gemeinde auf der Insel Rügen spielt. Glücklicherweise hat der Verein ein paar historische Dokumente online gestellt, die Aufschluss geben. So konnte einst in den 1960ern dreimal in Folge der „Goldene Traktor" des Kreisfußballverbandes nach Neunkirchen geholt werden, doch wurde stets in der Aufstiegsrunde der erhoffte Sprung in die Bezirksklasse verpasst. Einmal musste das Spielfeld des Harder-Stadions in Neubrandenburg sogar bis in die Weitsprunggrube verlängert werden. Der eigene Platz in Neuenkirchen wurde 1970 eingeweiht, zuvor mit angepackt hatten auch die Spieler der BSG Traktor Neuenkirchen. 1985 erfolgte der Abstieg in die II. Kreisklasse, doch glückte der sofortige Wiederaufstieg.

Der große Coup in der jüngeren Vergangenheit gelang in der Saison 2012/13, als der Aufstieg in die Landesliga ausgiebig gefeiert wurde. Beim letzten Saisonspiel schauten 315 Zuschauer vorbei und feierten den 2:0-Sieg gegen den Nachbarn SV Nordbräu 78 Neubrandenburg.

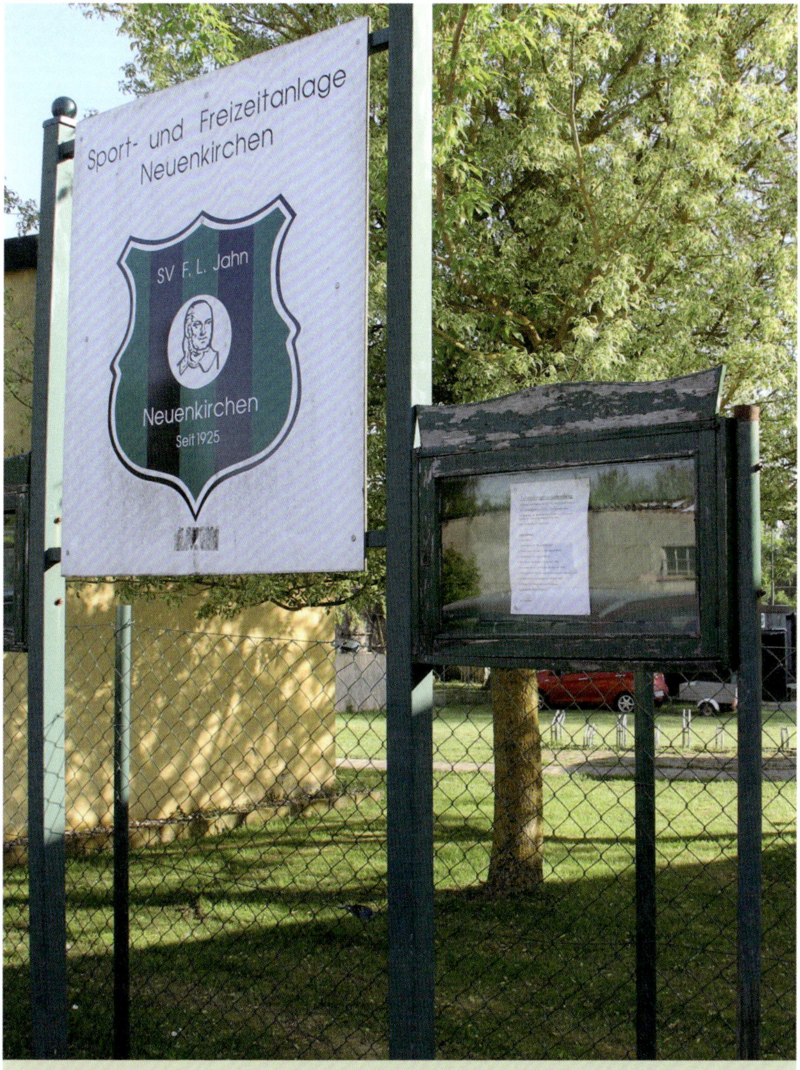

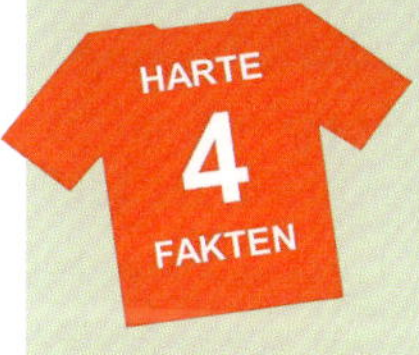

Lebensdaten des Turnvater Jahn: 1778 bis 1852

Wirken von Jahn in Neubrandenburg: 1803 bis 1804

Gründung des Vereins: 1925

Größte Erfolge: dreimal in Folge „Goldene Traktor“ in den 1960er-Jahren

Neustadt-Glewe 041

SV Fortschritt Neustadt-Glewe

Old School im Stadion der Lederwerker

Gemütlich ging es mit dem RE14 von Parchim in Richtung Hagenow Stadt und Land. Das Ziel der Reise: Neustadt-Glewe, das sich nordöstlich von Ludwigslust befindet und einen Flugplatz sein Eigen nennen darf. Dem einstigen Stadion der Lederwerker sollte an jenem Frühjahrstag ein Besuch abgestattet werden. Bis zum Ende der DDR wurden im VEB Lederwerk August Apfelbaum in bedeutenden Mengen Leder produziert. Bereits vor dem Zweiten Weltkrieg war Neustadt-Glewe ein wichtiger Standort der Adler & Oppenheimer Aktiengesellschaft.

So erhielt die 1945 gegründete SG Neustadt-Glewe von 1949 bis 1951 den Zusatz „BSG Lederwerk", danach erfolgte die Umbenennung in BSG Fortschritt Neustadt-Glewe. Das „Fortschritt" zeigte beim DDR-Fußball an: Der Trägerbetrieb kam aus der Textil- und Lederindustrie.

Ganz große Erfolge gab es nicht, doch immerhin wurde von 1955 bis 1960 in der II. DDR-Liga gespielt, zudem gab es drei Teilnahmen am FDGB-Pokal zu verzeichnen. Gegen den SC Aufbau Magdeburg durfte 1958 sogar ein 3:1-Sieg nach Verlängerung gefeiert werden. In der zweiten Runde musste man sich auswärts Empor Rostock mit 1:2 geschlagen geben.

Aktuell spielt der Verein in der Landesklasse. So auch am besagten Apriltag 2017. Es kam zum klangvollen Duell SV Fortschritt Neustadt-Glewe vs. SV Rotation Neu Kaliß. Zwei Euro mussten für die hübsche Eintrittskarte hingelegt werden, 49 Zuschauer hatten sich eingefunden. Die bewachsenen Wälle und die zwei kleinen Tribünen ergeben ein nettes Gesamtbild. Wie laut muss der Jubel einst gewesen sein, als in der Verlängerung die Magdeburger geschlagen wurden?

59 Jahre später ging Neu Kaliß rasch in Führung, ebenso rasch konnte Fortschritt Neustadt-Glewe ausgleichen. Im zweiten Spielabschnitt ging es ruppig zu. Aufgeheizte Stimmung, das Schimpfwort „Eierkopp" war zu vernehmen. Ein Freistoßtreffer zählte nicht, ein Elfer ging nicht rein, am Ende fiel das wichtige 2:1. Die Zuschauer jubelten, unter ihnen sechs Fans mit selbstangefertigten Utensilien. Anschließend noch ein Blick in die Schrankwand mit den Pokalen, dann rief der Zug nach Parchim ...

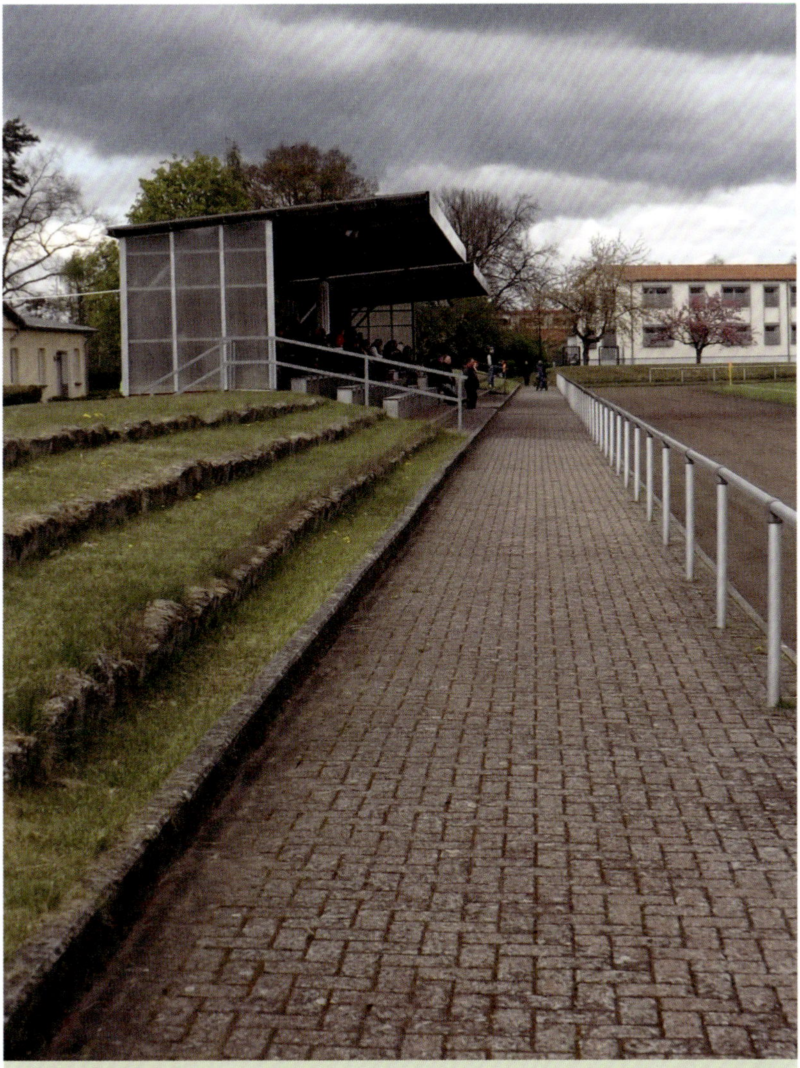

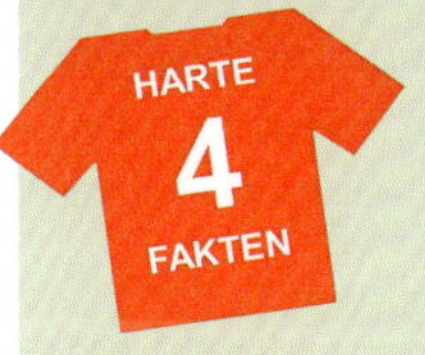

Gründungsjahr: 1945

Einstiger Trägerbetrieb: Textil- und Lederkombinat

II. DDR-Liga: 1955 bis 1960

Sternstunde: 3:1 n.V. gegen SC Aufbau Magdeburg (1958)

Neustrelitz 042

TSG Neustrelitz

Nach der Wende die Nr. 2 hinter Hansa

Keinem Verein in Mecklenburg gelang es bisher ernsthaft die Vormachtstellung des F.C. Hansa Rostock ins Wanken zu bringen. Der PSV Schwerin absolvierte ein Spiel im Europapokal, Greif Torgelow rückte bis in die Regionalliga vor. Doch da gibt es noch die TSG Neustrelitz. Die TSG spielte trotz eines zwischenzeitlichen originellen Namens, BSG Maschinelles Rechnen Neustrelitz, keine große Rolle im DDR-Fußball. Hin und wieder gelang der Aufstieg in die DDR-Liga. Erst nach der Wende startete die TSG dann durch. Bereits seit 1975 liefen die Spieler unter dem Namen TSG Neustrelitz auf. Über die Stationen Landes-, Verbands- und Oberliga gelang es der TSG, sich in der Regionalliga zu festigen (inzwischen wieder Oberliga). Das große TSG-Jahr war die Saison 2013/2014. Die Spieler aus der Residenzstadt am Tor zur Mecklenburger Seenplatte schafften es bis in die Relegationsspiele zur 3. Liga. Dort unterlag man dann der Reserve des 1. FSV Mainz 05. Gar nicht auszudenken, was passiert wäre, wenn man den Aufstieg gepackt und im gleichen Atemzug der F.C. Hansa sich aus der 3. Liga verabschiedet hätte. Dagegen hatte Neustrelitz Größen wie den 1. FC Magdeburg, Carl Zeiss Jena und den FSV Zwickau deutlich hinter sich gelassen. Da schien das Aufstiegsspiel gegen Mainz nur Formsache zu sein. Überraschend gingen beide Spiele verloren. Böse Zungen behaupteten, dass das Parkstadion für die 3. Liga nicht zugelassen worden wäre. Das Thema hatte sich dann nach der Niederlage am Bruchweg sowieso erledigt.

Auf gesamtdeutscher Ebene gelang es den Neustrelitzern, sich dank Siegen im Landespokal im DFB-Pokal mit Profivereinen messen zu dürfen. Die erste Runde bedeutete aber jeweils schon das Aus. Die Gegner waren: 1860 München, SC Freiburg und der Karlsruher SC. Mittlerweile wurde viel ins Stadion investiert, sodass eine Drittliga-Zugehörigkeit einmal möglich wäre. Der große Vorteil der TSG ist die Tatsache, dass lokal weit und breit keine Konkurrenz ist, weshalb sich die Zuschauerzahlen stets sehen lassen können. Allerdings erfolgte nach sechs Jahren Regionalliga am Ende der Saison 2017/18 der Abstieg in die NOFV-Oberliga. Ab nun wieder kleinere gebackene Brötchen in der Residenzstadt...

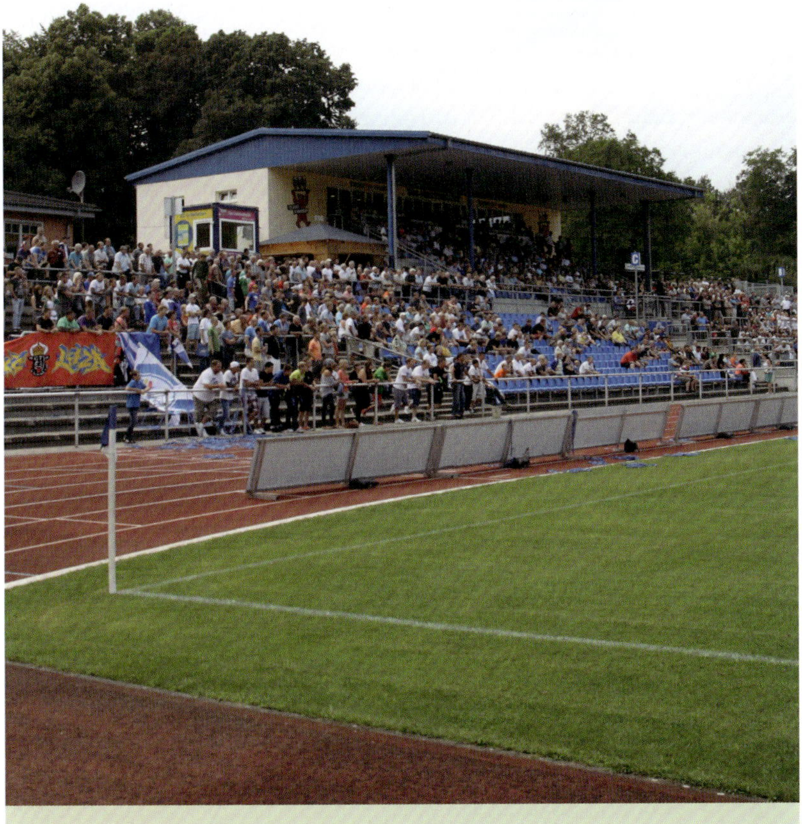

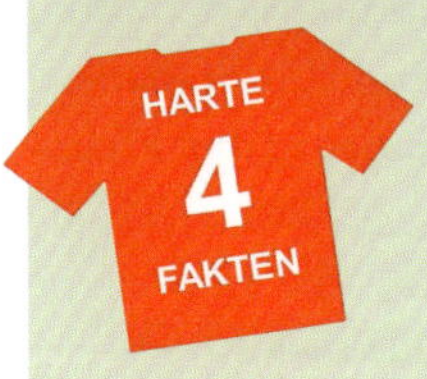

Gründung: 1949

Größter Erfolg: Meister der Regionalliga Nordost 2013/2014

Pokalerfolge: Mecklenburg-Vorpommern-Pokal 2007, 2008, 2013

Kapazität Parkstadion: 7.000

Pampow 043

Sportanlage am Gartenweg

MSV Pampow – die grünen Piraten kommen …

Auswärtsspiel in Pampow? Wo soll das liegen? In der Pampa? Nicht doch, wurde den fragenden Fans der Sp.Vg. Blau-Weiß 90 Berlin vor Saisonbeginn erklärt. Keine große Sache! Die Gemeinde Pampow ist von Berlin aus ganz einfach mit dem Zug erreichbar. Aussteigen in Holthusen oder Schwerin Süd und dann ein paar Meter zu Fuß zurücklegen bis zur Sportanlage des MSV Pampow, der am Ende der Saison 2018/19 in die NOFV-Oberliga aufgestiegen ist. 551 Zuschauer bekamen am letzten Spieltag einen 3:0-Sieg gegen Güstrow zu sehen. Die „Grünen Piraten" sind da!

Für Furore hatten die „Grünen Piraten" bereits 2017 gesorgt, als das Landespokalfinale erreicht wurde. Im Neustrelitzer Parkstadion schlug sich Pampow vor 2.708 Zuschauern wacker gegen den Drittligisten F.C. Hansa Rostock. In der 70. Minute konnte der 1:2-Anschlusstreffer erzielt werden, am Ende musste man sich mit 1:3 geschlagen geben. Zuvor wurde im Viertelfinale der FC Mecklenburg Schwerin vor 1.285 Fußballfreunden mit 2:0 geschlagen.

Ein dolles Ding für den MSV Pampow, der 2007/08 noch in der (alten) Bezirksliga spielte und dann in die Landesliga aufstieg. 2004 waren die „Grünen Piraten" noch in der Bezirksklasse zu finden.

Zu DDR-Zeiten begann der Fußballbetrieb in den 1950er-Jahren ganz klassisch mit dem Namen BSG Traktor Pampow. Allerdings lagen Bezirksklasse oder gar die Bezirksliga in nicht erreichbarer Ferne, gespielt wurde bis 1990 nur auf Kreisebene.

Am 22. Juni 1990 unterzeichneten Gerhard Brauers und 15 weitere Personen die Gründungsurkunde des Mecklenburgischen Sportverein Pampow e.V. Einen erstaunlichen Zuwachs hat die Gemeinde Pampow. Wohnten 1990 knapp 1.000 Menschen dort, sind es jetzt bereits über 3.200. Statistisch betrachtet geht somit im Schnitt zirka jeder zehnte Einwohner zu den Heimspielen des frisch gebackenen Oberligisten.

Sich sehen lassen kann die Sportanlage am Gartenweg, die eine kleine überdachte Sitzplatztribüne besitzt. Insbesondere bei Freitagabendspielen ist bei den „Grünen Piraten" für eine tolle Atmosphäre gesorgt.

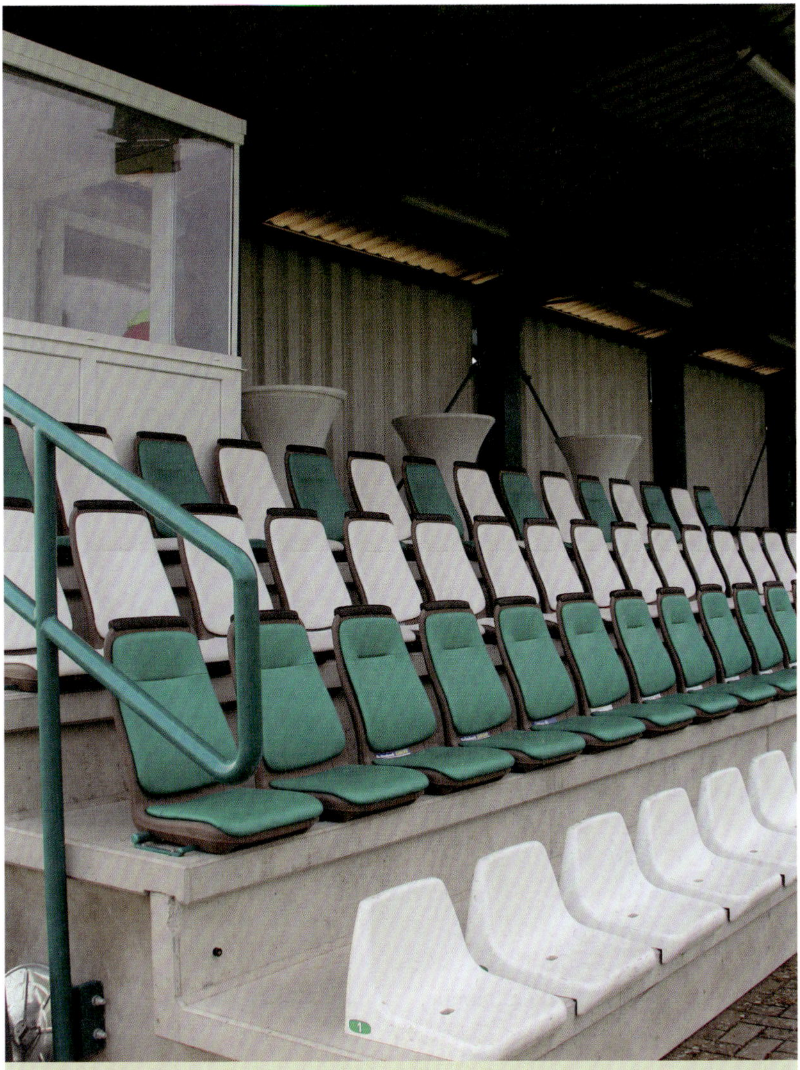

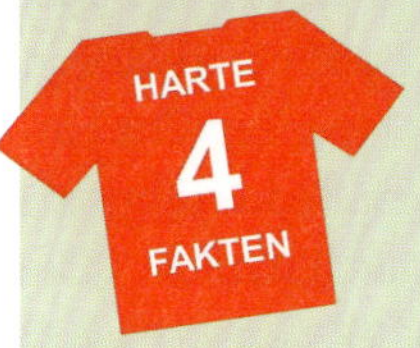

Spitzname: Grüne Piraten

Vereinsfarben: Grün und Weiß

Quote bei Spitzenspielen: jeder dritte Pampower vor Ort

Größter Erfolg: Aufstieg in die NOFV-Oberliga 2019

Parchim 044

Stadion am See

Das „Altenheim" der Hansa-Stars

Die neuerliche Bekanntheit des Ortes Parchim im Landkreis Ludwigslust-Parchim geht zweifelsfrei auf den Ausbau des ehemaligen Militär-Flugplatzes zum Flughafen Schwerin-Parchim zurück. Im Fußball hat das jedoch nicht viel bewirkt. Parchim mit seinen 18.000 Einwohnern ist zwar Zentrum des Landkreises, aber fußballtechnisch dümpeln die Kicker in den Niederungen herum.

Inzwischen wurden die Kräfte auch schon gebündelt, sodass Aufbau Parchim und der Parchimer FC zum SC Parchim verschmolzen sind. 2016 war es so weit, als eine Ära des sportlichen Zweikampfes in der Stadt mit der angesprochenen Fusion endete. Bereits zu DDR-Zeiten gab einen Konkurrenzkampf zwischen Ostra Hydraulik und Aufbau. Nach der Wende waren Derbys Veranstaltungen, die von der Bevölkerung gern angenommen wurden. Das Thema Fusion ist immer schwierig. Übrig bleiben immer Spieler, die nicht in der Reserve die zweite Geige spielen wollen.

Auf Erfolg wird in Parchim weiterhin gewartet, obwohl nun im Wappen der Mecklenburger Stier prangt. In der Vergangenheit sah es dagegen besser aus. Spricht man Rentner bei einem x-beliebigen Spiel im Parchimer Stadion am See an, dann schwelgen sie in Erinnerungen. In den 1990ern kickten die Spieler des Parchimer FC in der Oberliga, die damals Level 4 bedeutete. Im DFB-Pokal zog man Viktoria Köln. Um sportlich mithalten zu können, scheuten sie keine Kosten und Mühen und holten die alten Hansa-Stars Juri Schlünz, Axel Rietentiet, Volker Röhrich und Gernot Alms in den Südwest-Zipfel Mecklenburgs. Gerade Juri Schlünz und Gernot Alms werden vielen „jüngeren" Hansa-Fans der 90er-Jahre noch ein Begriff sein.

Und heute? Der Alltag heißt schon seit vielen Jahren Landesklasse. Mit dem Zug anreisenden Gästefans können sich in Parchim auf einen langen Fußweg zum Stadion freuen, auf dem man andererseits den ganzen Ort einmal kennen lernt und im Sommer auch das Spiel mit einem Badeausflug am Wockersee kombinieren kann. Deshalb heißt das Stadion auch schlicht „Stadion am See".

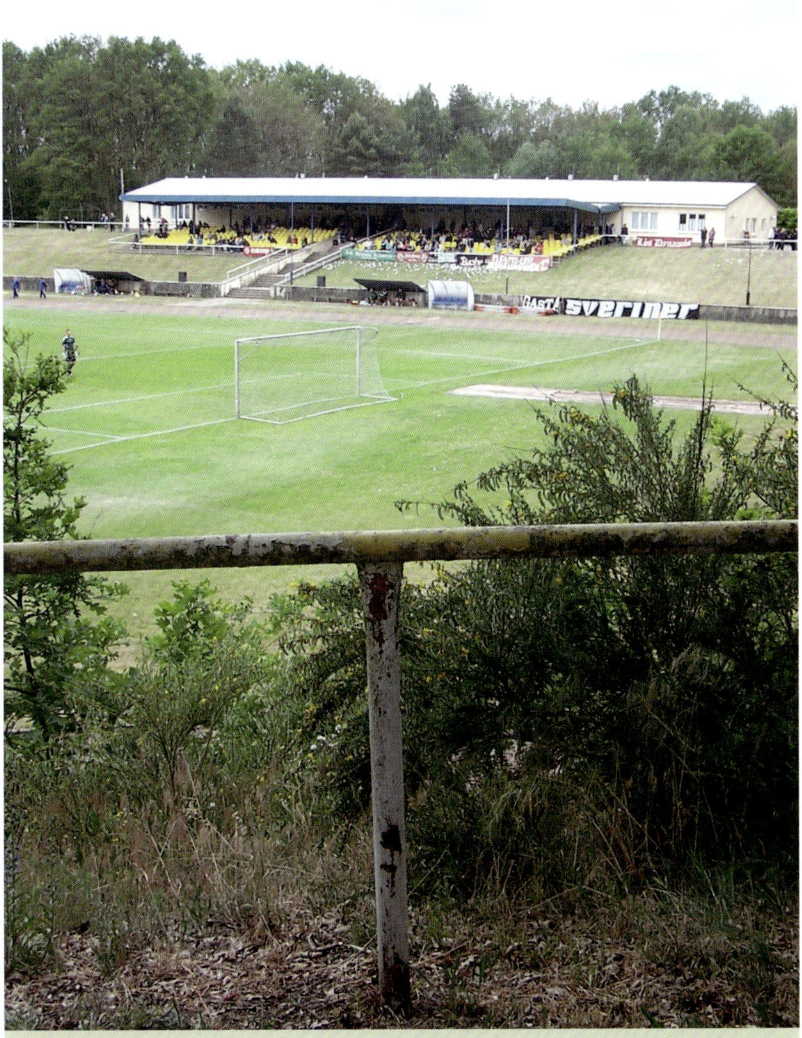

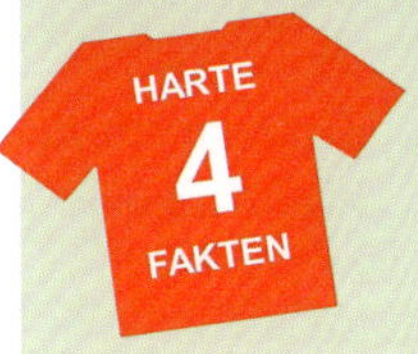

Adresse: Dargelützer Weg, 19370 Parchimer

Derzeit bespielt von: SC Parchim

Derzeitige Spielklasse: Landesliga West

Ein Muss: ein Getränk im Café am Wockersee

Pasewalk 045

Walter-Siebert-Stadion

Aushängeschild des Arbeitersports

Jeder Groundhopper von weit her, was Anfang der 2000er Jahre auch schon eine Herkunft aus dem Nachbarbundesland bedeuten konnte, war fasziniert, erstaunt, überrascht und mit Sicherheit ziemlich angetan von dem, was sich hinter dem Sportplatz des Pasewalker FV noch bis heute befindet. Die Stadien der niedrigen Ligen waren Auswärtigen nicht so geläufig. Das begründet sich mit zwei wichtigen Faktoren: Zum ersten war die Informationslage sehr dürftig. Es gab noch nicht alle Spots im weltweiten Netz. Selbst Europlan war noch nicht so weit entwickelt. Im „Groundhoppinginformer" war zwar jeder Berliner Kunstrasen eingetragen, jedoch nicht die „Perlen" in den Weiten Vorpommerns oder der Uecker-Randow-Region.

Die zweite Überraschung bildet die Anmutung des Stadions: Unerwartet trifft der Stadionsammler bei der Suche nach der Anlage des Pasewalker FV auf eine für diese Stadt überdimensioniert große Schüssel, die sein jetziger Nutzer mit 5.000 Plätzen angibt. Bereits um die Jahrtausendwende erwärmte der morbide Charme des Walter-Siebert-Stadions die Herzen aller Freunde maroder Konstruktionen, was sich in den öffentlichen Erinnerungsfotos von Stadionsammlern ausdrückt.

Im Prinzip ist die Anlage ziemlich spartanisch gebaut worden. Ein zu beiden Seiten abfallender Stehwall, das Herzstück und Fotomotiv vieler Sammler, geht in eine nicht ausgebaute Gegengerade über. Die Laufbahn zwischen dem Zuschauerbereich am Wall, der einst auch Bänke hatte, ist in den 50er-Jahren ziemlich breit angelegt worden. Die leichtathletischen Disziplinen spielten für Pasewalk und das Stadion eine große Rolle. Verschiedene Leichtathletik-Veranstaltungen wie das Sportfest der Werktätigen oder die Kinder- und Jugendspartakiaden des Kreises wurden im Walter-Siebert-Stadion ausgetragen.

Der Stellenwert der Leichtathletik ist gesunken, was Sandentnahmen aus der Weitsprunggrube bezeugen. Es gab aber auch anderweitige Nutzungen des Platzes, in den 1980ern trat unter anderem die populäre DDR-Musikgruppe „Die Puhdys" dort auf.

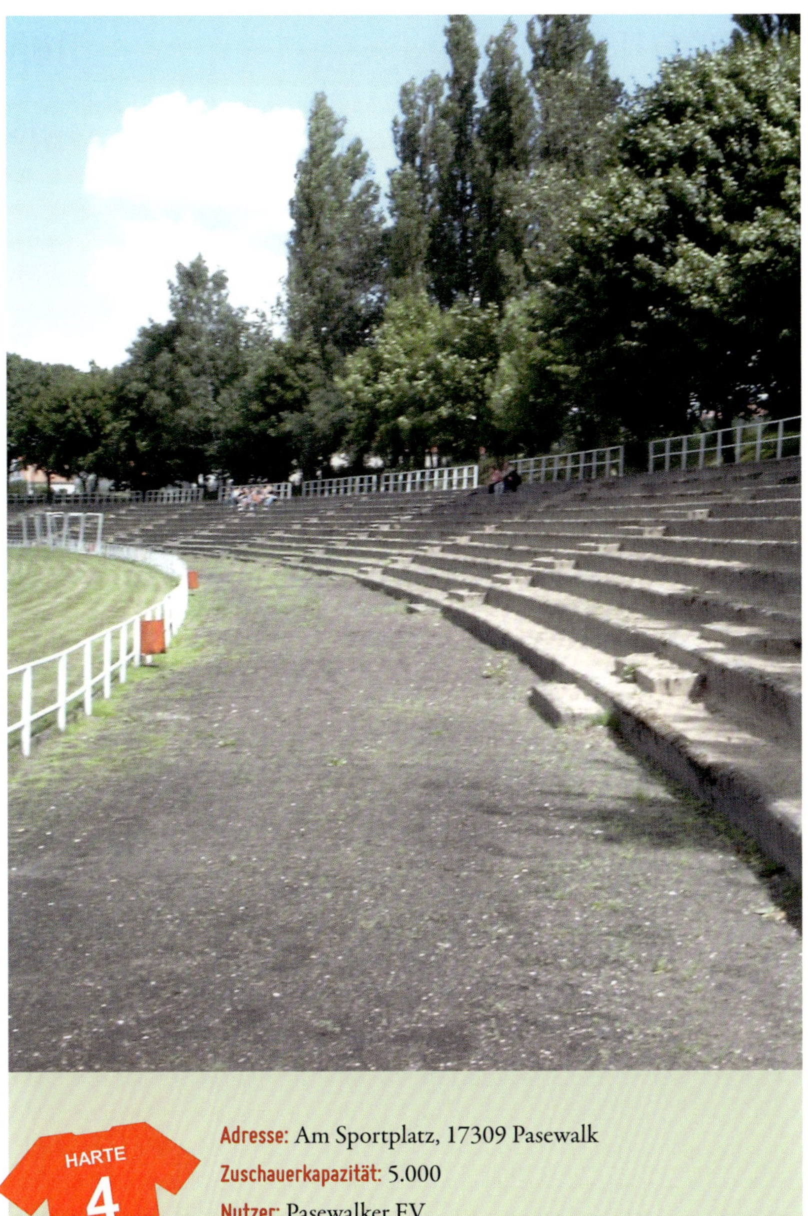

HARTE 4 FAKTEN

Adresse: Am Sportplatz, 17309 Pasewalk

Zuschauerkapazität: 5.000

Nutzer: Pasewalker FV

Weiterer Nutzer: SV Pommern Pasewalk

Sportplatz der Heeresversuchsanstalt

Verloren und vergessen

Ein trister Novembertag. Der reaktivierte FSV Karlshagen pflügt den nassen Acker in der vorpommerschen Kreisliga um. Trikots und Hosen nehmen schon langsam das militärische Tarnfarbengemisch an, was die Einwohner hier nur allzu gut kennen. Einen Katzensprung vom schlichten, aber traditionsreichen Sportplatz der ehemaligen BSG Turbine Peenemünde befindet sich eine ehemalige Heeresversuchsanstalt (HVA) aus dem Dritten Reich. Und auch die Nationale Volksarmee nutzte das Gelände, auf dem gegen Ende des Zweiten Weltkrieges intensiv an Munitionsmaterial für den auserkorenen „Endsieg" getüftelt wurde, der realistisch betrachtet nie zu erreichen war. Wernher von Braun war der deutsche Raketentechniker, dessen Name auf diesem Stück der Insel Usedom stets omnipräsent ist. Die HVA ist einerseits ein Touristenmagnet, andererseits werden gefährliche Phosphorstücke noch heute am Strand gefunden.

Es ist egal, ob man die größeren Kasernen der Bundeswehr, der Westgruppentruppen der Sowjets oder der Wehrmacht betrachtet. Sie hatten alle einen Sportplatz, nur gibt es üblicherweise kaum Informationen darüber, welche packenden Sportwettkämpfe dort ausgetragen wurden. Dabei darf man auch nicht die Funktion des Appellplatzes vergessen.

Ein älterer Herr, der mit mir das FSV-Heimspiel guckt, gibt mir etwas Auskunft darüber, wie man sich den Sportplatz der HVA vorzustellen hat. Er spricht von einem großen Tor, das dem Brandenburger Tor in Berlin ziemlich ähnlich sah. Gar unvorstellbar ist das heute!

Am Anfang des 21. Jahrhunderts hat man sogar Mühe die Laufbahn zu erkennen. Der Wald hat sich das Areal schon längst zurückerobert und gibt es so schnell nicht mehr her. Hin und wieder guckt aus dem dichten Grün der eine oder andere undefinierbare Betonbrocken hervor. Ein paar Backsteine dazu. An anderer Stelle würden sie nie auffallen, sondern völlig unbeachtet sein. Doch hier ist jeder Rest einer der letzten Zeugen dieses aufgegebenen Sportplatzes.

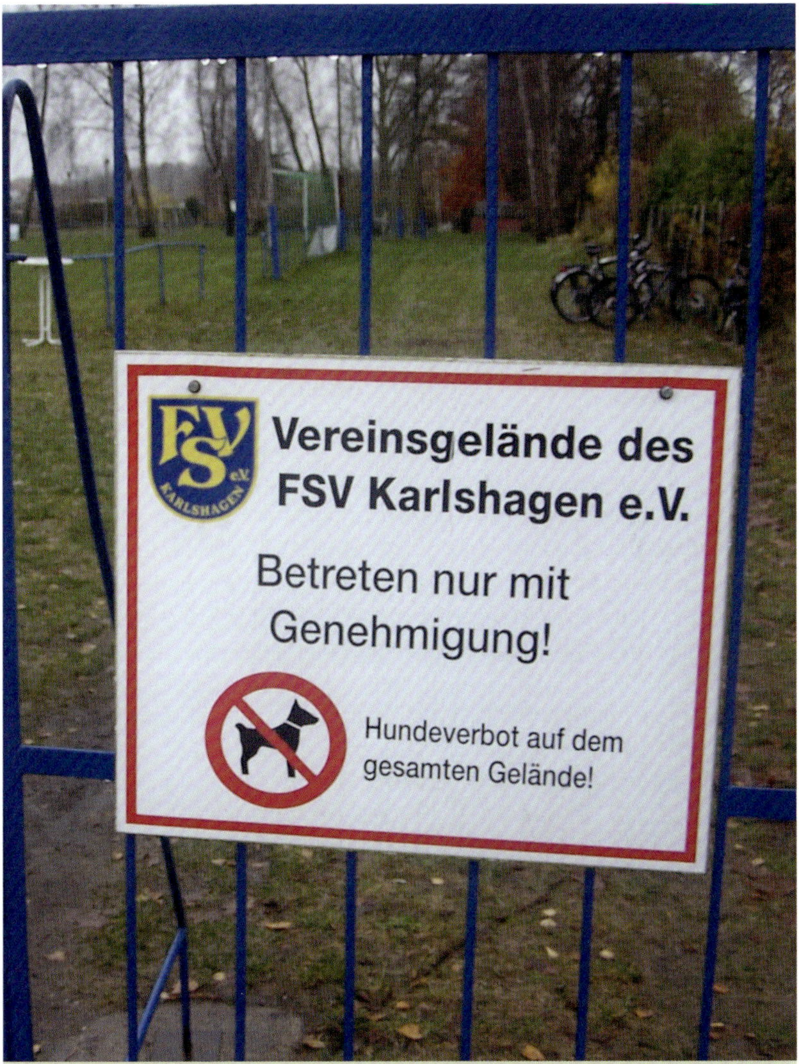

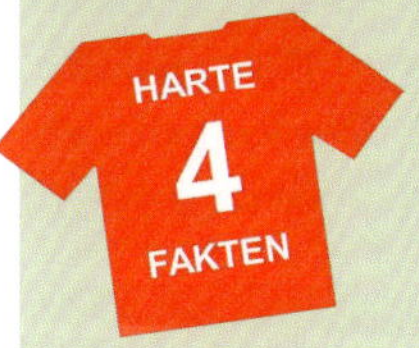

Adresse: Ostseestraße, 17449 Peenemünde

Gründung der Heeresversuchsanstalt Peenemünde: 1936

Weitere Nutzung: Sowjetische Streitkräfte, später NVA

Sehenswert: Historisches Museum im ehemaligen Kraftwerk

Penkun 047

Penkuner SV Rot-Weiß

Boxlegende Ulli Wegner einst am Ball

„Einmal Penkuner, immer Penkuner – uns verbindet Tradition!“ lautet das Motto des Penkuner SV Rot-Weiß. Nicht einmal 30 Kilometer sind es von Penkun aus bis ins Stadtzentrum von Stettin, rüber nach Gryfino sind es nur 20 Kilometer. Somit ist anzunehmen, dass am 1. Mai 1988 beim ersten Internationalen Jugendfußballturnier in Penkun auch Mannschaften aus dem sozialistischen Bruderland VR Polen teilgenommen hatten. Zu jenem Zeitpunkt hieß der Verein noch BSG Traktor Penkun, Trägerbetrieb war die damalige Maschinenausleihstation (MTS). Gegründet wurde der Penkuner SV am 30. Juni 1952, nach der kurzen Zeit als Eintracht Penkun erfolgte die Umbenennung in BSG Traktor.

Bemerkenswert: Im Zeitraum von 1956 bis 1967 wurden mehrere Kreis- & Bezirksmeistertitel im Radball eingefahren. Im Fußball spielte Traktor Penkun indes keine große Rolle. Allerdings gab es durchaus auf unterer Ebene die Gelegenheit die Sektkorken knallen zu lassen, so wurde Penkun in der Saison 1962/63 Meister in der 1. Kreisklasse. Apropos, neun von elf Vereinen hatten den Namenszusatz „Traktor“, die zwei anderen hießen „Vorwärts“. 1966, 1972 und 1973 konnte der Titel in dieser Spielklasse wiederholt werden.

Im Nachwuchs der BSG Traktor Penkun spielte einst Anfang der 1950er kein Geringerer als der 1942 in Stettin geborene Boxtrainer Hans-Ullrich „Ulli“ Wegner. Bevor er als Amateurboxer (mit dem Boxen begann er erst mit 19 Jahren) unter anderem für den ASK Vorwärts Rostock antrat, ließ er in der Jugend bei Traktor Penkun und später bei Traktor Anklam den Ball rollen.

Und wo ist der Penkuner SV Rot-Weiß in der Gegenwart zu finden? Gar nicht so weit unten! Bereits 2003 wurde der Aufstieg in die Landesliga gefeiert, die Saison 2018/19 wurde mit einem achtbaren dritten Platz beendet. Gut dabei war Penkun in der Pokalsaison 2017/18. Ein 2:1 in Rollwitz, ein 5:0 bei Hanse Neubrandenburg, ein 1:0 gegen den Gnoiener SV – und dann kam das fette Los im Achtelfinale! Heimspiel gegen Hansa Rostock. Der Sportplatz platzte mit 2.500 Zuschauern aus den Nähten, am Ende stand es 0:4.

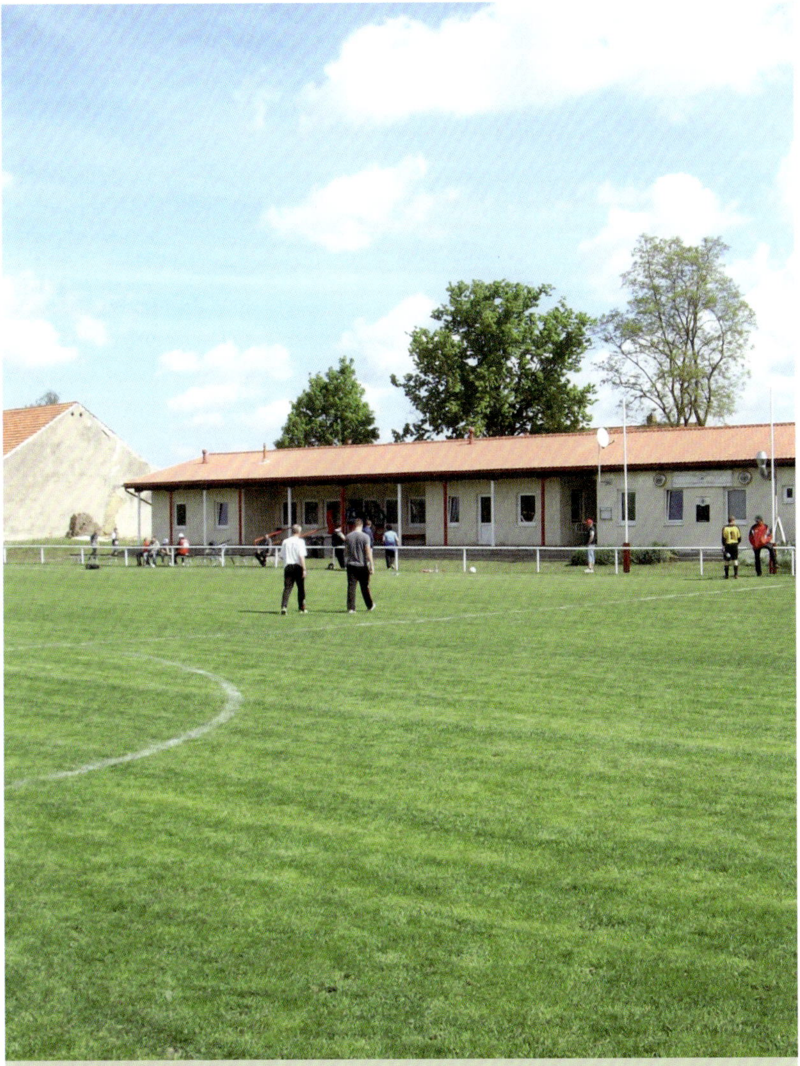

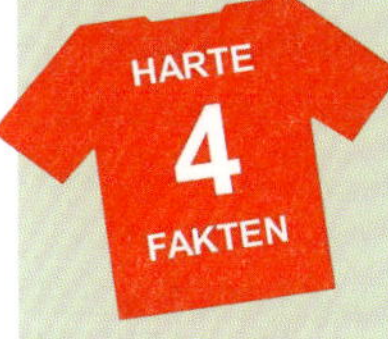

Motto: „Einmal Penkuner, immer Penkuner – uns verbindet Tradition!"

Besonderheit: mehrere Kreis- & Bezirksmeistertitel im Radball

Spielstätte: Sportplatz Penkun (Luckower Weg)

Derzeitige Spielklasse: Landesliga Ost

SV Plate

Man gönnt sich ja sonst nichts!

Mach dir keine Platte, mach dir eine Latte – „Plate" stammt vom slawischen Wort „Plote" (Zaun) ab. Die Gemeinde Plate liegt acht Kilometer südwestlich von Schwerin und wurde bereits 1191 erwähnt. „Man gönnt sich ja sonst nichts!" So lautet das Motto des dort ansässigen Landesligisten SV Plate, der diesen Spruch sogar in das offizielle Wappen aufnahm. In diesem ist auch die historische Zugbrücke abgebildet, die bis 2005 über die Stör-Wasserstraße führte. Seitdem gibt es einen Hubbrücken-Neubau.

Für Furore sorgte der 1948 gegründete und später als BSG Traktor Plate auftretende Verein in der FDGB-Pokalsaison 1962/63. Nachdem im Bezirkspokalfinale die BSG Traktor Neu Kaliß in der Verlängerung mit 6:5 geschlagen wurde, hatte es Traktor Plate in der Qualifikation mit dem Zweitligisten Rotation Babelsberg zu tun. Nach dem 3:2-Sieg wurde in der ersten Hauptrunde gegen Lok Waren deutlich mit 1:9 verloren. Bereits 1957 nahm Plate an den Qualifikationsrunden zum FDGB-Pokal teil. Nach einem Sieg gegen Vorwärts Rostock folgte eine 1:2-Niederlage gegen Dynamo Schönberg.

In der Bezirksliga Schwerin spielte die BSG Traktor Plate in der Saison 1979/80 sowie von 1986/87 bis 1990/91. In der letzten Saison wurde mit Rang 12 die Qualifikation für die neu geschaffene Verbandsliga Mecklenburg-Vorpommern verpasst.

Ein bitterer Abstieg aus der Landesliga erfolgte am 29. Mai 2011. Konkurrent SC AWO Hagenow 96 hatte gegen den PSV Wismar mit 0:1 verloren, und somit hätte Plate ein 1:0-Sieg bei der SG Dynamo Schwerin genügt. Der nötige Treffer wollte vor 300 Zuschauern nicht fallen, nur aufgrund des schlechteren Torverhältnisses ging es runter in die Landesklasse. 2016 konnte jedoch die souveräne Rückkehr in die Landesliga gefeiert werden. Der Gegner beim ersten Heimspiel in der Saison 2016/17 war kein geringerer als die SG Dynamo Schwerin.

Einst wurde bei der BSG Traktor Plate auch Tischtennis gespielt, und zwar anfangs in der Gaststätte „Zur Linde" und zeitweise in der Marmeladenfabrik am Bahnhof. Diese Tradition setzt heute der Sportverein Sukow fort.

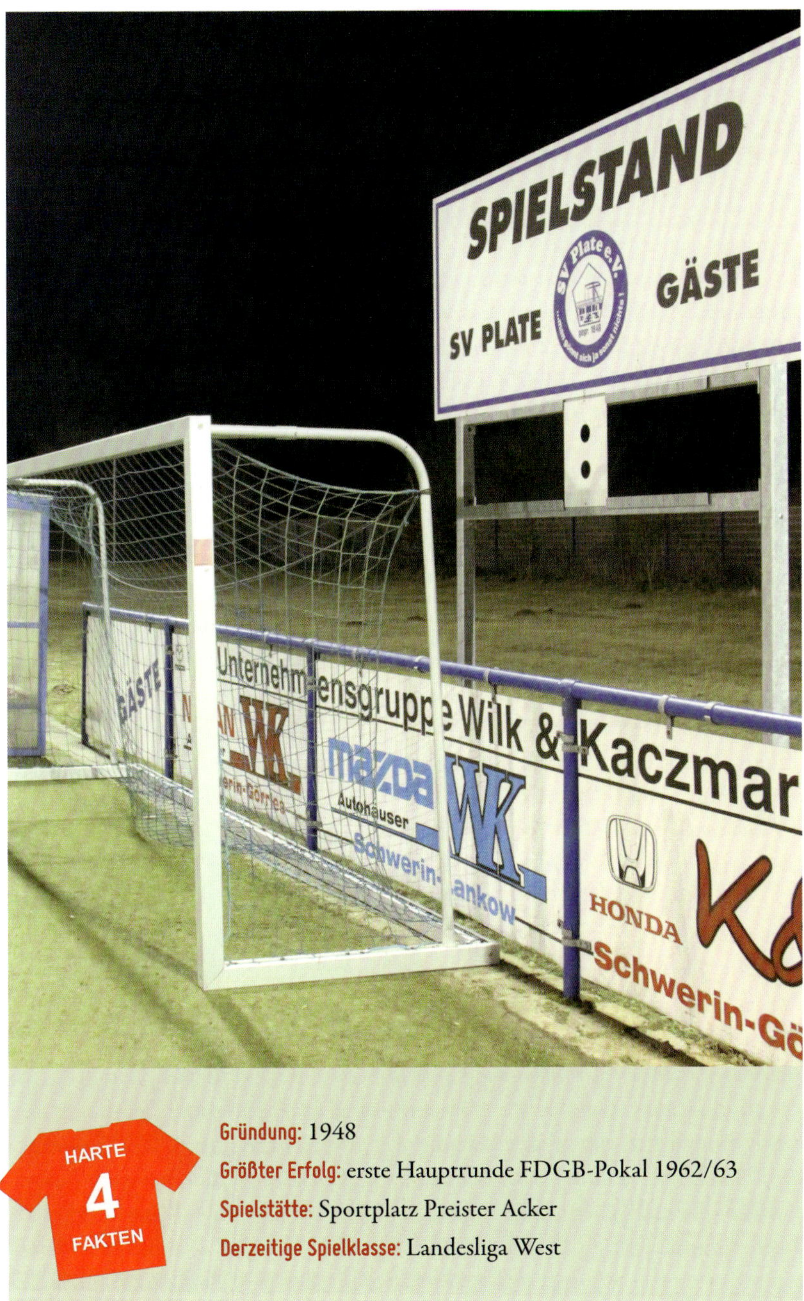

Gründung: 1948

Größter Erfolg: erste Hauptrunde FDGB-Pokal 1962/63

Spielstätte: Sportplatz Preister Acker

Derzeitige Spielklasse: Landesliga West

Ribnitz-Damgarten 049

PSV Ribnitz-Damgarten

Die letzte Spielerstation von Mike Werner

Im Jahr 2013 wollte ich einen Helden meiner Kindheit noch einmal live sehen und machte mich auf den Weg nach Ribnitz-Damgarten. Der scharfe Blick durchs weite Rund des Stadions am Bodden vermeldete eine Fehlanzeige. Neben dem Spielfeld und auf den Rängen war nichts von Mike Werner zu sehen. Ist er krank, verreist? Wer will schon aus dem idyllischen Ort Ribnitz weg? Weg aus der Bernsteinstadt, weg von der Perle am Bodden? Ich fragte einen Rentner, welcher mir schonungslos und eindeutig klarmachte „Junge, da kommst du zu spät. Der Mike ist nicht mehr hier."

Als Schüler hatte ich von irgendwoher ein Panini-Aufkleber-Album zur Fußballbundesliga-Saison 1996/97 bekommen. Und wie der Deutsche so ist, sammelt er gern. Akribisch will er alles komplett haben. Das ging ans Taschengeld. Ziemlich schnell hatte ich den Aufkleber von Mike Werner. Ihn hatte ich nie im alten Ostseestadion auflaufen sehen. Im alten Stadionprogramm war er aber stets in der Liste. René Schneider, Martin Groth, Uwe Ehlers – ja, so in etwa sind die Erinnerungen noch da, wie die Leute aussahen.

Aber einer ist dabei, dessen Kopf, eher seine Haartracht, sich wie ein Laserstrahl ins Gedächtnis eingebrannt hat – Mike Werner. Der Name und der Terminus Vokuhila werden in einem Atemzug genannt. Vorne kurz, hinten lang. Das war der typische Haarschnitt der ausgehenden 80er. Er war der einzige im Panini-Heft mit dieser Frisur.

Laut Wikipedia stammt der junge Mann aus Spremberg und hat u. a. für Motor Eberswalde die Fußballschuhe geschnürt. Seine letzte Spielerstation war der PSV Ribnitz-Damgarten. Ich kann mich erinnern, als er dann nicht mehr bei Hansa im Kader stand, da ihm eine Knieverletzung einen Strich durch die Rechnung machte. Beim Abschiedsspiel für Paule Beinlich lief er noch einmal für Hansa auf. Damals trug er die Haare kurz. „Mike Werner oho" schallte es von der Südtribüne. Unsterblich, sogar bei den ganz Jungen bekannt. Verewigt wurde er auf zahlreichen Aufklebern – Mike Werner im Bluna-Hansa-Trikot.

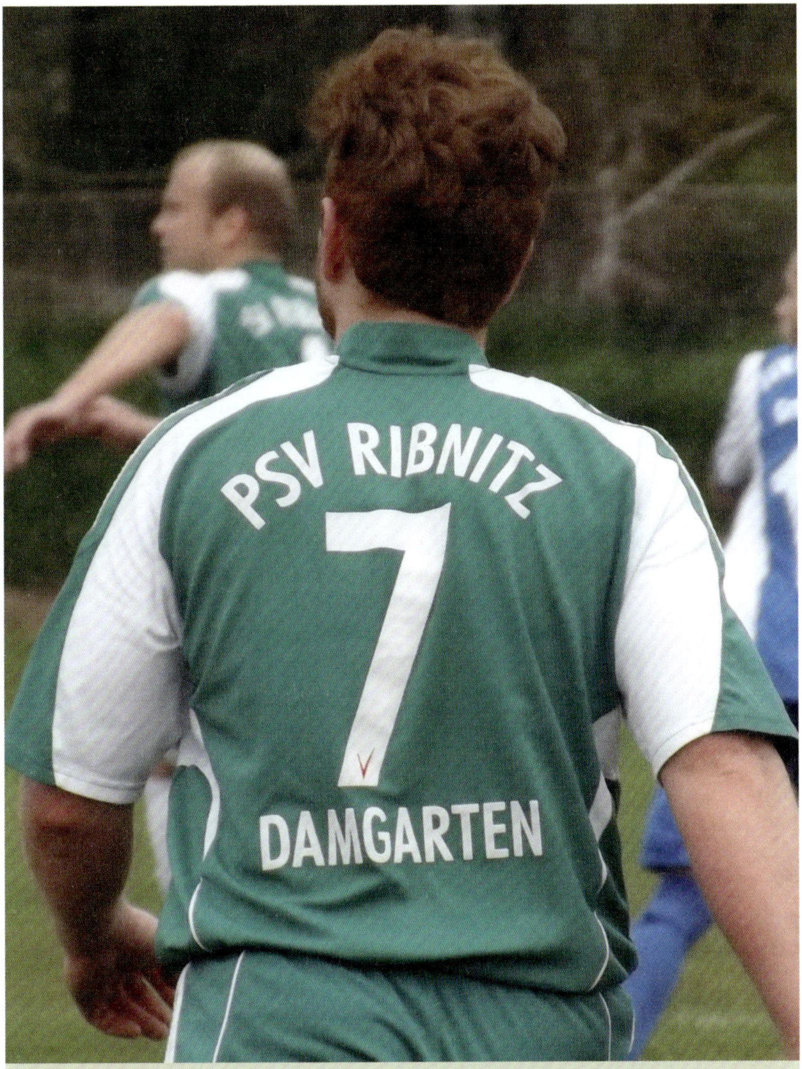

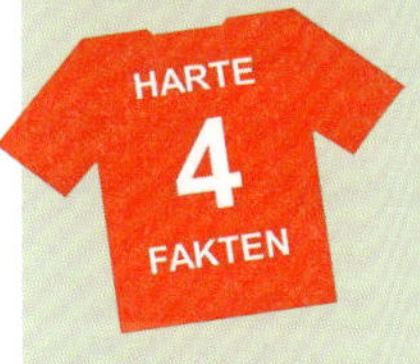

Adresse: Damgartener Chaussee 40, 18311 Ribnitz-Damgarten

Berühmt auch für: den Bernstein

Spielstätte: Stadion am Bodden

Derzeitige Spielklasse: Landesklasse

Richtenberg 050

Jahn-Sportplatz

SG Empor Richtenberg

152 Zuschauer kamen zum Auftaktspiel der Landesliga-Saison 2019/20 auf den Jahn-Sportplatz, um das Duell SG Empor Richtenberg vs. FSV Blau-Weiß Greifswald zu sehen. Nach dem souveränen Aufstieg (27 Siege in 30 Spielen) konnte nun das Abenteuer auf höherer Ebene beginnen. Im September 2016 wurde der 50. Geburtstag von Empor Richtenberg gefeiert, doch wird in der Vereinschronik betont, dass die Anfänge des Sporttreibens viel weiter zurückgehen.

Bereits im Herbst 1861 wurde in Richtenberg, das sich nördlich des sehenswerten Naturschutzgebietes Hellberge befindet, ein Männerturnverein ins Leben gerufen. What the hell?! Aber nein, das „Hell" leitet sich nicht von der Hölle, sondern von „hängig" und „schräg" ab. Weniger schräg ging es beim Fußball zu. Mitten in der Weltwirtschaftskrise wurde 1931 dank der Tatkraft der sogenannten „Wohlfahrtserwerbslosen" der jetzige Sportplatz angelegt, dieser wurde bis Kriegsende als Lager zur Verfügung gestellt.

Nachdem der Vorgängerverein der BSG Empor Richtenberg gegründet wurde, musste dieser ein paar Jahre mit der BSG Traktor Franzburg eine Zweckgemeinschaft eingehen. Diese Zwangsehe hatte Bestand bis August 1966, allerdings war diese Gemeinschaft sportlich durchaus erfolgreich. So wurde in Dreschwitz auf der Insel Rügen der „Pokal der Ostseewoche" geholt. Am 17. September 1966 fand schließlich im Kulturhaus der Stadt die Gründungsversammlung der BSG Empor Richtenberg statt.

Wie vielerorts gestaltete sich der Fußball abenteuerlich. Bis 1973 wurde der Rasen mit Eimern und Kannen gegossen, auswärts ging es häufig auf der Ladefläche eines LKW. War noch Platz, kamen auch gleich ein paar Fans mit.

Im Juni 1990 wurde aus der BSG eine SG, sieben Jahre später wurde der Aufstieg in die Bezirksliga gefeiert. Vor rund 200 Fans fegte man am letzten Spieltag den Tabellenzweiten VfL Bergen II mit 6:2 vom Platz. Im Anschluss flossen Bier und Sekt in Strömen. Einziger Wermutstropfen am 1. Juni 1997: der Abschied von Hartmut Busch, der seine erfolgreiche Spielerkarriere beendet hatte.

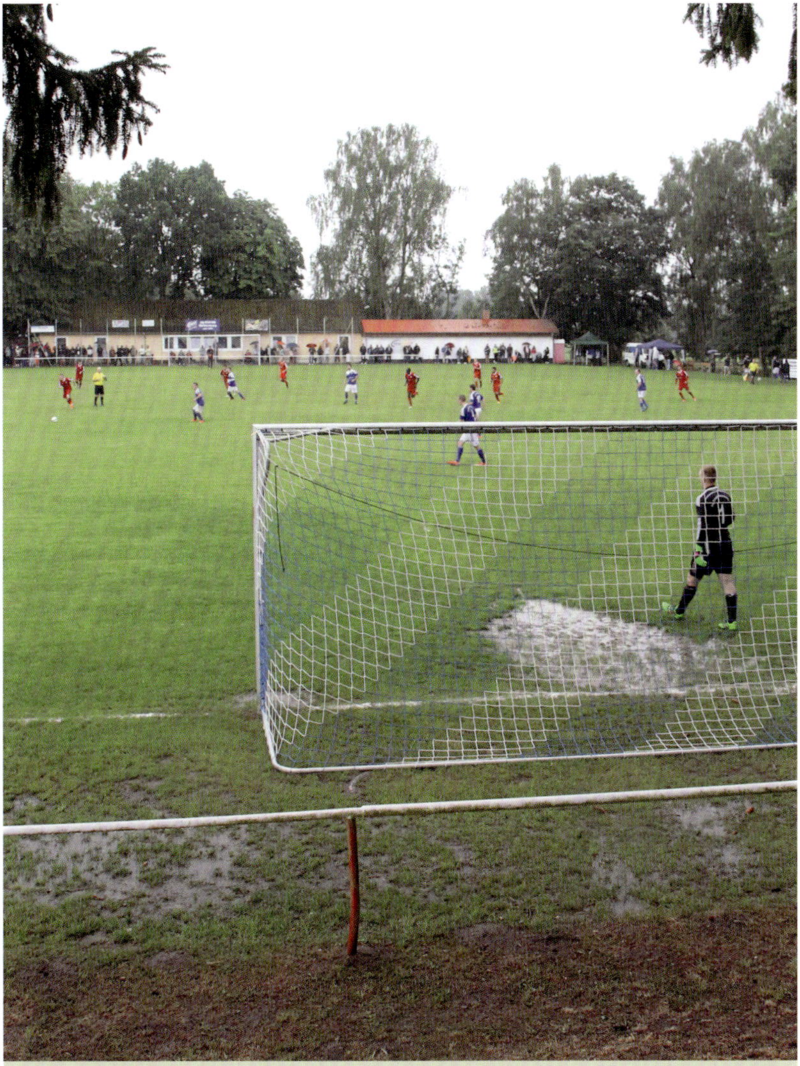

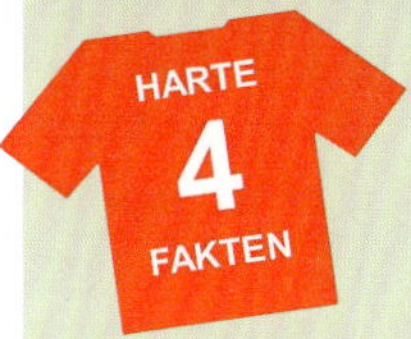

Gründung eines Männerturnvereins: 1861
Gründung der BSG Empor: 17. September 1966
Derzeitige Spielklasse: Landesliga Ost
Ausflugstipp: Naturschutzgebiet Hellberge

Riemserort 051

Sportplatz Riems

Idylle am gefährlichsten Ort Deutschlands

Ein Schuss, auf die wenigen Wolken am blauen Greifswalder Bodden-Himmel gezielt, landet sachte im Gräser-Meer der anliegenden Wiese neben dem Riemser Sportplatz am Wiesenweg. Die Akteure können sich glücklich schätzen, dass der Platz in Nord-Süd-Richtung angelegt wurde. Fällt das Runde in den angrenzenden Greifswalder Bodden, dann wird droht der Ballverlust. Riemserort, ein Stadtteil Greifswalds, ist ein ziemlich skurriler Ort. Das begründet sich nicht nur mit dem verwaltungsrechtlichen Exklaven-Status.

Fangen wir, um den Sportplatz vorzustellen, bei seiner Umgebung an. Das angenehm locker strukturiert gestaltete Wohngebiet, zu welchem der Sportplatz gehört, entstand in der Nachkriegszeit, als das angrenzende Forschungsinstitut für Tiergesundheit (hier geht es seit 1910 insbesondere um hochansteckende Tierseuchen) expandierte.

Bis dahin wurde nur auf dem Sportplatz der Insel gelaufen und gespielt. Die Arbeiter des Sperrbezirks mussten irgendwie bei Laune gehalten werden. Das bezeugen z. B. auch noch viele alte Weinrechnungen. Nach der Expansion nach dem Krieg wird hier nun seit 1949 gegen den Ball getreten. Das Friedrich-Loeffler-Institut beheimatet nebenbei erwähnt über 10.000 Tiere, die anders als die Zuschauer des Riemser FV ihren Ort auf der Insel nicht mehr verlassen dürfen.

Der Platz des RFV liegt malerisch zwischen dem Bodden, einer dichten Wiese und diesem denkmalgeschützten Wohngebiet. Der unausgebaute Rasenplatz mit seinen originalen DDR-Straßenlaternen klagt häufig über Maulwurfbefall, der Riemser FV in letzter Zeit über den üblichen Spielerschwund in der Region. Anmeldungen und Abmeldungen in der Kreisklasse sind die Konsequenz. Wir haben es also hier mit einem Sportplatz zu tun, der in allen Belangen eine kuriose Lage aufweisen kann.

Wem das noch nicht reicht: Unweit des Platzes steht das einzige Meerschweinchendenkmal der Welt. Wer kann schon das von sich behaupten?

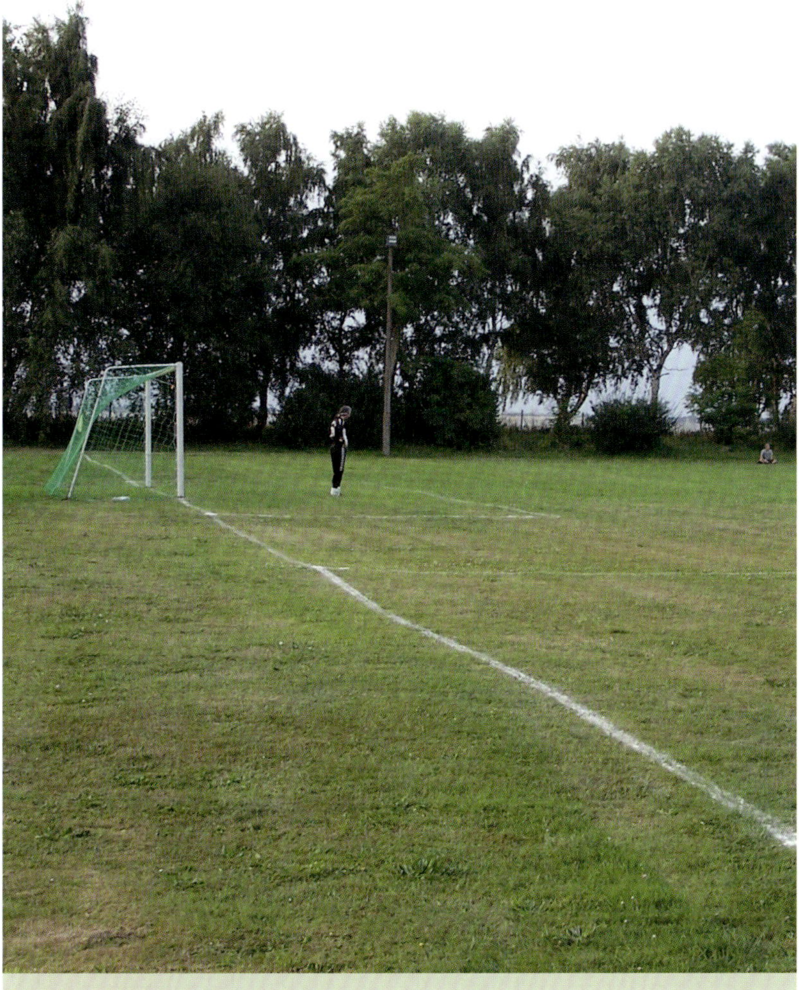

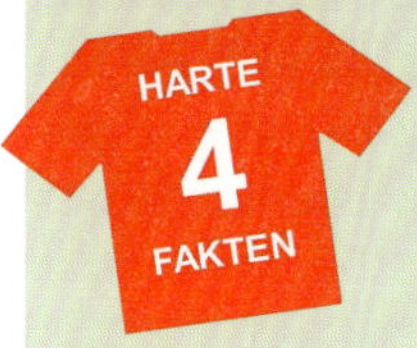

Adresse: Schulstraße, 17493 Greifswald (Riemser Ort)
Lages des Sportplatzes: malerisch
Kuriosität: das einzige Meerschweinchendenkmal der Welt
Probleme: Maulwurfbefall

Roggendorf 052

SG Roggendorf

Sport im Park kein Einzelfall

Die Generation, die in den 90er-Jahren das Kinderprogramm in den Privaten verfolgt hat, wird mit der Serie „Die Kickers“ noch etwas anfangen können. In einer Folge gingen sie zurück zu den Wurzeln und trainierten im Park, da der zur Verfügung gestellte Platz belegt war. Auch in der Realität gibt es Nachahmer. Der bekannteste Vertreter wird wohl Türkiyemspor Berlin sein. Die alte Fanszene berichtete mir über die Zeiten, in denen einfach im Park getreten wurde. Ich denke, es war der große Schillerpark im Wedding. Türkiyemspor Berlin gehört ja ebenso zu der Gattung der Wandervögel. Seine Möglichkeiten nutzen – das ist das Motto. In manchen Orten in Mecklenburg-Vorpommern geht es manchmal nicht anders.

Andererseits wirkt es auch ziemlich edel, in einem Schlosspark in den Niederungen gegen den Ball treten zu dürfen. Remplin, Salow – das sind eher die kleineren Vertreter. In der Residenzstadt Putbus gibt es den Sportverein Putbus, welcher im Schlosspark neben einem Reiterdenkmal spielen darf. Dabei liegt der Zuschauerbereich sogar auf einer kleinen Anhöhe. Wie viele dürfen da nun zuschauen? Der Kassierer kassiert die ab, die direkt am Spielfeld stehen.

Noch spektakulärer wurde der Fußballplatz der SG Roggendorf 96 gestaltet. Er liegt im Park des Gutshauses. Man betritt ihn durch ein schmales Tor. Wenn dort nicht groß „Sportplatz“ stehen würde, könnte man den Platz gar verpassen. Geht man durch den kurzen Tunnel, wird es kurios. Einer der Besitzer hat die Außengrenze wie eine massive Wehrmauer angelegt. Es gibt sogar Bastionen wie bei einer Burg. Auf den Wehrgängen stehen Bänke für die Zuschauer. Der Rasen ist nicht der beste. Ziemlich uneben und bei Regen glitschig. Es gibt einen gemütlichen Imbiss. Dahinter geht der Platz dann in den Park über. Er wirkt etwas verwildert. Hier und da steht mal eine Statue. Also für Liebhaber merkwürdiger Sportplätze ist Roggendorf eine gute Adresse. Aktuell spielt die SG Roggendorf 96 in der Kreisoberliga Schwerin-Nordwestmecklenburg eine recht passable Rolle.

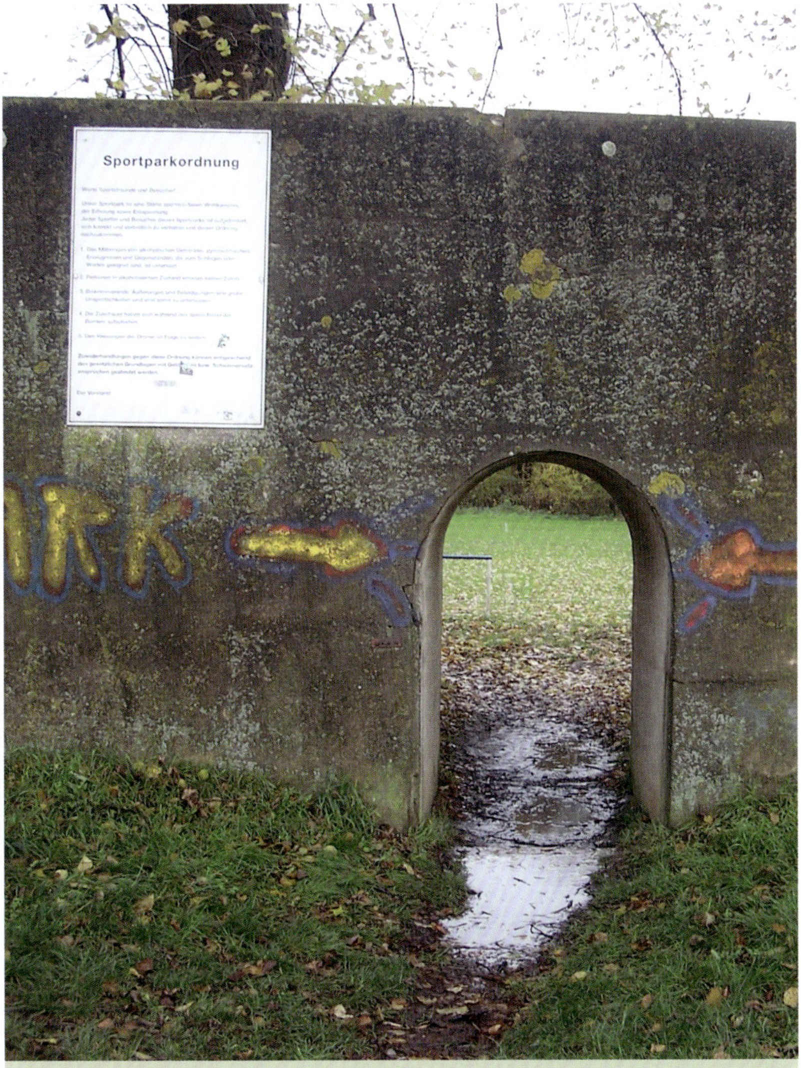

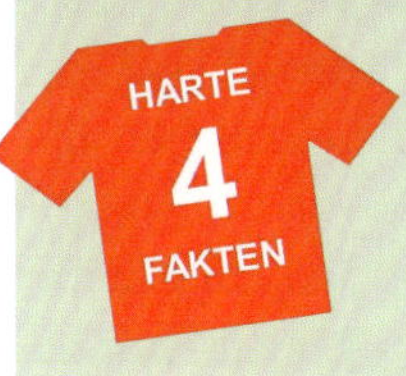

Adresse: Kneeser Straße, 19205 Roggendorf

Spielstätte: Sportplatz am Schloßpark

Besonderheit des Sportplatzes: geht in einen Park über

Derzeitige Spielklasse: Kreisoberliga

Ostseestadion

Ort der blau-weiß-roten Sehnsucht

Gänsehaut, wenn das „Hansa forever" von tausenden Fans auf den Rängen des Ostseestadions gesungen wird! Die Spielstätte des F.C. Hansa Rostock ist ein Ort der Sehnsucht. Höhen und Tiefen in den vergangenen Jahrzehnten.

Zu Beginn der 1950er Jahre sollten in der Bezirkshauptstadt optimale Bedingungen für den Leistungssport geschaffen werden. Geplant war, so schnell wie möglich den SC Empor (ab 1965 F.C. Hansa) in der DDR-Oberliga zu etablieren. Im Stadtteil Hansaviertel, ganz in der Nähe des alten Volksstadions, startete der Bau einer großzügig konzipierten Spielstätte. Genutzt wurden teils Erdwälle, die zu NS-Zeiten bei Aufmärschen als Ränge aufgeschüttet worden waren. Das „Nationale Aufbauwerk" rief die Rostocker Bevölkerung dazu auf, das Projekt in Form von freiwilliger Arbeit und Spenden zu unterstützen. 230.000 Arbeitsstunden wurden erbracht, am 27. Juni 1954 konnte das Ostseestadion eröffnet werden. Später erhielt die Haupttribüne ein Dach, Ende der 1960er Jahre kamen Flutlichtmasten hinzu.

Anfang 2000 begann der Neubau eines Stadions an gleicher Stelle. Nach einer Bauzeit von nur 16 Monaten wurde am 4. August 2001 das neue Ostseestadion im Rahmen des BL-Spiels gegen Leverkusen offiziell eingeweiht. Nur Freude?

Skepsis ließen die beiden Stehblöcke in den Ecken aufkommen. Es dauerte eine ganze Weile, bis die aktiven Fans ihren Platz fanden. Zuerst zogen etliche Fans in den Eckblock 27a, später wurde die Südtribüne in Beschlag genommen. Auf dieser findet ein einzigartiger Support statt, und immer wieder wissen Suptras & Co. mit Choreos zu begeistern. Nachdem die Spielstätte zwischendurch „DKB-Arena" hieß, war im September 2015 der Jubel groß, als der Namenszug „Ostseestadion" enthüllt wurde. Bereits zuvor wurde die Bemalung der hohen Betonmauer der Osttribüne präsentiert. Umgesetzt wurde diese von der Künstlergruppe ARTunique in Zusammenarbeit mit der Fanszene.

Furchteinflößende Greifen, charismatische Hansa-Fans und ein Kapitän mit Pfeife im Mund, der auf das Meer schaut – welch eine geniale Komposition! Ahu!

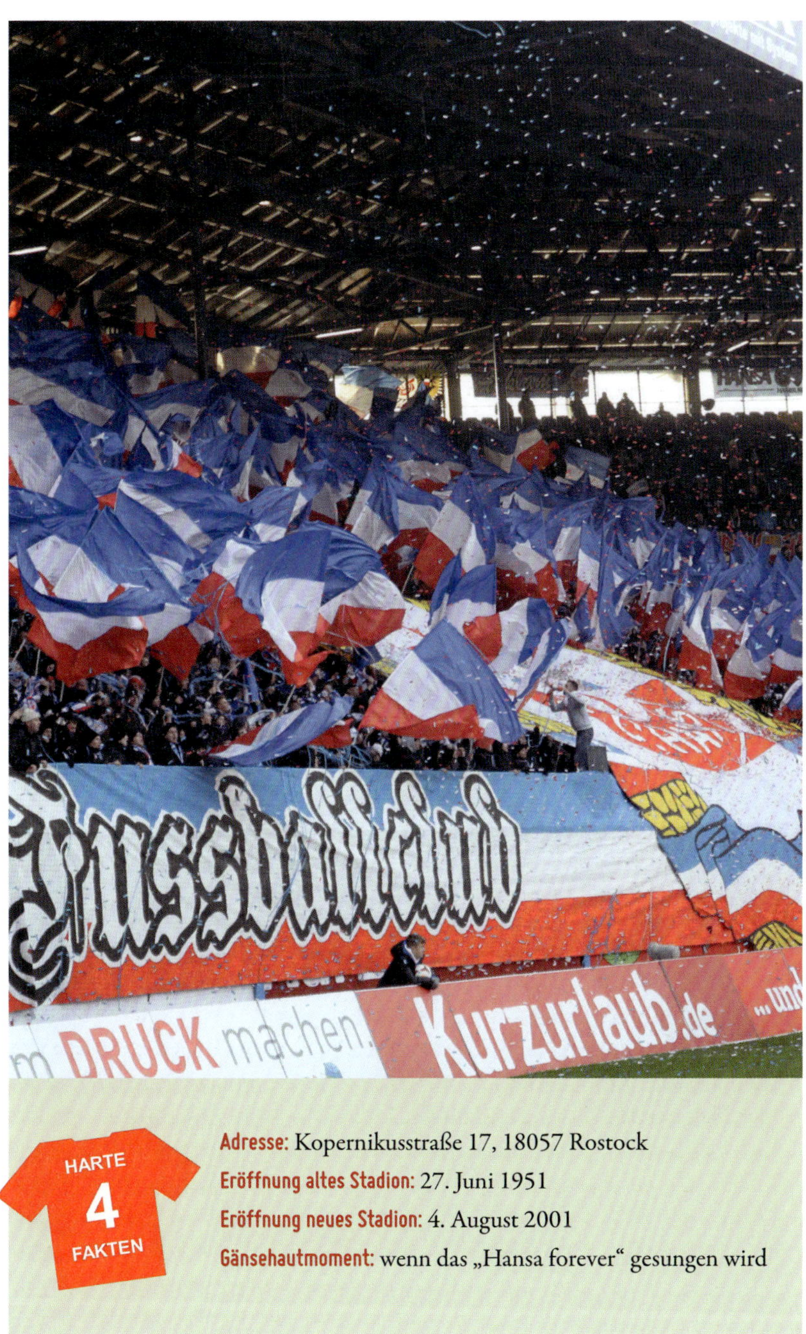

HARTE 4 FAKTEN

Adresse: Kopernikusstraße 17, 18057 Rostock

Eröffnung altes Stadion: 27. Juni 1951

Eröffnung neues Stadion: 4. August 2001

Gänsehautmoment: wenn das „Hansa forever“ gesungen wird

Volksstadion

Rostocks erstes Stadion

Im Schatten des Ostseestadions fristet das Volksstadion sein Schattendasein. Dabei ist das Volksstadion älter als die legendäre Heimstätte des F.C. Hansa Rostock. Das Volksstadion, das in den 20er-Jahren des 20. Jahrhunderts gebaut wurde (1923–1929), ist sogar das älteste Stadion der Stadt, doch erkennt der Besucher das heute nur noch schwer, da das Stadion auch Opfer des „Stadionschrumpfungsprozesses" geworden ist, so wie wir es von traditionsreichen Sportstätten Berlins kennen (z. B. die Sportplätze an der Markgrafenstraße und Rathausstraße).

Die Heimstätte der Hansa Amateure sieht daher heute wie ein gewöhnlicher Sportplatz aus. Eine Seite besitzt einen Ausbau, es sind eigentlich nur acht Stufen, die mal mehr und mal weniger schief stehen. Hinter dem Süd-Tor gibt es einen leicht geschwungenen grünen Wall, der schwer erkennbar ein Relikt der Laufbahn ist. In der letzten Ecke gibt es sogar einen Käfig, der bis dato allerdings nur wenige Gäste hatte (u. a. Tennis Borussia Berlin, Brandenburger SC Süd 05), da der F.C. Hansa Rostock II für Risikospiele mit Regelmäßigkeit ins Ostseestadion auswich. In den Zeiten, in denen die Hansa Amateure in der Regionalliga bis zu ihrem freiwilligen Rückzug um Punkte kämpfte, nutzte die Reserve das Ostseestadion, da das Volksstadion den Ansprüchen des Verbands nicht gewachsen war. Da ging es damals in der ersten Dekade des 21. Jahrhunderts nicht nur um einen geeigneten Gästebereich. Die Anforderungen betrafen auch die nicht vorhandene VIP-Loge. Kurz nach der Jahrtausendwende wurde die komplette Ost-Gerade weggerissen. Dadurch reduzierte sich die Kapazität noch einmal. Damals wurde der Platz in einer Stadion-Enzyklopädie schon mit nur 4.000 Stehplätzen angegeben. Jetzt sind es demnach noch einmal um die Hälfte weniger.

Am Anfang seiner Nutzung soll das Stadion mal 20.000 Zuschauer gefasst haben. Es war ein Produkt des Arbeitersports. Das dazugehörige Vereinsheim, das 1925 erbaut wurde, war längere Zeit der Ort der Geschäftsstelle des F.C. Hansa.

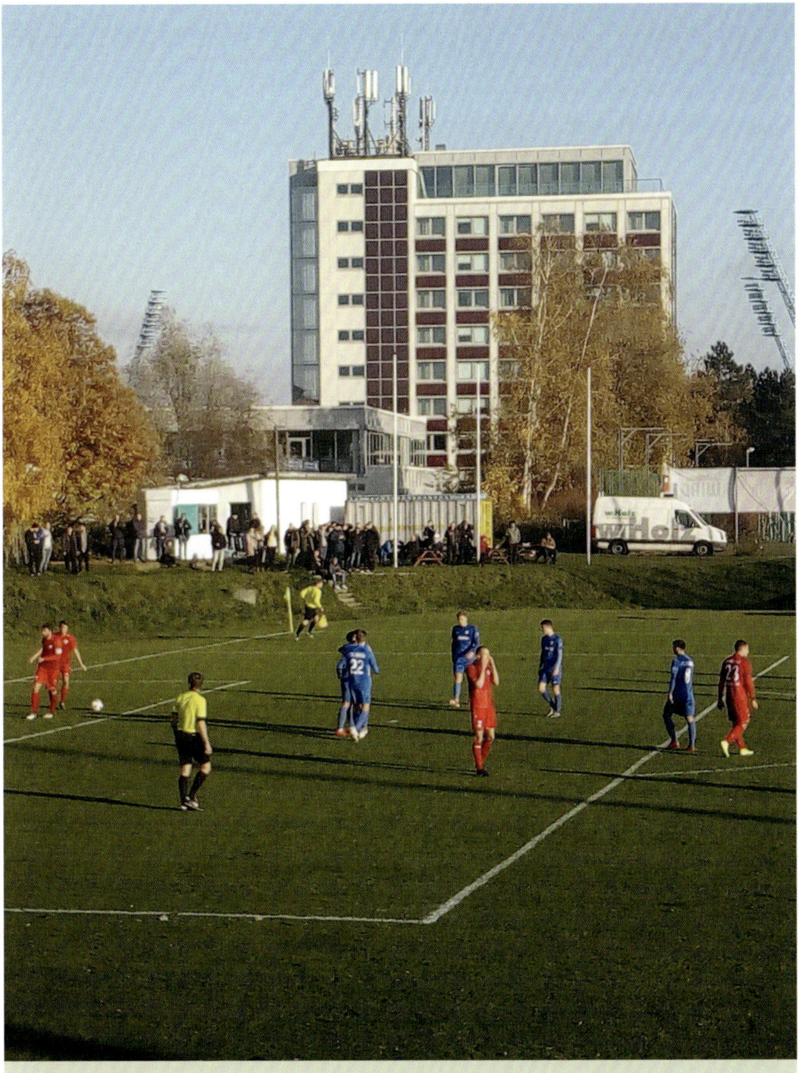

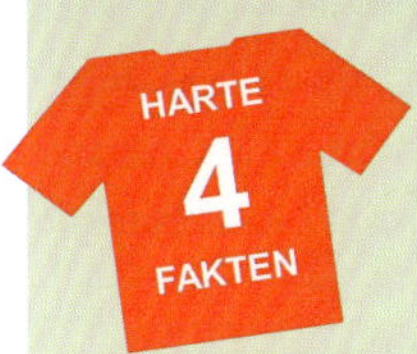

Adresse: Kopernikusstraße 17a, 18057 Rostock
Erbaut: 1923 bis 1929
Einstige Kapazität: geschätzt 20.000
Heimatverein: F.C. Hansa Rostock II

Hansestadt Rostock 055

S-Bahnhof Parkstraße

Ein Hauch von Millwall, ein Hauch DDR-Nostalgie

Stendal hat seinen langen gruseligen Röxer Tunnel, in dem man sich wüste Fußballschlachten vorstellen kann. Rostock hat am S-Bahnhof Parkstraße zwar keinen Tunnel, dafür jedoch einen Zugang, dessen Länge wohl Rekorde bricht. Zudem gab es dort nicht nur in der Phantasie, sondern auch in der Realität die eine oder andere Fußballschlacht. Unvergessen die TV-Aufnahmen vom 16. März 1991, als 630 Fans des FC Berlin mit einem Sonderzug anreisten und im Rahmen des Oberligaspiels bei Hansa Rostock für heftige Ausschreitungen sorgten. Nach dem Spiel dauerte die Schlacht mit der Polizei auf dem Bahnhof Parkstraße eine halbe Stunde, erst dann rollte der Zug wieder nach Berlin.

Die Zeiten, in denen dort Gästefans einrollen, sind vorbei. Gewöhnlich werden diese von der Südseite des Rostocker Hauptbahnhofs mit Shuttlebussen zum Ostseestadion gebracht. Allerdings sorgt abends ein Marsch auf dem extrem langen Zugang noch immer für ein Kribbeln im Bauch.

Fährt man mit der S-Bahn zu einem Heimspiel des F.C. Hansa Rostock, so hat man die Wahl: Entweder Holbeinplatz oder Parkstraße aussteigen. Nutzt man Parkstraße den nördlichen Ausgang, so kommt man in den Genuss, den fast abstrus wirkenden Zugang zwischen den beiden Gleisen zu nutzen, bis am Ende die ebenso rustikal wirkende Überführung auf einen wartet. Dort gelangt man über die Schillingallee zur Kopernikusstraße. Was heute nur ein Zugang ist, war einst tatsächlich der um 500 Meter verlängerte Bahnsteig. Diese Verlängerung fand im Jahre 1949 statt. Die Erreichbarkeit der Neptunwerft von der Parkstraße aus sollte verbessert werden, den Haltepunkt Holbeinplatz gibt es erst seit 1983.

Im Zuge der Umbauarbeiten im Jahr 1993 wurde aus dem verlängerten Bahnsteig, der auch im besagten TV-Bericht zu sehen ist, ein eingezäunter Fußweg. In der Gegenwart verlieren sich eher selten Gästefans auf diesem Bahnsteig, doch der Phantasie kann beim Gang zwischen den Gleisen trotzdem freien Lauf gelassen werden. Ein Hauch von Millwall, ein Hauch von DDR-Nostalgie – willkommen in Rostock!

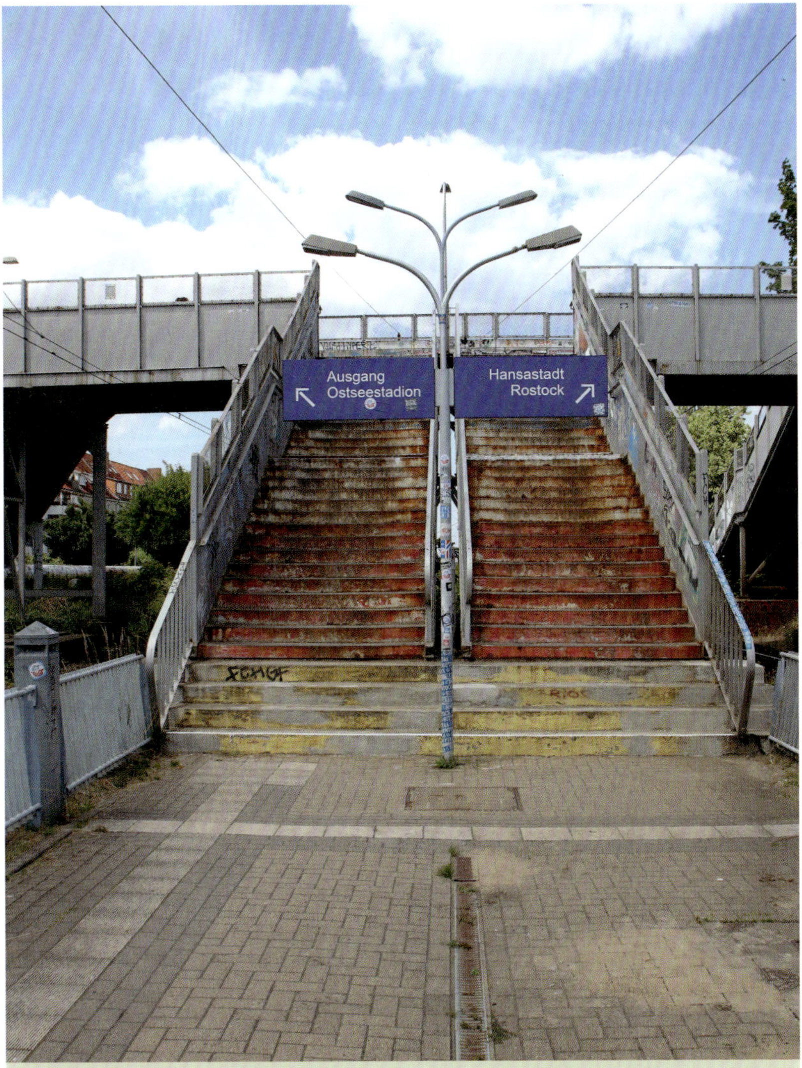

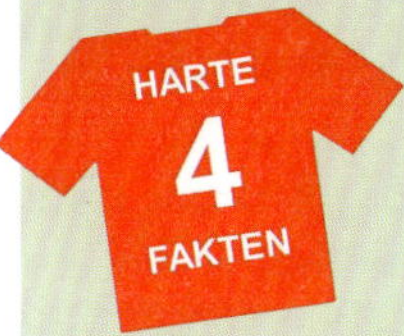

Adresse: 18057 Rostock

Bahnlinie: S3 von Güstrow nach Warnemünde

Umbau/Verlängerung: 1949

Berühmt einst für: Bambule mit der Polizei

Sportanlage Rote Erde

Beliebter Treffpunkt vor den Hansa-Heimspielen

Läuft man an Heimspieltagen vom Holbeinplatz aus die Hans-Sachs-Allee zum Rostocker Ostseestadion entlang, so führt der Weg an der Sportanlage „Rote Erde“ vorbei. Ein Blick zur Seite. Ein frisch gezapftes Bierchen? Als nicht Ortskundiger scheut man sich aufgrund der umherstehenden Hansa-Fans (manchmal gibt es auf den alten Stufen ein Gruppenfoto der Fanszene) ein wenig, den Gang zum hinten gelegenen Vereinsheim zu wagen. Doch keine Angst, dort beißt niemand! Es sei denn, man trägt die falschen Vereinsfarben. Die Räumlichkeiten sind urgemütlich und bei Heimspielen von Hansa Rostock stets geöffnet.

Einen Blick lohnen die beiden anliegenden Sportplätze, von denen der hintere in der Gegenwart tatsächlich noch rötliche Asche aufweist.

Auf der Sportanlage „Rote Erde“ beheimatet ist die SG Motor Neptun Rostock, die aktuell in der Kreisoberliga spielt. Als BSG Motor Rostock (zuvor Rostocker Ballspielverein bzw. SG Rostock West) war der Verein von 1959 bis 1961/62 in der damaligen II. DDR-Liga (dritthöchste Spielklasse) mit von der Partie. Immerhin hatte man es unter anderem mit Dynamo Hohenschönhausen und der SG Dynamo Schwerin zu tun. In späterer Zeit pendelte Motor Rostock zwischen Drittklassigkeit (ab 1963 Bezirksliga) und Viertklassigkeit, 1979/80 wurde der Aufstieg in die DDR-Liga denkbar knapp verpasst. Ausgerechnet Hansa Rostock II verbaute mit dem Staffelsieg den möglichen Weg nach oben. Allerdings scheiterte in der Aufstiegsrunde Hansa II an der BSG Motor Wolgast.

1988 zog sich der Verein kurz aus dem Spielbetrieb zurück, kehrte jedoch als BSG Motor Neptunwerft Rostock wieder zurück. Am FDGB-Pokal nahm die BSG Motor zweimal teil. 1956 war in der ersten Runde die BSG Lokomotive Stendal (1:4) eine Nummer zu groß, 1960 war gegen die BSG Empor Neustrelitz (2:3) Endstation.

Nach dem Fall der Mauer gelang der SG Motor Neptun Rostock nicht der Sprung in höhere sportliche Gefilde. Aufgrund der Spielstätte und des Vereinsheims lohnt ein Abstecher zu einem Heimspiel jedoch in jedem Fall!

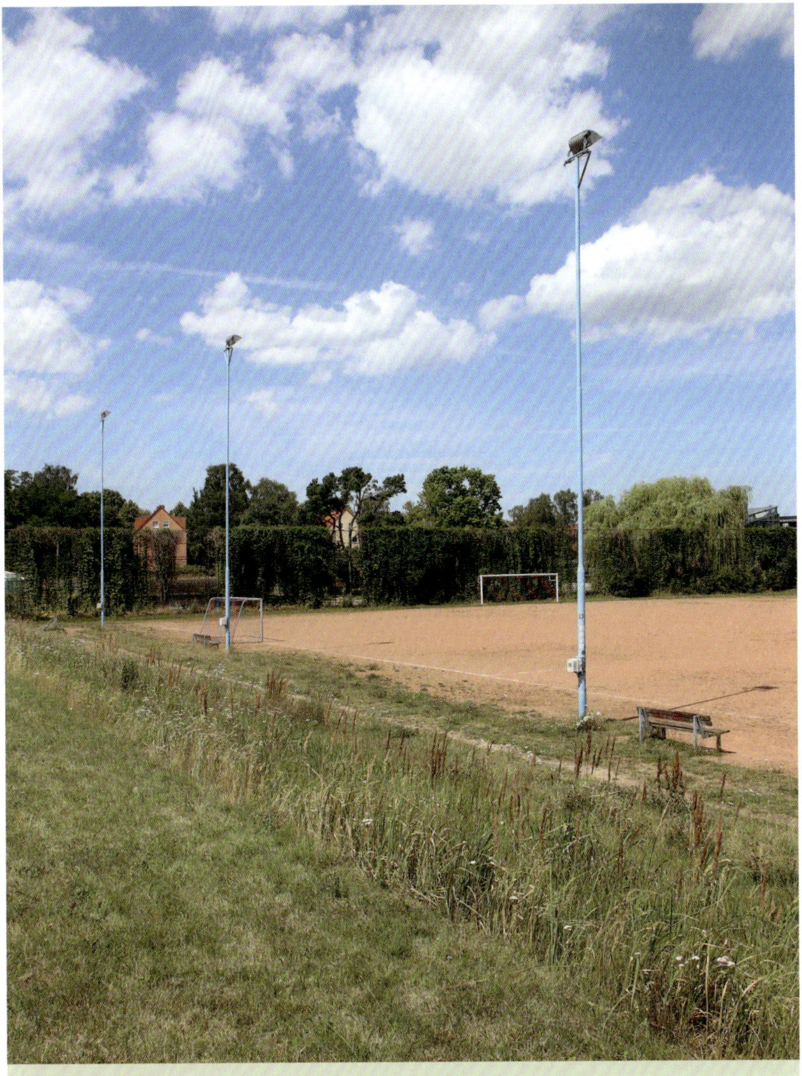

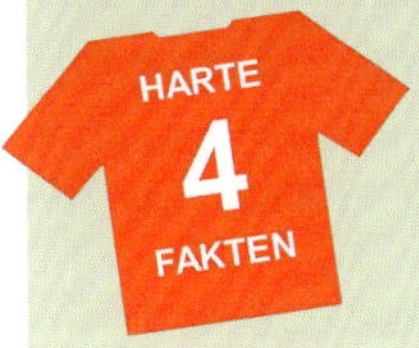

Adresse: Hans-Sachs-Allee 45, 18057 Rostock

Heimatverein: SG Motor Neptun Rostock

Eröffnung Vereinsgaststätte: 1995

Beliebter Treffpunkt für: Hansa-Fans vor Heimspielen

Kultursaal der Deutschen Post

Aus SC Empor wurde der F.C. Hansa

Die Oberligasaison 1965/66 war kurios. Am 13. Spieltag (11.12.1965) besiegte der SC Empor Rostock die SG Dynamo Dresden mit 4:0, nach der Winterpause empfingen am 14. Spieltag die Jungs von der Küste unter dem neuen Namen F.C. Hansa Rostock den FC Rot-Weiß Erfurt, der bis zum 26.01.1966 noch SC Turbine Erfurt hieß.

Gleich bei neun damaligen DDR-Oberligisten gab es einen neuen Namen. Die jeweiligen Fußballabteilungen wurden aus den Sportclubs (SC Dynamo, SC Empor etc.) herausgelöst, und es wurden Fußballclubs neugebildet. Angefangen beim 1. FC Magdeburg und dem F.C. Hansa Rostock im Dezember 1965 bis hin zum BFC Dynamo und dem FC Karl-Marx-Stadt im Januar 1966. Bei einigen Vereinen wurde aus dem SC nur ein FC oder im Fall von Vorwärts aus dem ASK ein FC, bei manchen Vereinen wurde indes ein völlig neuer Vereinsname gewählt.

So auch im Fall des F.C. Hansa Rostock, der am 28. Dezember 1965 offiziell ins Leben gerufen wurde. Exakt um 18:32 Uhr wurde im Kultursaal der Deutschen Post die Gründungsurkunde unterzeichnet. Intensiv wurden im Vorfeld die Diskussionen um den möglichen neuen Vereinsnamen und das dazugehörige Wappen geführt. Einig waren sich die meisten, dass es etwas mit „Hanse" sein müsste. Aus 126 eingereichten Vorschlägen setzte sich schließlich die Kogge als Symbol für den neuen Verein durch.

Trägerbetrieb des F.C. Hansa Rostock wurde der VEB (später Kombinat) Seeverkehr und Hafenwirtschaft, erster Vorsitzender wurde der 1915 in Duisburg geborene Heinz Neukirchen, der Vizeadmiral in der Volksmarine der DDR sowie Präsident der Direktion Seeverkehr und Hafenwirtschaft war. 1967 gab er das Amt des Vereinsvorsitzenden an Ernst-Moritz Pahnke ab.

Den Geburtstag des F.C. Hansa Rostock feiern jedes Jahr zahlreiche Fans vor dem Ostseestadion. Treffpunkt ist häufig der vor der Nordtribüne aufgestellte Stein, der an den Bau des alten Stadions erinnert. Der Kultursaal der Deutschen Post war schräg gegenüber des Rathauses am Neuen Markt zu finden. Eine Postfiliale gibt es noch heute dort.

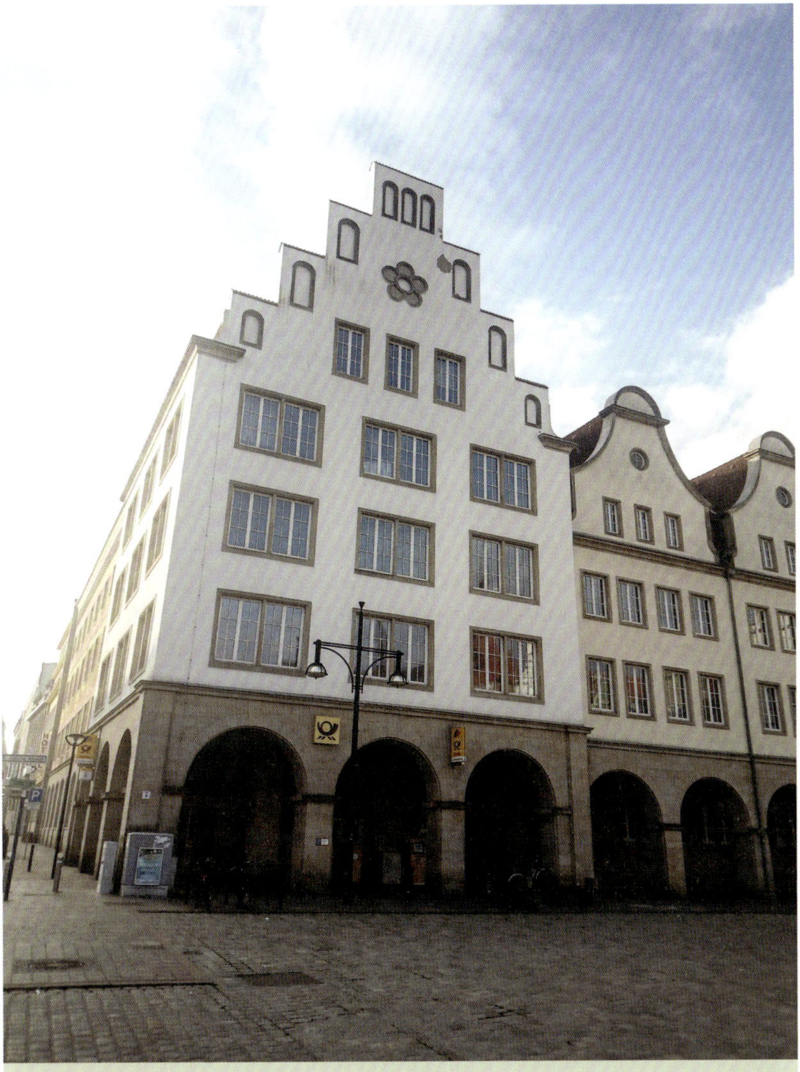

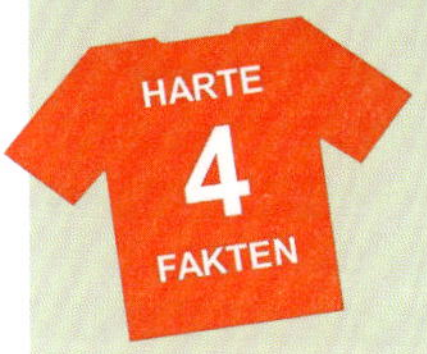

Adresse: Neuer Markt in Rostock
Aus dem SC Empor wurde: der F.C. Hansa Rostock
Datum: 28. Dezember 1965
Erster FCH-Vorsitzender: Heinz Neukirchen

Juri Schlünz

Ein Gruß vom Häuschen in Lichtenhagen

Die genialen Wandbilder der Künstlergruppe ARTunique kennt wohl jeder. 2011 wurde die Fassade des Fanhauses besprüht, großartig wurde 2014 die Wand der Osttribüne im Ostseestadion gestaltet. Verbraucht wurden dafür 1.500 Dosen Farbe.

Im selben Jahr entstanden auch die Bilder an einem Betriebshäuschen der Stadtwerke am Sonnenblumenhaus in Lichtenhagen. Neben dem verstorbenen Fanbeauftragten „Boulette" und Marc Bölter gibt es ein großes Porträt von Juri Schlünz zu sehen. Gewidmet wurden diese Malereien speziell der Nachwuchsakademie des F.C. Hansa. Einige Jahre war Juri Schlünz der Leiter dieser Nachwuchsakademie, bis er auf eigenen Wunsch diese Tätigkeit im Sommer 2016 beendete. Somit war Juri Schlünz 48 Jahre lang mit dem Verein fest verbunden.

Schlünz wurde im Juli 1961 in Ost-Berlin geboren und wuchs ab dem sechsten Lebensjahr in Rostock auf. Im Alter von sieben Jahren begann er beim Nachwuchs des F.C. Hansa zu spielen und durchlief im Anschluss sämtliche Stationen, bis er 1979 in die erste Mannschaft aufrückte. Sein Debüt gab er am 16. September 1979 beim FDGB-Pokalspiel gegen Aufbau Sternburg, sechs Tage später war er beim Zweitligaspiel gegen Schiffahrt/Hafen Rostock (3:0) dabei und erzielte zwei Treffer per Kopf.

Insgesamt absolvierte er 406 Pflichtspiele für Hansa Rostock, sein letztes Punktspiel war das Zweitligaspiel beim Chemnitzer FC am 22. April 1994. Es wurde ein kurioser Auftritt: Eingewechselt wurde er in der 66. Minute, wegen angeblicher Tätlichkeit sah er in der 82. Minute die rote Karte. Apropos Karte. Er war beim Ost-West-Meisterduell gegen den 1. FC Kaiserslautern (1:2) am 30. Juli 1991 der erste Spieler in der deutschen Fußballgeschichte, der Gelb-Rot sah.

Zuvor hatte er als Mannschaftskapitän in der Saison 1990/91 den F.C. Hansa zum Meistertitel und zum Pokalsieg gegen den EFC Stahl geführt.

Seine aktive Karriere ließ er 1996 beim Parchimer FC ausklingen, im Anschluss kehrte er nach Rostock zurück und war als Jugendtrainer, Co-Trainer, Cheftrainer, Scout und Leiter der Nachwuchsakademie tätig.

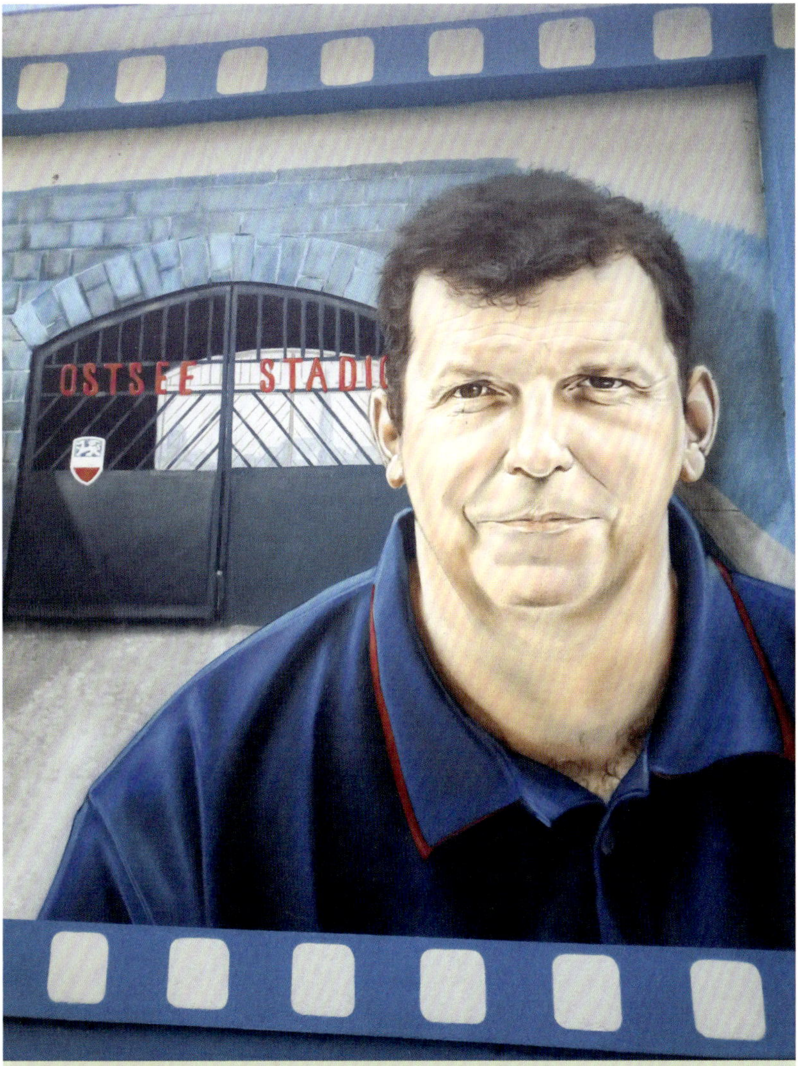

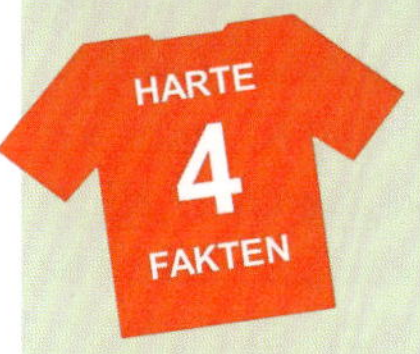

Graffiti: Betriebshäuschen nahe S-Bhf. Rostock-Lichtenhagen

Anzahl Pflichtspiele: 406

Geburtsort: Ost-Berlin

Letzte Spielerstation: Parchimer FC

Südfriedhof Rostock

Boulette unvergessen

1.850 Hansa-Fans fanden am 29. Mai 2010 den Weg ins Ostseestadion, um bei der RL-Partie der Amateure gegen den VfL Wolfsburg II dabei zu sein. Bei den Heimspielen zuvor gegen Goslar und Hertha BSC II waren es noch 222 bzw. 100 Zuschauer. Grund für die große Kulisse: Die Amateure des F.C. Hansa Rostock waren die große Leidenschaft des Fanbeauftragten Axel „Boulette“ Klingbeil, der nach langer schwerer Krankheit am 25. Mai 2010 im Alter von 44 Jahren verstarb. In der zurückliegenden Saison hatte „Boulette“ ein großes Ziel gehabt. Es sollten einmal über 2.000 Fans zu einem Heimspiel der Amateure kommen. Das wurde selbst am 17.02.2010 gegen den 1. FC Magdeburg (588 Zuschauer) nicht geschafft. Nach seinem Tod sollte „Boulettes“ Traum fast wahr werden. Ganz geknackt wurde die Marke zwar nicht, doch die zahlreichen Hansa-Fans waren ein klares Indiz dafür, welchen Stellenwert „Boulette“ beim F.C. Hansa hatte.

Mit seinen Ideen hatte er den Verein geprägt, mit seiner unverwechselbaren Art, Dinge auf den Punkt zu bringen, wurde er eine feste Größe und ein überaus beliebter Fanbeauftragter. Die Urnenbeisetzung fand am 3. Juni 2010 in Rostock auf dem Neuen Friedhof statt. Auf dem Stadionvorplatz wurden zudem ein Bild von „Boulette“, Blumen und Kerzen aufgestellt.

Erfreuliches gab es im September 2014 zu vermelden. Auf die Wand einer Druckerhöhungsstation für die Fernwärmeversorgung am Fuße des Sonnenblumenhauses in Lichtenhagen nahe der Stadtautobahn wurde eine Seite mit einem Porträt des langjährigen Fanbeauftragte mit Wikingerhelm von den ARTunique-Künstlern besprüht. Die anderen Seiten zieren Juri Schlünz, Marc Bölter sowie ein Steuerrad und ein alter Empor-Wimpel.

Etliche Spuren von „Boulette“ gibt es auch im Netz. So wurde unter anderem im Forum bei transfermarkt.de am 9. Juni 2010 der Thread „Zur Boulettenbude“ eingerichtet. „So hier gehts weiter mit Tratsch und Klatsch! Viel Spaß! In Erinnerung an den langjährigen Fanbetreuer Axel ‚Boulette‘ Klingbeil!!!“ Auch wenn das Ganze dann einschlief, vergessen wird „Boulette“ bei Hansa niemand.

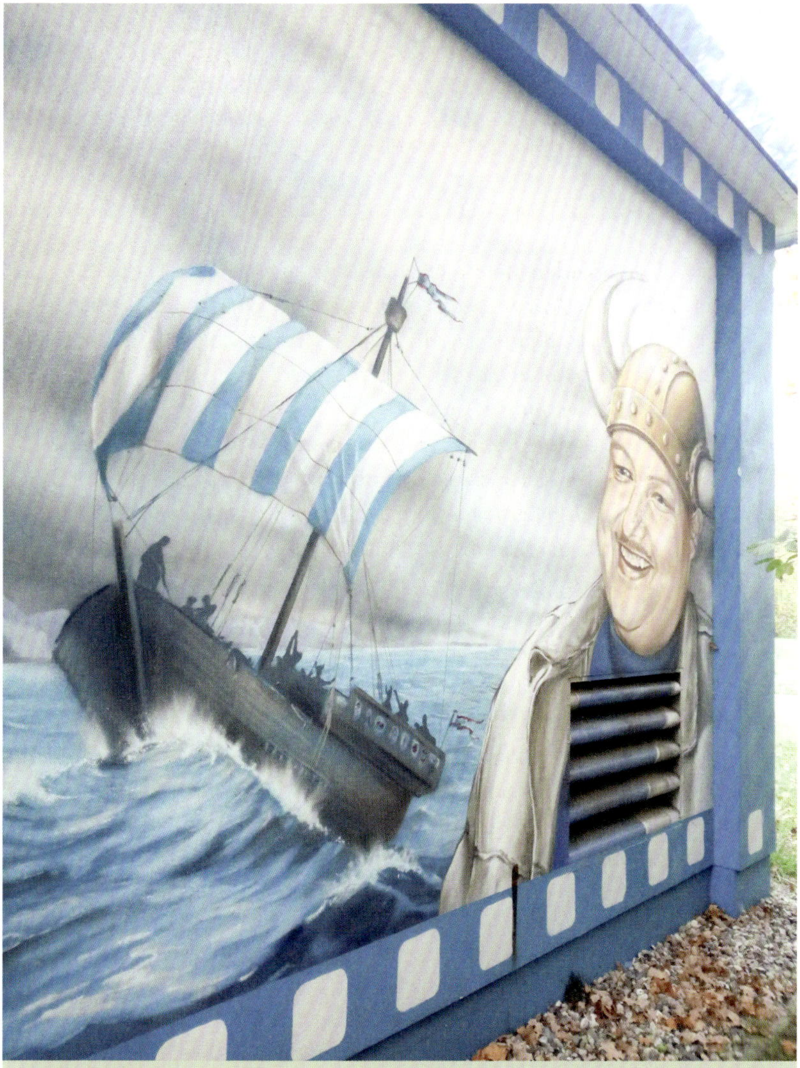

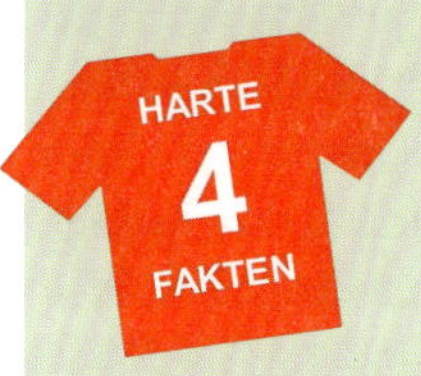

Funktion: Fanbeauftragter beim F.C. Hansa Rostock
Sein größter Wunsch: 2.000 Zuschauer bei den Amateuren
Verstorben: 25. Mai 2010 im Alter von 44 Jahren
Grabstätte: Neuer Friedhof, Rostock

Lange Straße

Rainer Jarohs – 403 Spiele für Hansa Rostock

25-mal kam Rainer Jarohs in der Oberliga-Saison 1989/90 zum Einsatz, doch beim Heimspiel gegen den BFC Dynamo am 21. Oktober 1989 befand er sich nicht im Kader. Vor rund 15.000 begeisterten Zuschauern im Ostseestadion konnte Hansa endlich einmal die verhassten Hohenschönhausener mit 3:1 schlagen. Wachablösung in der DDR.

Wie in vielen anderen Städten rumorte es auch in Rostock. Bereits zwei Tage zuvor fand nach dem Donnerstagsgottesdienst in der Rostocker Marienkirche und Petrikirche eine erste größere Demonstration statt, die durch die Fußgängerzone führte. Am Abend des 21. Oktober 1989 beteiligten sich rund 2.000 Menschen an der großen Demo quer durch die Innenstadt. Wie Jarohs gegenüber „11 Freunde" erklärte, stieß er durch Zufall in seinem Wartburg in der Langen Straße auf die demonstrierenden Menschen. Aufmunternden Worten, sich ihnen anzuschließen, folgte er aber nicht. Er sieht dies im Nachhinein als großen Fehler an.

Bei den nächsten Spielen des F.C. Hansa bei der BSG Stahl Eisenhüttenstadt und daheim gegen den 1. FC Lok Leipzig war Jarohs wieder mit dabei. In jener Saison sollten noch fünf Tore von ihm folgen. Die süßen Früchte der Wende konnte Rainer Jarohs jedoch nicht mehr pflücken. Beim Meistertitel in der Saison darauf war er nicht mehr dabei. Der am 8. August 1957 in Rostock geborene Jarohs wechselte im Sommer 1990 zum TuS Hoisdorf (Schleswig-Holstein) und ließ dort nach einem Jahr Oberliga Nord seine Spielerkarriere, die einst im Jahre 1965 beim Nachwuchs des F.C. Hansa Rostock begonnen hatte, ausklingen.

Am 10. September 1975 debütierte Jarohs in der Männermannschaft des F.C. Hansa, der zu jenem Zeitpunkt mit der DDR-Liga vorliebnehmen musste. In der Staffel A wurde Hansa Meister vor Vorwärts Stralsund, in der anschließenden Aufstiegsrunde konnte sich Rostock gemeinsam mit Union Berlin gegen Motor Werdau, Motor Suhl und Vorwärts Dessau durchsetzen. Die sechs Tore von Jarohs bildeten das Fundament des Aufstiegs. Ein Held wurde geboren. Insgesamt absolvierte Jarohs 403 (!) Pflichtspiele für Hansa Rostock und schoss 185 Tore für die Blau-Weiß-Roten.

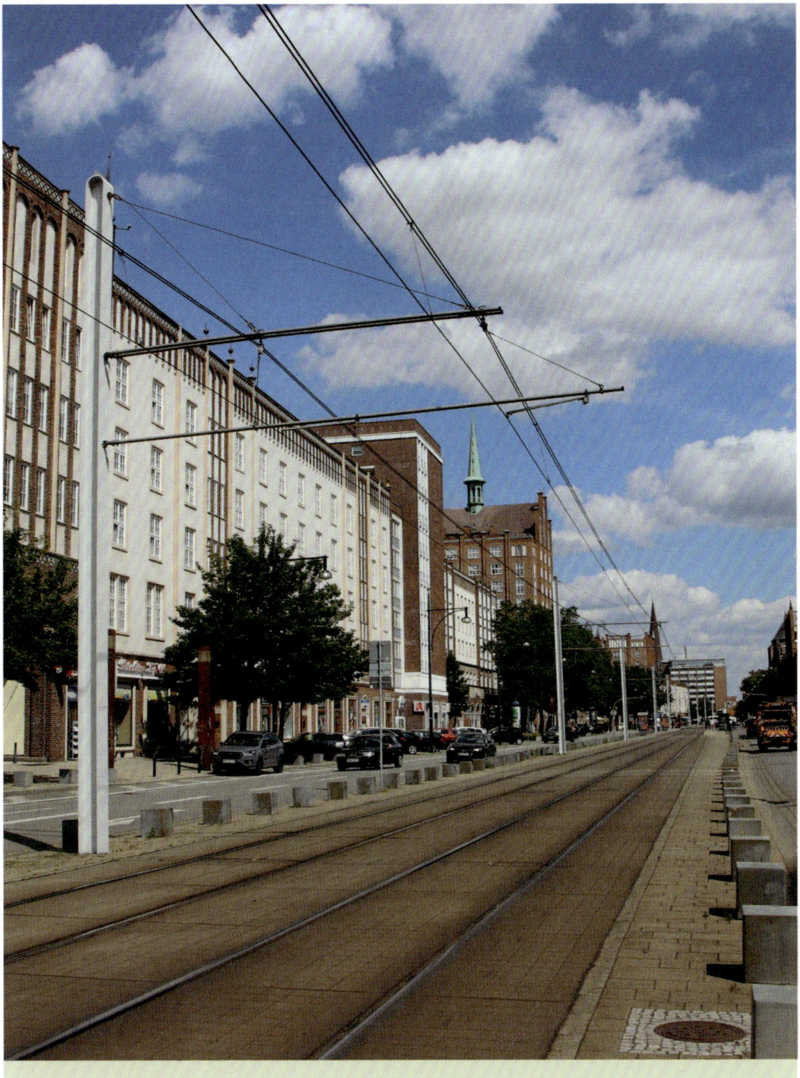

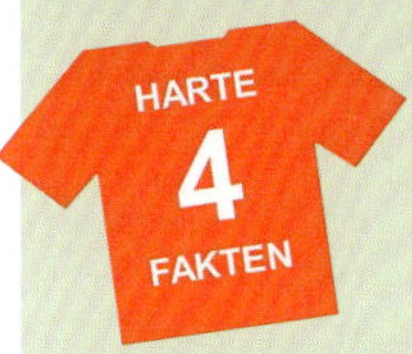

Geburtsort: Rostock

Erstes Spiel in der Männermannschaft: 10. September 1975

Pflichtspiele: 403

Letzte Spielerstation: TuS Hoisdorf

Arthur Bialas

Torjäger beim SC Empor Rostock

111 Tore in 190 Pflichtspielen – das muss erst einmal einer schaffen! Diese hervorragende Quote konnte einst Arthur Bialas vorweisen, der von November 1954 bis Juni 1962 beim SC Empor Rostock gespielt hatte.

Geboren wurde Arthur Bialas am 21. November 1930 im schlesischen Racibórz (Ratibor). Dort spielte er als Jugendlicher – wie auch sein ein Jahr älterer Bruder Franz Bialas – bei der SpVgg Ratibor 03. Nach dem Zweiten Weltkrieg kickte Arthur Bialas zunächst bei Einheit Seelow und Motor Altenburg, 1954 schloss er sich wie sein Bruder Franz der von Lauter nach Rostock versetzten Empor-Mannschaft an. Beim SC Empor Rostock wurde Arthur Bialas absoluter Leistungsträger und legte im Sturm kräftig los. So holte er sich in der Oberligasaison 1961/62 mit 23 Treffern die Torjägerkanone. Seine Treffer – er bildete mit seinem Bruder Franz eine Doppelspitze – waren mit ausschlaggebend dafür, dass Empor Rostock hinter Vorwärts Berlin immerhin Vizemeister wurde.

Mit den Rostockern stand er zudem dreimal im Finale des FDGB-Pokals. 1955 musste sich Empor Rostock dem SC Wismut Karl-Marx-Stadt mit 2:3 n.V. geschlagen geben, zwei Jahre später zog man gegen den SC Lokomotive Leipzig mit 1:2 n.V. den Kürzeren, und auch 1960 verloren die Rostocker nach Verlängerung, in diesem Fall mit 2:3 gegen den SC Motor Jena.

Arthur Bialas galt als typischer Abstauber, der eiskalt aus kurzer Distanz zuschlagen konnte. Manch einer munkelte sogar, dass er ab einer Distanz von acht Metern gar nicht treffen konnte. Den Fans war dies egal, schließlich traf er auch so oft genug ins Schwarze.

1961 wurden im Rostocker Ostseestadion zahlreiche Unterschriften für Bialas gesammelt, so dass es am Ende zu Rang zwei bei der Umfrage zum DDR-Sportler des Jahres hinter Radsport-Volksheld Gustav-Adolf „Täve“ Schur reichte. Im Jahr darauf wechselte er zum Eisenhüttenstädter FC Stahl, wo er zunächst als Spielertrainer tätig war. Aufgrund einer Meniskusverletzung musste er wenig später seine aktive Karriere beenden.

Am 12. November 2012 starb Arthur Bialas – in Rostock bleibt er jedoch unvergessen!

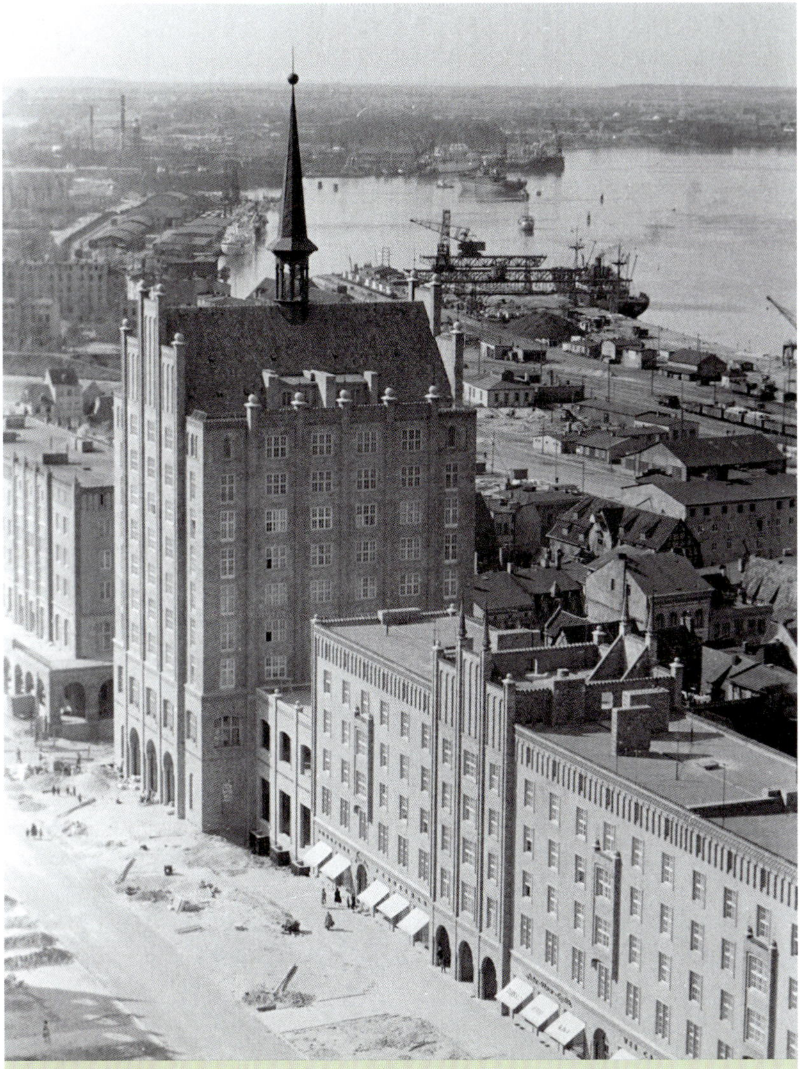

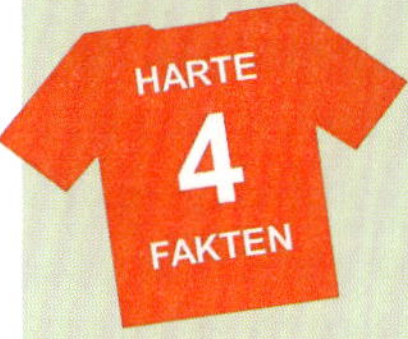

Geburtsort: Ratibor (Racibórz/heutiges Polen)
Premiere beim SC Empor Rostock: 1954
Torjägerkanone: Saison 1961/62
Wermutstropfen: dreimal das FDGB-Pokalfinale verloren

Kopernikusstraße 17a

Landesfußballverband Mecklenburg-Vorpommern

Mit drei Mitgliedsvereinen fing im Dezember 1904 alles an, als der Mecklenburger Fußball-Bund (MFB) ins Leben gerufen wurde. Bereits im April 1905 trat dieser dem neu gegründeten Norddeutschen Fußball-Verband (NFV) bei. Parallel dazu wurde die erste Meisterschaft des MFB ausgetragen, Meister wurde der Schweriner FC. Auch nach dem Beitritt zum NFV blieb der MFB, wie die meisten anderen lokalen Verbände, weiter bestehen. 1907 ging schließlich der MFB im Norddeutschen Fußball-Verband als dessen IV. Bezirk auf.

1925 verließen die vorpommerschen Vereine den Norddeutschen Fußball-Verband und schlossen sich dem Baltischen Rasen- und Wintersport-Verband (ab 1927 Baltischer Sport-Verband) an. Aufgelöst wurden die Regionalverbände des DFB im Jahre 1933, völlig neu gemischt wurden die Karten nach dem Ende des Zweiten Weltkrieges. Nachdem am 25. Juli 1952 die Länder auf dem Gebiet der DDR aufgelöst wurden, gab es fortan 15 Bezirksligen. Erfolgreichste Vereine in den Bezirksligen Rostock, Schwerin und Neubrandenburg waren bis 1990: Motor Stralsund, Veritas Wittenberge und Empor/TSG Neustrelitz.

Nach dem Fall des Eisernen Vorhangs wurde am 14. Juli 1990 der Landesfußballverband Mecklenburg-Vorpommern e.V. gegründet, zum ersten Präsidenten wurde Günther Waak gewählt. Nun gab es 14 Kreisfußballverbände, das Verbandsgebiet wurde in die drei Bezirke Nord, Ost und West eingeteilt. Eine weitere Verbandsstrukturreform erfolgte am 1. Juli 2009. Aus den 14 Kreisen wurden sechs Großkreise. Die höchste Liga des Verbandes ist die Verbandsliga, der wichtigste Pokalwettbewerb ist der Landespokal Mecklenburg-Vorpommern. Als Unterbau der Verbandsliga dienen derzeit zwei Landesligen und vier Landesklassen. Darunter wird in den Kreisoberligen, den Kreisligen und teilweise (in Schwerin-Nordwestmecklenburg und Warnow) der 1. Kreisklasse gespielt.

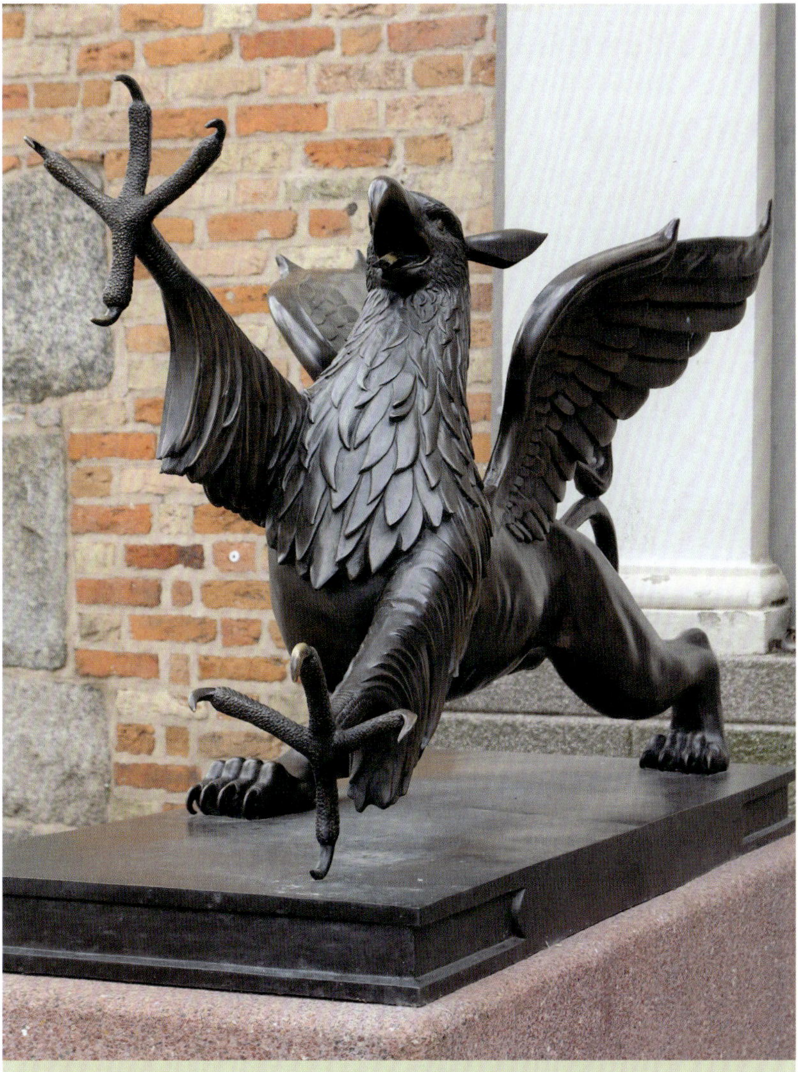

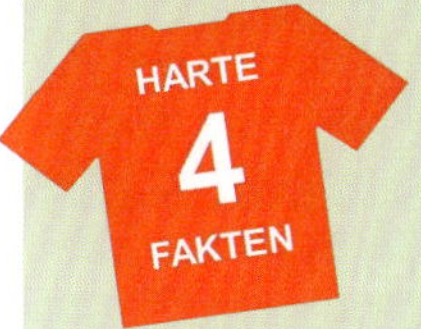

Adresse: Kopernikusstraße 17a, 18057 Rostock

Gründung: 1904/1990

Fußballvereine in Mecklenburg-Vorpommern: 479

Mitglieder: rund 55.000

Hansestadt Rostock 063

Denkmal / Universitätsplatz

Michael Tryanowski der „Spielmannopa"

Es muss irgendwann vor 15 Jahren gewesen sein, als ich den „Spielmannopa" das erste Mal bewusst gesehen hatte. Als kleine gesellige Truppe machten wir ganz klassisch mit dem Zug einen Tagesausflug nach Warnemünde, und beim Gang über die Fußgängerbrücke über den Alten Strom, fiel mir sofort der alte Mann auf, der sich mit allerlei Utensilien gleich neben der „Blauen Pumpe" ein Plätzchen gesucht hatte und Musik spielte. Wir allesamt waren erstaunt, welch eine skurrile Auswahl an Instrumenten er sich umgeschnallt hatte. Immer wieder wechselte er das Instrument und schwenkte auf eine andere Melodie um.

Verewigt wurde der „Spielmannopa", der mit bürgerlichem Namen Michael Tryanowski hieß, im gelungenen Video zum Lied „Mein Rostock" von Marteria. An der Textstelle „ … bist manchmal bockig wie ein kleines Kind …" ist Michael Tryanowski zu sehen, wie er mit einer Kapitänsmütze auf dem Kopf Akkordeon spielt und innerlich zu lächeln scheint.

Rund vier Jahre nach diesem Video starb der „Spielmannopa" am 27. Juli 2018 in der Stadt, die seine feste Heimat wurde: Rostock. Wie sehr hätte man sich gewünscht, dass im angemessenen Rahmen am 12. Dezember 2019 sein 100. Geburtstag gefeiert werden würde. Das Licht der Welt erblickte er am besagten Tag im Jahre 1919 in der Ortschaft Veelböken im Nordwesten Mecklenburgs. Er wuchs bei einem russischen Pflegevater auf, und von 1950 bis 1953 erhielt er eine musikalische Ausbildung am Schweriner Konservatorium. Und wer ihn später als eher zierlichen Mann in Erinnerung hat, dürfte überrascht sein in Anbetracht der Tatsache, dass er einst in den 1950ern dreimal Landesmeister im Gewichtheben wurde. Viele Jahre spielte er als Straßenmusiker in zahlreichen Städten, zuletzt vor allem auf dem Rostocker Universitätsplatz und am Alten Strom in Warnemünde.

Bereits 2014 wurde im Einkaufszentrum „Rostocker Hof" eine Bronzeplastik aufgestellt, nun setzt die Stadt Rostock den Bürgerwillen um und lässt eine große Skulptur anfertigen, die 2020 auf dem Universitätsplatz aufgestellt werden soll. Ein neuer Pflichtspot für Fußballfans in Rostock.

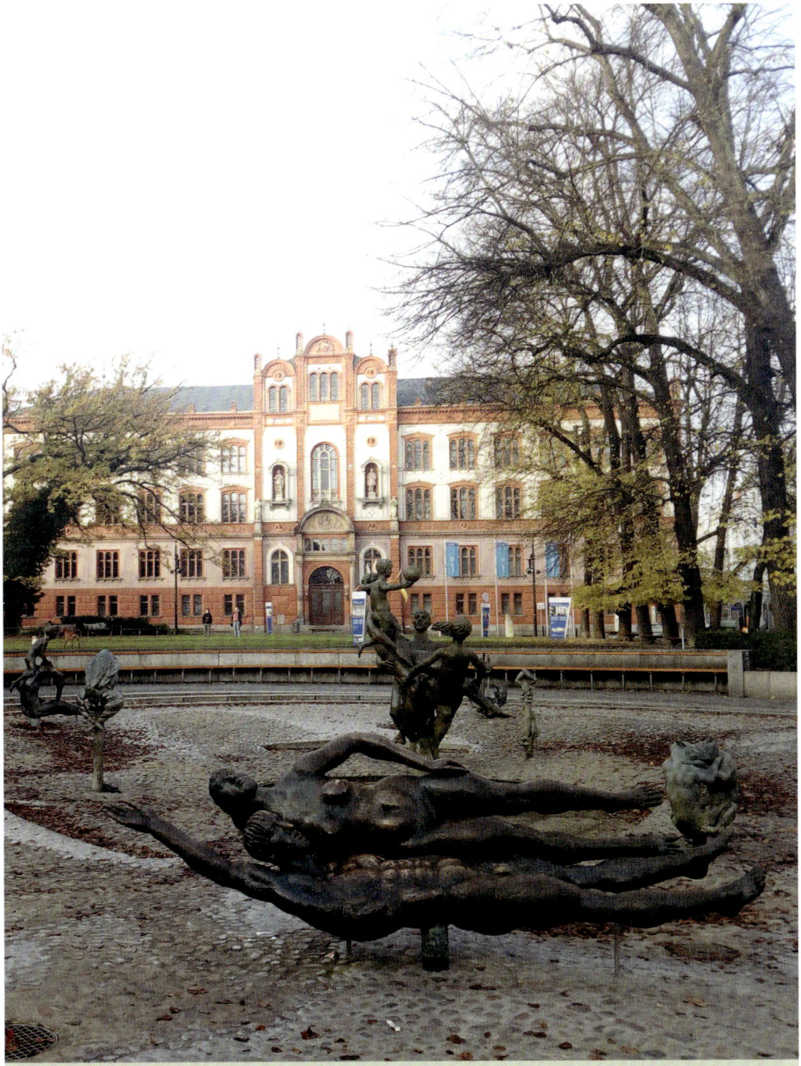

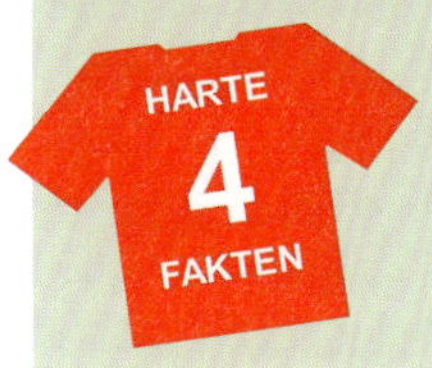

Geburtsort: Veelböken

Plätze seines Wirkens: Alter Strom und Universitätsplatz

Virtuelles Denkmal: im Video „Mein Rostock“

Reales Denkmal: auf dem Universitätsplatz (ab 2020)

Trainer Frank Pagelsdorf

Aufstiegsheld von 1995

„Na, der Klaus Thomforde ist ja nicht der einzige Kontaktlinsenträger, wir haben ja auch bei uns in der Mannschaft einige, und es hatte keiner Probleme. Außerdem war's kein Tränengas". – „Was war es denn?" – „Wahrscheinlich ne Rauchbombe." Unvergessen ist das Interview bei „ran" nach den Vorfällen beim Erstligaspiel Hansa Rostock vs. FC St. Pauli im September 1995, als sich der Torwart der St. Paulianer wegen einer (vermutlichen) Augenreizung auswechseln ließ.

Apropos Augen. Unvergessen sind auch Frank Pagelsdorfs Freudentränen nach dem Aufstieg von Hansa Rostock am Ende der Zweitligasaison 1994/94. Die Rostocker waren wieder dort, wo sie auch hingehörten: In der 1. Bundesliga.

Bereits als Trainer des 1. FC Union Berlin machte sich der 1958 in Hannover geborene Pagelsdorf unsterblich, als er im Juni 1993 den sportlichen Aufstieg gepackt hatte. Auch damals flossen Tränen. Zuerst vor Freude, dann vor Enttäuschung, weil Union am Ende die Lizenz verwehrt wurde.

Bei Hansa Rostock war Pagelsdorf, der als Spieler bei TSV Havelse, Hannover 96, Arminia Bielefeld und Borussia Dortmund aktiv war, gleich zweimal Trainer. Sowohl von 1994 bis 1997 als auch von 2005 bis 2008 war er für die erste Mannschaft verantwortlich. In den Köpfen der meisten Hansa-Fans blieb vor allem seine erste Amtszeit hängen. 1994/95 machte er sich in Rostock mit der Rückkehr ins Fußballoberhaus unvergänglich. Nicht zu vergessen ist auch die Spielzeit 1995/96, in der Hansa Rostock mit Rang sechs denkbar knapp den Einzug in den UEFA-Pokal verpasst hatte. Auf die Teilnahme am UI-Cup 1996 hatte Hansa indes verzichtet.

Nachdem Frank Pagelsdorf 2005 zum zweiten Mal bei Hansa sein Amt antrat, packte er am Ende der Zweitligasaison 2006/07 wieder den Aufstieg in die 1. Bundesliga. Allerdings konnte in der Folgesaison nicht die Klasse gehalten werden. Als Tabellenvorletzter verabschiedeten sich die Rostocker aus dem Fußballoberhaus. Er blieb zunächst Trainer, musste jedoch nach dem 12. Spieltag der Saison 2008/09 gehen. Ein Denkmal hat Pagelsdorf so oder so verdient!

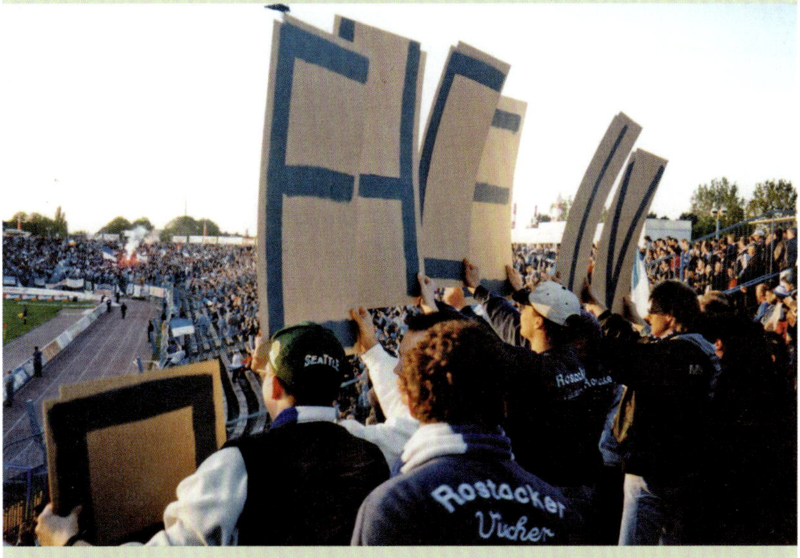

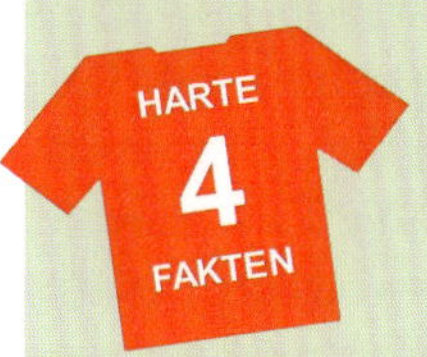

Trainer bei Hansa: 1994 – 1997 und 2005 – 2008

Anzahl der Tränen als Trainer: nicht zählbar

Bestes Zitat: „Wahrscheinlich 'ne Rauchbombe."

Unsterblich, weil: zwei Aufstiege mit Hansa Rostock

Stefan „Paule“ Beinlich

Sympathischer Fußballgott

Die Nachricht schlug ein wie eine Bombe! Matthias Breitkreutz und Stefan Beinlich wechselten 1991 von Bergmann-Borsig zum englischen Erstligisten Aston Villa. Wie geht das denn, fragten sich nicht wenige Fußballfreunde. Die Namen kannte nun jeder, schließlich kamen sie in der Premier League auch zu einigen Einsätzen. 1994 holte Trainer Frank Pagelsdorf die beiden Spieler als Doppelpack zu Hansa Rostock.

„Paule“ Beinlich, der 1972 in Ost-Berlin geboren wurde und bei der Jugend des BFC Dynamo das Fußballspielen erlernt hatte, stand in seiner aktiven Laufbahn gleich zweimal unter Vertrag bei Hansa. Nach seiner ersten Zeit von 1994 bis 1997 folgte von 2006 bis 2008 eine zweite Etappe.

In Erinnerung haben ihn die Fans vor allem aufgrund seiner genialen Spiele in den 1990ern. Von 1994 bis 1997 erzielte er in 101 Pflichtspielen immerhin 34 Tore. Eine tolle Quote für einen Mittelfeldspieler!

Berühmt wurde der charismatische Beinlich für seine gefährlichen Freistöße, die er mit dem linken Fuß trat. Kein Wunder, dass 1997 größere Vereine die Fühler ausstreckten und letztendlich Bayer 04 Leverkusen ihn an den Rhein und später der HSV an die Elbe lockte.

Unvergessen bleiben nicht nur seine genialen Tore, sondern auch seine sympathischen Auftritte am Rande der Spiele. Am 15. November 2009 bekam „Paule“ Beinlich im Rostocker Ostseestadion sein Abschiedsspiel, zu dem 18.900 Zuschauer auf die Ränge strömten. Wer weiß, vielleicht liegt er auf der Beliebtheitsskala der einstigen Hansa-Spieler sogar auf Rang eins.

Fakt ist, dass Rostock eine echte Heimat für ihn wurde. Dort oben zu wohnen, sei wie Urlaub machen, erklärte Beinlich in einem Interview. So zog er an das Ufer der Warnow, zudem wurde er nach seiner Zeit als Hansa-Manager (2010 bis 2012) Geschäftsführer des Leichtathletikvereins des 1. LAV Rostock. An seine Zeit als Hansa-Profi erinnert sich Beinlich gern zurück. Phänomenal sei auswärts die Unterstützung von Seiten der Fans gewesen. Ganz besonders in Erinnerung blieb ein Spiel in München, als über 10.000 Rostocker mit dabei waren.

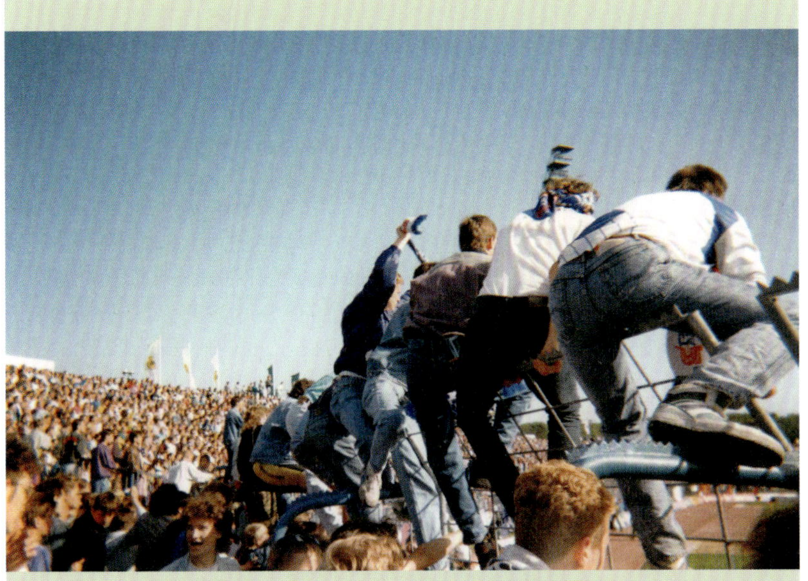

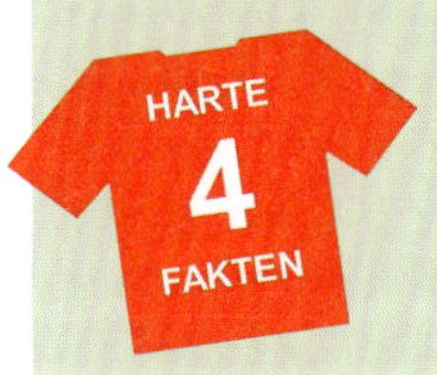

Geburtsort: Ost-Berlin

Spitzname: „Paule"

Spieler bei Aston Villa: 1991 bis 1994

Spieler bei Hansa Rostock: 1994 bis 1997, 2006 bis 2008

BSG Fischkombinat Rostock

Heiko März – Legende beim F.C. Hansa Rostock

Ganz unten in der Kreisliga ist ein Verein mit dem Namen SG Fiko Rostock zu finden. Zwischen dem SV Gelbensander Grashopper und der Rostocker BSG e.V. würde einem dieser Verein gar nicht so sehr ins Auge fallen, wenn man nicht wüsste, dass es sich hierbei um die einstige BSG Fischkombinat Rostock handelt. Das heutige Wappen ist dem aus DDR-Zeiten sogar sehr ähnlich. Der größte Unterschied: Damals wurde das „f" in „Fiko" klein geschrieben.

Gegründet wurde die Betriebssportgemeinschaft Fischkombinat (Fiko) Rostock am 15. Mai 1951, und der Trägerbetrieb war logischerweise das Fischkombinat Rostock, dessen Heimathafen der Hochseefischereiflotte im Rostocker Stadtteil Marienehe lag. Zeitweise waren bis zu 8.000 Personen beim Fischkombinat beschäftigt, rund die Hälfte von ihnen zählten zum fahrenden Personal.

Die BSG Fiko Rostock spielte zwar beim Fußball nie die große Mandoline, brachte jedoch gute Spieler hervor. So zum Beispiel Heiko März, der von 1983 bis 1997 satte 377 Pflichtspiele für Hansa Rostock absolvierte und somit zu einem echten blau-weiß-roten Urgestein wurde.

Heiko März wurde am 9. Juli 1965 in Rostock geboren und spielte bis 1977 beim Nachwuchs der BSG Fischkombinat Rostock. Im Anschluss durchlief er die Jugendmannschaften des F.C. Hansa Rostock und gehörte ab 1983/84 zum Oberligakader. Sein erstes Spiel absolvierte er am 17. Dezember 1983, als Hansa auswärts bei der BSG Wismut Aue antreten musste. Vor 5.000 Zuschauern im Otto-Grotewohl-Stadion musste eine 1:3-Schlappe hingenommen werden. Später wurde Heiko März ein echter Leistungsträger, der zudem zwei Spiele für die DDR-Olympiamannschaft und ein Spiel für die DDR-Nationalmannschaft absolvieren durfte. Am 26. April 1989 hatte er in Kiew beim WM-Qualifikationsspiel gegen die Sowjetunion ab der 74. Minute einen Kurzeinsatz.

Nach seiner Zeit in Rostock spielte er beim SV Babelsberg 03 und beim FC Schönberg 95. Seine aktive Karriere ließ er ausklingen, wo es am schönsten ist – in Warnemünde, wo er von 2006 bis 2010 auch als Trainer tätig war.

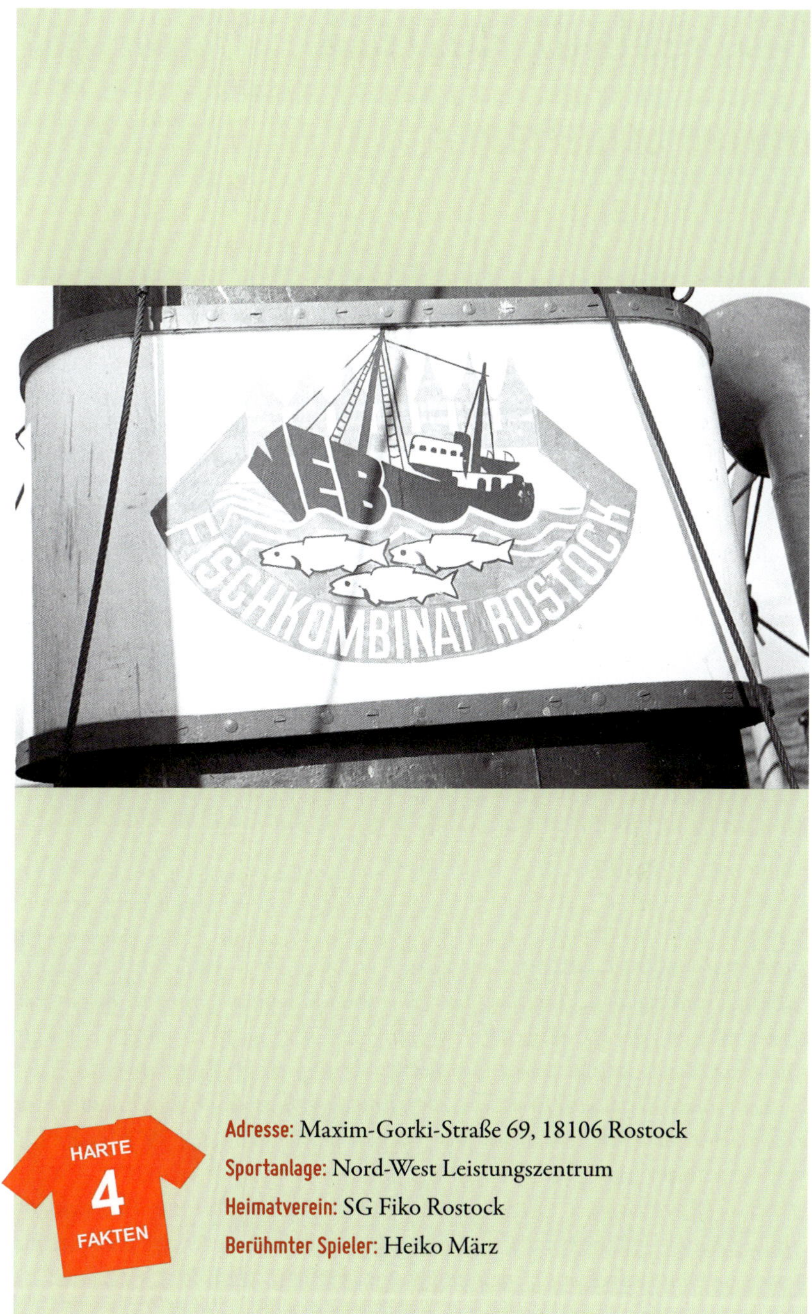

Adresse: Maxim-Gorki-Straße 69, 18106 Rostock

Sportanlage: Nord-West Leistungszentrum

Heimatverein: SG Fiko Rostock

Berühmter Spieler: Heiko März

Dieter Schneider

Ein Leben lang für Empor / Hansa Rostock

„Für immer und ewig, und auch bei Windstärke 10. Wir halten zusammen, wir werden nie untergehen. Hansa forever und für alle Zeit, Hansa forever und für die Ewigkeit ..." Auf kaum einen anderen Spieler des F.C. Hansa Rostock traf das „für immer und ewig" besser zu als bei Dieter Schneider. Die DDR war gerade einmal 13 Tage alt, als Dieter Schneider im Oktober 1949 in der sächsischen Kleinstadt Lauter sage und schreibe im Vereinsheim das Licht der Welt erblickte.

Als im November 1954 die Oberligamannschaft der BSG Empor Lauter in den neu gegründeten SC Empor Rostock eingegliedert wurde, wechselte auch sein Vater Rudolf Schneider mit an die Ostseeküste. Ab 1958 war Rudolf Schneider als Jugendtrainer beim SC Empor Rostock tätig, und da er bei seinem Sohn das Talent erkannte, brachte er ihn in den Nachwuchsmannschaften unter.

Dieter Schneider wurde Torwart und Anfang 1967 in das Aufgebot der Junioren-Nationalmannschaft aufgenommen. Mit dem inzwischen aus dem Gesamtverein herausgelösten F.C. Hansa Rostock wurde Dieter Schneider im Jahre 1968 DDR-Juniorenmeister. 1968/69 rückte Dieter Schneider in die zweite Männermannschaft auf, am 23. Oktober 1968 gab er aufgrund einer Verletztenmisere bereits mit 19 Jahren seinen Einstand im Tor der ersten Mannschaft des F.C. Hansa. Auswärts beim 1. FC Magdeburg wurde vor 26.000 Zuschauern im Ernst-Grube-Stadion ein 1:1 erkämpft. Er kam, sah und hielt – er blieb bis zum Saisonende Stammtorhüter! Insgesamt absolvierte er von 1968 bis 1986 stolze 349 Oberligaspiele und 41 Pokalspiele für Hansa. Hinzu kamen immerhin drei Spiele im Gehäuse der DDR-Nationalmannschaft. Sein erstes A-Länderspiel absolvierte Schneider am 9. Juli 1969. Im Spiel DDR gegen Ägypten wurde er in der 75. Minute für Stammtorhüter Jürgen Croy eingewechselt.

Nach seiner aktiven Karriere blieb Dieter Schneider Hansa Rostock für einige Zeit als Platzwart erhalten. Was jedoch ebenso in seinem Häuschen zu finden ist? Utensilien aus seiner sächsischen Heimat. Ganz klar, eine Ecke im Herzen sollte immer frei bleiben für die Heimatregion.

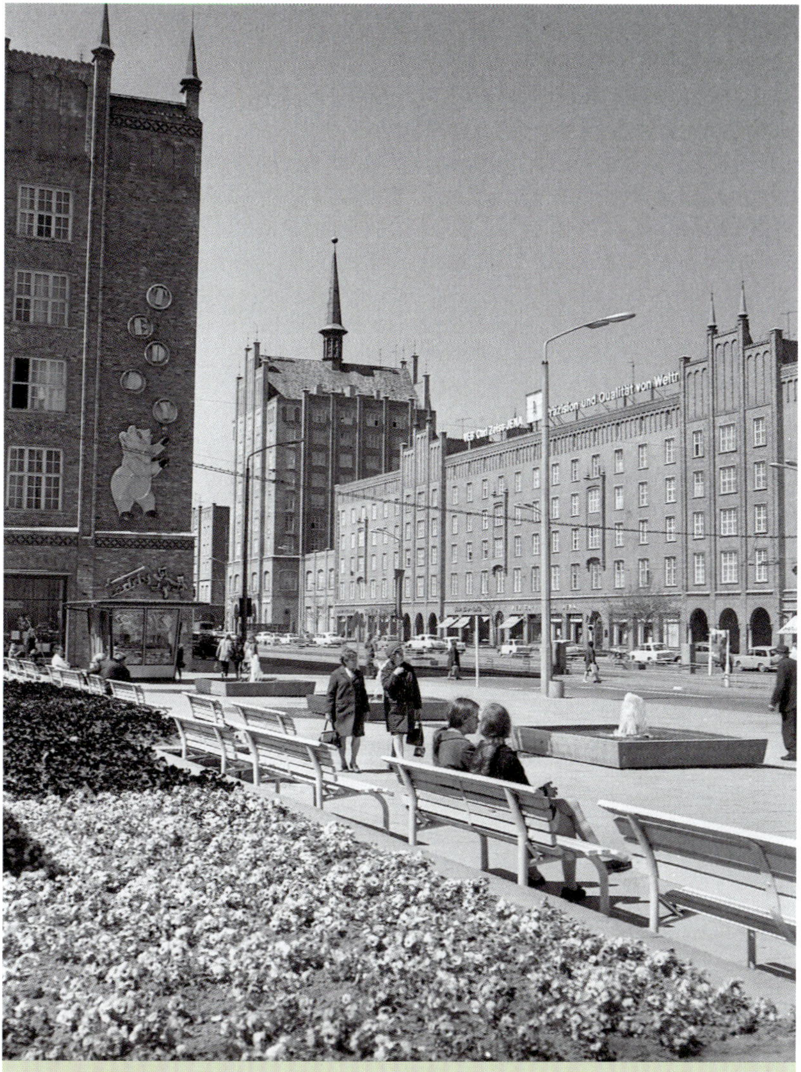

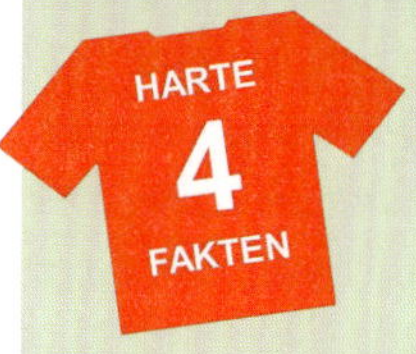

Geburtsort: Lauter (im Vereinsheim)
Titel: DDR-Juniorenmeister 1968
DDR-Nationalmannschaft: 3 Spiele
Eine Ecke im Herzen für: die sächsische Heimat

Rostocker FC

Fußball im Zeichen des Greifen seit 1895

Es hätte bei einem einjährigen Abenteuer in der DDR-Liga bleiben können, doch am Ende der Saison 1973/74 sorgte das bessere Torverhältnis dafür, dass die TSG Bau Rostock die Klasse halten und in der Folge nonstop bis 1985/86 in dieser Spielklasse durchspielen konnte. Immerhin 975 Zuschauer fanden damals im Schnitt den Weg zu den Heimspielen. Sieben Jahre später waren es 845. Auch in der Saison 1980/81 sorgte das Torverhältnis dafür, dass es in der zweiten Liga weiterging. Zuvor wurde die TSG Bau Rostock am Ende der Spielzeit 1978/79 Staffelmeister, scheiterte jedoch in der Aufstiegsrunde an Vorwärts Frankfurt und Chemie Leipzig.

1986 war als Tabellenletzter Schluss mit lustig. 1990 war die TSG Bau Rostock noch einmal als Bezirksmeister mit einem Bein zweitklassig, scheiterte aber in der Aufstiegsrunde. Am 18. Juli 1990 wurde der Verein in TSV Grün-Weiß Rostock umbenannt und spielte bis 1996 in der Verbandsliga. Im Oktober 1996 lösten sich die Fußballer vom TSV Grün-Weiß und gründeten den Rostocker FC von 1895 e.V.

Der Bogen zu den Anfängen konnte so wieder geschlossen werden. Bereits am 20. Juni 1895 gründeten die vier Gymnasiasten Michael Beyer, Paul Buchholtz, Wilhelm Metzenthin und Werner Ahrens den Rostocker Fußball-Club (RFC). Vier Jahre später ging das erste Spiel gegen den Internationalen Fußball-Club (IFC) Rostock über die Bühne, welches mit 1:0 gewonnen werden konnte. Nach dem Zusammenschluss mit dem Rostocker Fußballclub Greif von 1916 und dem Rostocker Schwimm-Club hieß der Verein bis 1938 Rostocker Sport-Club (RSC) von 1895. Bis Kriegsende ging es weiter als verordnete Großgemeinschaft TSG Rostock. Nach dem Krieg erhielt der Verein nach einigen Umstrukturierungen im Jahr 1969 den eingangs erwähnten Namen TSG Bau Rostock.

Aktuell spielt der Rostocker FC in der Verbandsliga, die Heimspiele werden am Damerower Weg ausgetragen. Größter Erfolg in neuer Zeit: Das Erreichen des Landespokalfinales 2010. Gegen den Torgelower SV Greif mussten sich die Rostocker mit 1:2 geschlagen geben.

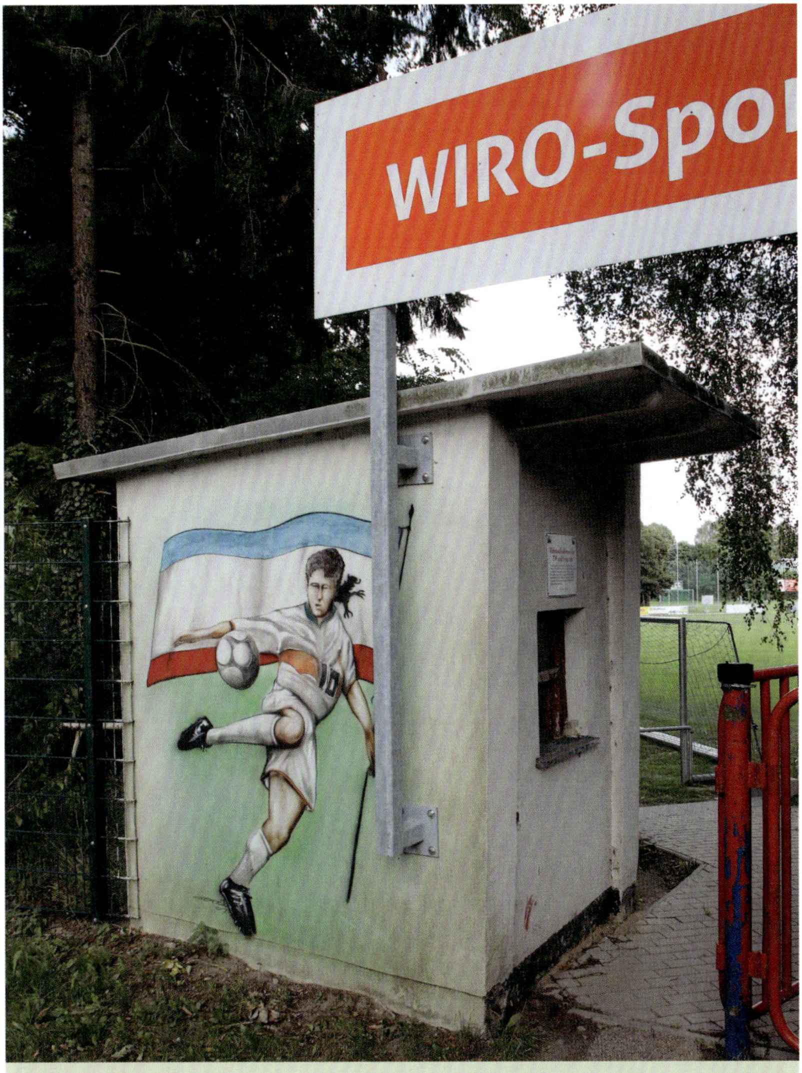

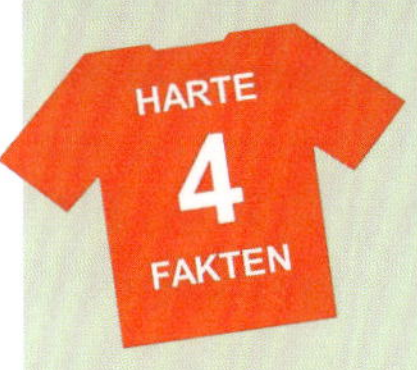

Adresse: Damerower Weg 26, 18059 Rostock
Vereinsgründung: 22. Juni 1895
Vereinsfarbe: Blau-Weiß-Rot
Spielort: Stadion RFC

PSV Platz am Damerower Weg

Heimat von PSV Rostock / Dynamo Rostock

Auch Rostock hatte zu DDR-Zeiten ihre SG Dynamo, genauer gesagt die SG Dynamo Rostock-Mitte. Bereits im Jahre 1948 wurde die SG Deutsche Volkspolizei Rostock ins Leben gerufen, bei der anfangs in der Tat nur Volkspolizisten den Ball rollen ließen. Nachdem im März 1953 landesweit die Sportvereinigung Dynamo (SV Dynamo) gegründet wurde, bekam der Verein den Namen SG Dynamo Rostock. Von 1964 bis 1990 wurde das „Mitte" angehängt. 1952/53 durfte die SG in der DDR-Liga der Startplatz von Volkspolizei Schwerin/Dynamo Schwerin einnehmen, und somit kam es in der Staffel 2 zum Aufeinandertreffen von Dynamo Rostock und Dynamo Berlin. Überraschend konnten die Rostocker auswärts mit 1:0 gewinnen, daheim musste man sich gegen die Ost-Berliner mit 0:3 geschlagen geben. Am Ende jener Saison stieg die SG Dynamo Rostock in die Bezirksliga und später in die Bezirksklasse ab. 1958, 1971 und 1974 glückte zwar jeweils die Rückkehr in die Bezirksliga, doch zu mehr sollte es nicht mehr reichen.

Allerdings hatte zu DDR-Zeiten Dynamo Rostock-Mitte den einen oder anderen bekannten Namen in den Reihen. So spielte beispielsweise Andreas Zachhuber von 1987 bis 1990 im Rostocker Dynamo-Trikot. In seiner Jugend spielte auch der spätere Hansa-Stürmer Steffen Baumgart bei der SG Dynamo Rostock-Mitte. Gleiches gilt für den in Rostock zur Welt gekommenen Frank „Wuschi" Rohde, der als Kind von 1966 bis 1969 bei der SG Dynamo das Fußballspielen erlernt hatte.

Am 26. April 1990 wurde der Polizei SV Rostock gegründet, der das direkte Erbe der SG Dynamo Rostock-Mitte antrat. Von 1991 bis 1994 wurde als VfL 1990 Rostock gespielt, dann wurde das „Polizei" wieder in den Vereinsnamen aufgenommen. Von 1994 bis 1997 wurde in der NOFV-Oberliga Nord gespielt, in der Folgezeit erfolgte der sportliche Absturz bis hinunter in die Kreisliga Rostock-Warnow. Nach dem Durchschreiten der Talsohle ging es wieder nach oben. 2009 und 2010 gab es zwei Aufstiege in Folge, 2017 durfte der Sprung in die Landesliga gefeiert werden, 2018 ging es jedoch wieder eine Etage tiefer.

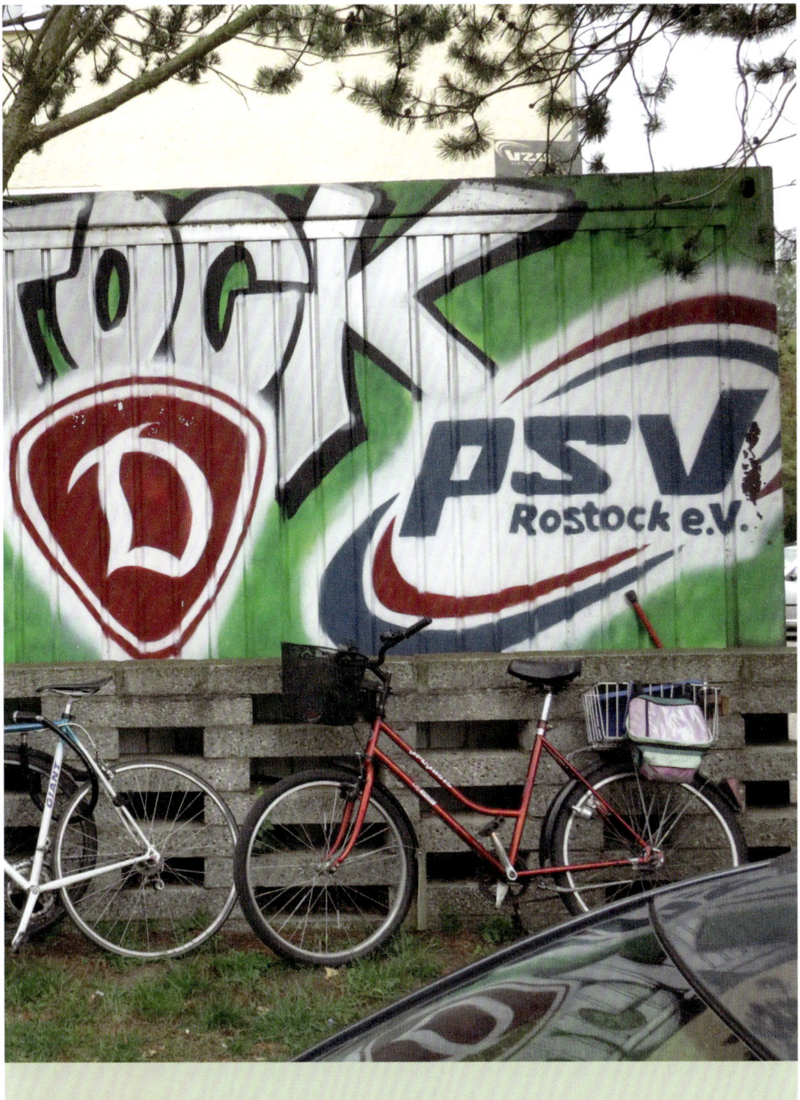

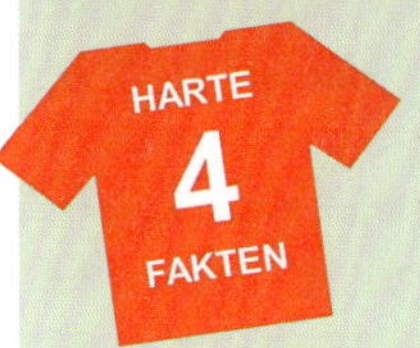

Adresse: Damerower Weg 25, 18059 Rostock

Vereinsgründung: 1948

Spielort: PSV Hauptplatz

Gespielt wird ab: 5. Lebensjahr (Zwergenfußball)

Stadion SV Hafen am Damerower Weg

Hafen/Schiffahrt Rostock

Rang 29 in der Ewigen Tabelle der DDR-Liga. Von 1972 bis 1985, sowie 1986/87 und von 1988 bis 1991 spielte die am 27. Oktober 1961 gegründete BSG Schiffahrt/Hafen Rostock in der zweithöchsten Spielklasse und darf sich somit durchaus zu den festen Größen des DDR-Fußballs zählen. Am Ende der Saison 1980/81 gelang sogar fast der ganz große Coup. Nachdem in der Staffel A der DDR-Liga vor Vorwärts Stralsund und Dynamo Schwerin die Meisterschaft gefeiert werden konnte, folgte die Aufstiegsrunde mit den anderen vier Staffelmeistern.

7.500 Zuschauer strömten im Schnitt zu den vier Spielen der Aufstiegsrunde, und mit Heinz Pinkohs (sechs Tore) hatte die BSG Schiffahrt/Hafen den erfolgreichsten Schützen. Ein dolles Ding! In Rostock wurden Energie Cottbus mit 2:1 und der 1. FC Union Berlin sogar mit 3:0 geschlagen, auswärts konnte indes nur bei der BSG Motor Suhl mit 3:2 gewonnen werden. Am Ende hatte es nicht ganz gereicht, den Sprung nach oben schaffte neben den Lausitzern die BSG Chemie Buna Schkopau. Das feste Fundament zu jener Zeit bildeten die Spieler Heinz Pinkohs, Peter Sykora und Mannschaftskapitän Gerhard Balandies, die teilweise über Oberligaerfahrung verfügten. So hatte Sykora zuvor unter anderem für den F.C. Hansa Rostock und den 1. FC Magdeburg gespielt.

1983 gab es einen erneuten Anlauf, doch dieses Mal gab es in der Aufstiegsrunde nichts zu holen. Den sieben, teils deutlichen Niederlagen steht nur der 3:2-Sieg gegen die BSG Wismut Gera gegenüber.

Nach der deutschen Wiedervereinigung erhielt der Verein den Namen SV Hafen 61 Rostock und wurde 1991/92 in die NOFV-Oberliga Nord eingegliedert. Mit den sportlichen und strukturellen Veränderungen kam der SV Hafen 61 Rostock jedoch nicht zurecht. Als Vorletzter musste 1992 der Weg in die Verbandsliga angetreten werden. Später ging es weiter runter in die Bezirksliga. 2009 und 2010 wurde sich wieder hochgearbeitet in Landesklasse und Landesliga. Der Stand der Dinge ist die Landesliga West, in welcher unter anderem die SG Dynamo Schwerin der Gegner ist.

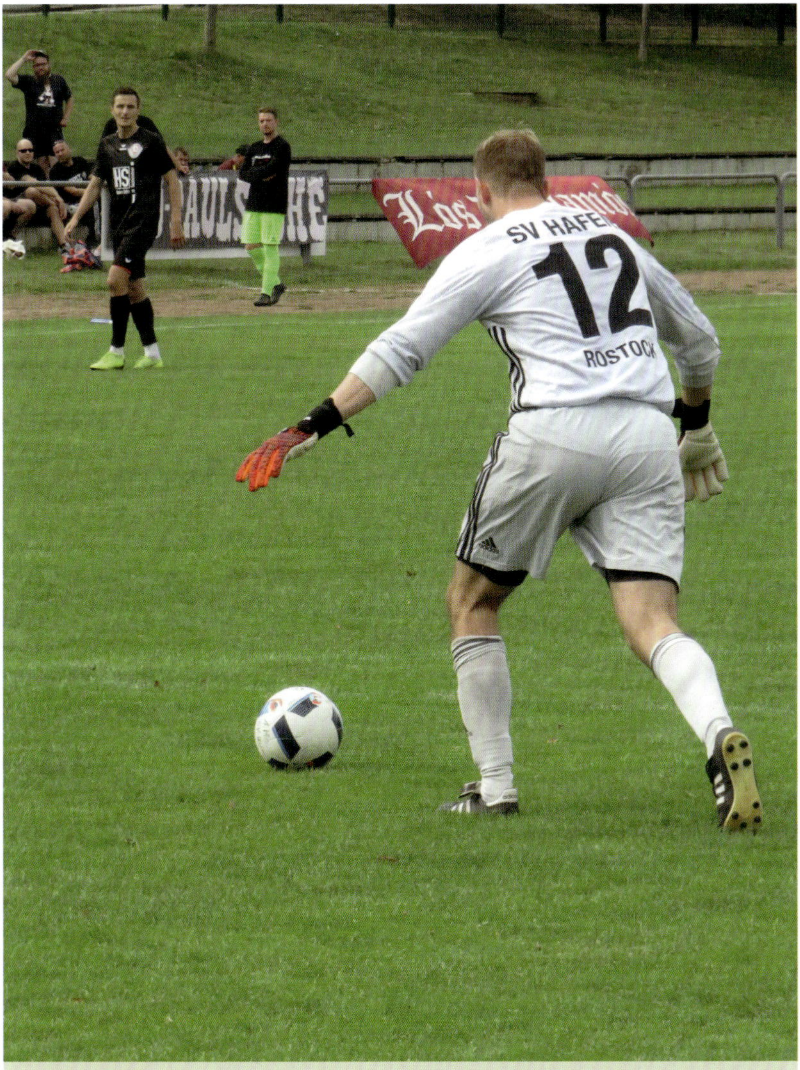

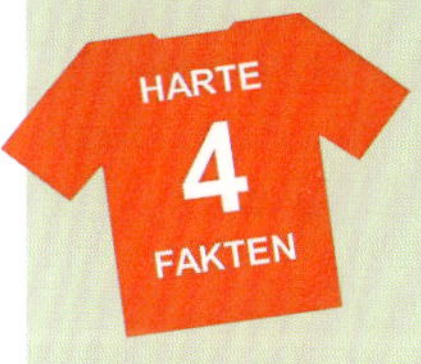

Adresse: Damerower Weg 25, 18059 Rostock
Vereinsgründung: 27. Oktober 1961
Spielort: Stadion SV Hafen
DDR-Liga: 1972–1985, 1986/87, 1988–1991

Hansestadt Rostock 071

Post Platz / ESV Lok Platz

René Schneider und der FC Förderkader

Woran denken wir, wenn wir den Namen René Schneider hören? An seine Zeit bei Hansa Rostock und den Bundesligaaufstieg im Frühjahr 1995. Von 1994 bis 1996 sowie von 1999 bis 2001 stand der in Schwerin geborene René Schneider bei Hansa unter Vertrag und wusste als Verteidiger die Fans zu verzücken. Sein erstes Pflichtspiel mit der Kogge auf der Brust war das Auswärtsspiel bei Hertha BSC am 19. August 1994, das die Rostocker mit 1:0 gewinnen konnten. Zwei Treffer erzielte er am 14. November 1994 beim Heimspiel gegen den Chemnitzer FC. Er absolvierte in jener Zweitligasaison fast alle Spiele und war Mit-Garant für den Aufstieg in die 1. Bundesliga. In der Erstligasaison 1995/96 gelang dem Verteidiger noch einmal beim Heimspiel gegen den 1. FC Kaiserslautern ein Doppelpack.

Nach seiner Zeit bei Borussia Dortmund kehrte er noch einmal nach Rostock zurück und wechselte später zum HSV und zum VfL Osnabrück. Seine aktive Karriere beendete er 2007 beim SV Warnemünde. Bereits zu seiner Zeit in Osnabrück gründete er gemeinsam mit seinem Geschäftspartner Henryk Pyritz 2003 eine eigene mobile Fußballschule. Aller Anfang ist schwer, das galt auch für diese mobile Fußballschule, die in der Anfangszeit kräftig die Werbetrommel rühren musste, damit überhaupt Kinder kamen. Zum allerersten Training in Schwerin kam sage und schreibe ein einziges Kind. Das sollte sich jedoch mit der Zeit ändern und die Fußballschule wurde ein echtes Erfolgsmodell.

Seit 2007 nehmen die Nachwuchsteams am regulären Punktspielbetrieb teil. Von den Bambini bis zur U23 gehen sie als FC Förderkader René Schneider ins Rennen. Die Heimspiele werden ausgetragen auf dem Post Platz der großen Sportanlage am Damerower Weg, wo auch der Rostocker FC, Hafen/Schiffahrt Rostock und der PSV Rostock ihre Plätze haben. Die erste Herrenmannschaft ist seit einigen Spielzeiten in der Verbandsliga dabei. Keine Frage, die Erfolgsstory geht weiter. Und so wird es auch in Zukunft heißen: FC Förderkader René Schneider – junge Götter unter dem Namen einer Hansa-Legende.

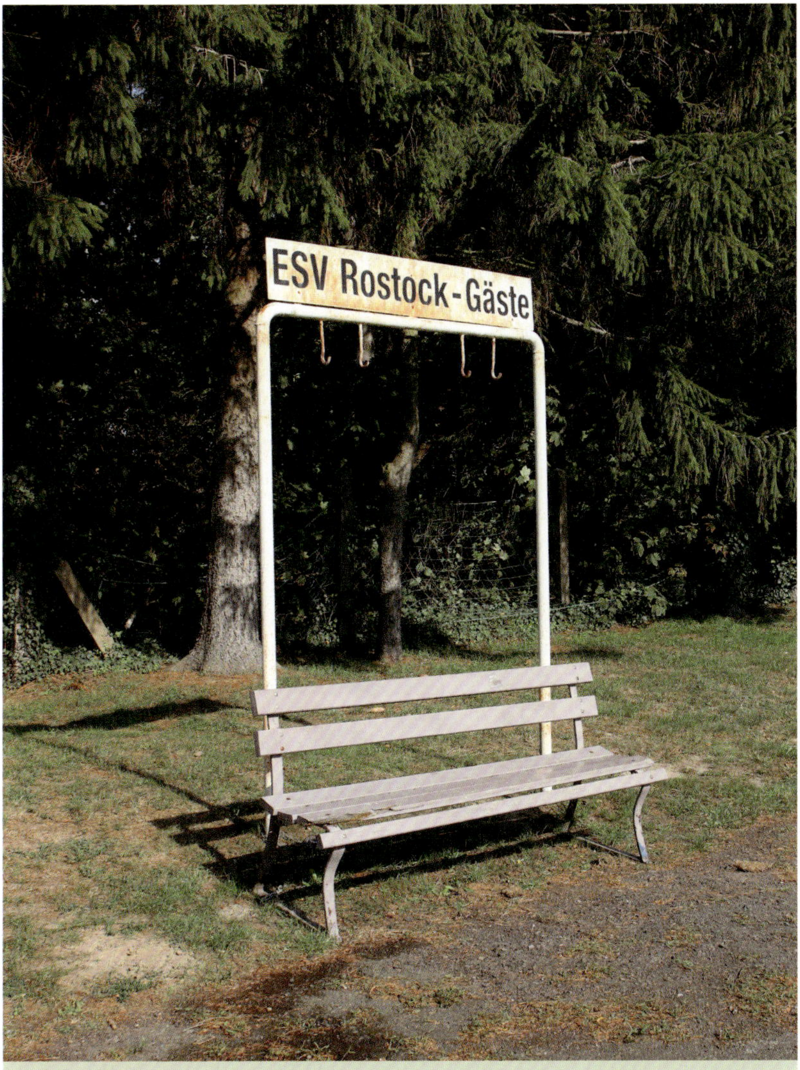

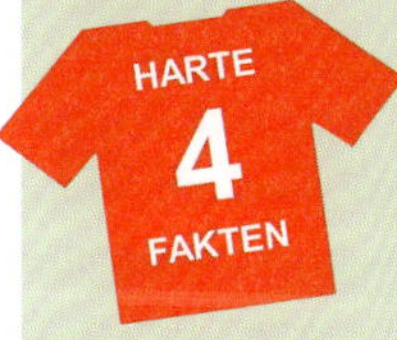

Adresse: Damerower Weg 25A, 18059 Rostock

Spielbetrieb seit: 2007 bzw. 2009

Spielort: Post Platz / ESV Lok Platz

Größter Erfolg von René Schneider: Europameister 1996

Rothemühl 072

BSG Eierproduktion Rothemühl

Die Spitze der kuriosen Namen

Jedes Land hat seine Spezifika in der Fußballvereinsnamenwelt. Das ist vielleicht etwas übertrieben. Doch gibt es Länder, in denen bestimmte Gruppen von Vereinsnamen häufiger auftreten. Dynamo-Vereine gab es im Osten nahezu an jeder Ecke, in der BRD eher selten. Nun ist Dynamo aber auch kein Unikum in den ehemaligen Ostblockstaaten. In Sachen Kreativität und Vielfalt dürfte Polen an der Spitze der Meisterschaft der auffälligsten Fußballvereinsnamen stehen. Hinsichtlich der Kuriosität ist allerdings die DDR wahrscheinlich uneinholbar.

So tummelten sich allein im von Bryan Adams besungenen Sommer von 1969 Vereine in der Bezirksliga (Niveau-Stufe 3) herum, die z. B. Außenhandel Berlin, Halbleiterwerk Frankfurt, Kali Werra Tiefenort, Lok/Armaturen Prenzlau, Martin Hoop Mülsen oder Aktivist Schwarze Pumpe hießen.

Doch das ist alles nichts gegen die BSG Eierproduktion Rothemühl! Man muss sich das erst einmal auf der Zunge zergehen lassen! Was ist das für ein Name? Welche Fangruppe könnte sich heutzutage Loblieder und Schlachtrufe auf solch eine Fußballmannschaft ausdenken? Unübersehbar stehen dieser und die anderen genannten Namen mit wirtschaftlichen Einrichtungen in Verbindung.

Im Fall von BSG Eierproduktion Rothemühl (bei Pasewalk) geht es um das KIM. Dieses Kürzel steht für Kombinat Industrielle Mast, etwas abgeändert war es auch als „Köstlich, immer marktfrisch“ geläufig. Hier ging es um tierische Produkte. Die dem Werk in Ferdinandshof unterstellte Produktionsstätte hatte Broiler – in westdeutschen Kreisen auch Brathähnchen genannt – und eben Eier zu produzieren. Millionen Eier gingen von hier aus in die Läden und gastronomische Einrichtungen. Arbeit bedeutet Leute, bedeutet Fußball am Wochenende.

Die Erfolge der BSG sahen mäßig aus. Ein Nachfolger fand sich überraschend nicht. Nach der Wende blieben ein verwaister Sportplatz im Wald, der noch etwas von den Einheimischen (300 Einwohner) gepflegt wird, und ein paar Stallanlagen in der Nähe des Ortskerns.

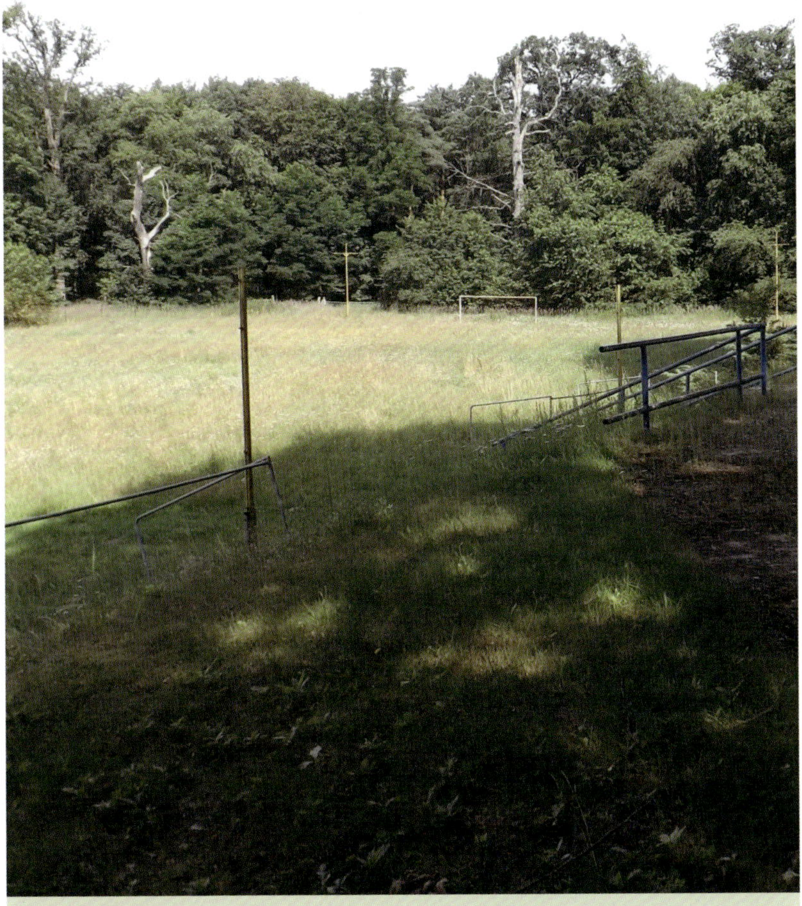

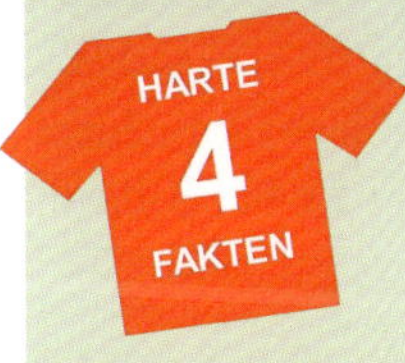

Adresse: Dorfstraße, 17379 Rothemühl

Besonderheit: in den Top 10 der kuriosesten DDR-Vereinsnamen

Einstiger Trägerbetrieb: KIM (Kombinat Industrielle Mast)

Derzeitiger Spielbetrieb: Fehlanzeige

SG Empor Sassnitz

Der größte Verein auf der Insel Rügen

Sassnitz (zirka 9.000 Einwohner) gehört zu den Orten auf Rügen, der der ganzen Region wirtschaftliche Impulse geben, die auch über den Tourismus hinausgehen. Dafür ist u. a. der Hafen verantwortlich, von welchem beispielsweise Fähren zum schwedischen Trelleborg verkehren. Die größte touristische Attraktion des Ortes erreicht man über eine Wanderung entlang der Steilküste, deren Kreidewände schon Maler wie Caspar-David Friedrich animierten, inzwischen weltberühmte Gemälde zu erstellen. Sassnitz hat auch eine Militärvergangenheit. Die Überreste davon liegen als Ruine des legendären Weißen Schlosses Dwasieden im Stadtwald.

Dwasieden ist zugleich der Namensgeber für den Sportplatz Dwasieden, dessen Eingangstor noch von der Aufschrift des Turnvaters Jahn verziert wird. Der Sportplatz ist die Heimat der SG Empor Sassnitz (1950 gegründet). Wie Motor und Chemie war auch Empor ein „Erkennungscode" für einen Trägerbetrieb. In diesem Fall bestand ein Bezug zur Nahrungsmittelindustrie (als VEB Fischfang Saßnitz in das Fischkombinat Rostock eingegliedert). Die Fischkonserven aus Sassnitz sind noch heute ein Verkaufsschlager. Im Gegensatz zum Namen Saßnitz blieb die Tradition des Fischfangstandortes bestehen, denn Saßnitz änderte 1993 seinen Namen in Sassnitz. Die BSG Empor verlor ihr „B", so wurde aus der Betriebssportgemeinschaft Empor nach der Wende schlicht die Sportgemeinschaft Empor. Die SG entwickelte sich bis heute zum mitgliederstärksten Verein der Insel Rügen.

Wenn man die vielen Vorgängervereine ausklammert, dann liegt die Gründung der BSG Empor Saßnitz im Jahr 1950. Die Farben blieben Grün und Weiß. Die Tradition geht bereits auf den MTV (Männer-Turn-Verein) Saßnitz zurück. Große sportliche Erfolge waren nie zu verbuchen. Man tut halt etwas als Breitensportverein für die Gesellschaft. Im Verein trainieren heute rund 600 Mitglieder in mehr als zehn Sportarten (z. B. Volleyball, Badminton, Segeln). Der wohl berühmteste Zögling der BSG ist Ex-Fußballprofi Thomas Gansauge.

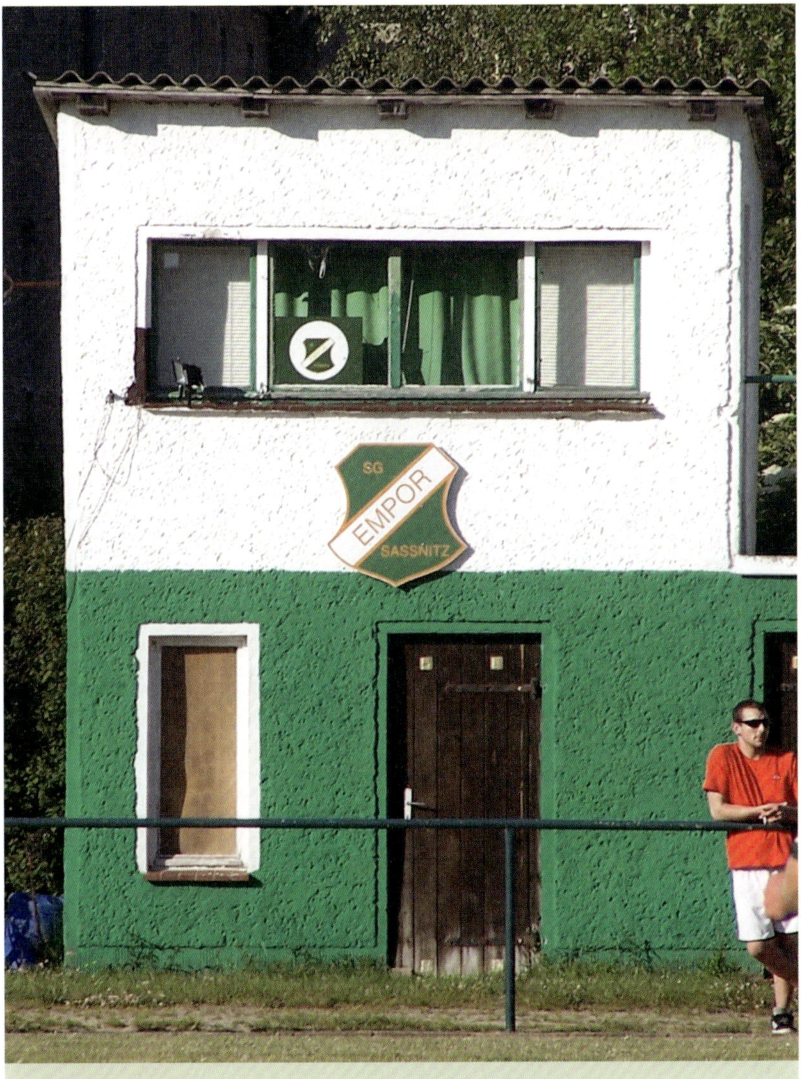

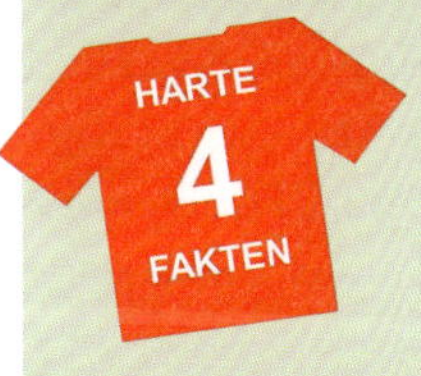

Adresse: Straße der Jugend, 18546 Sassnitz

Sassnitz: bis zum 2. Februar 1993 Saßnitz

Einstiger Trägerbetrieb: VEB Fischfang Saßnitz

Derzeitige Spielklasse: Kreisoberliga

Dynamo Schönberg / FC Schönberg 95

Höhenflug und Rückzug

Am Jahrestag der Befreiung (8. Mai) empfing die SG Dynamo Schönberg 1957 in der ersten Runde des FDGB-Pokals die BSG Lok Stendal. Denkbar knapp mit 2:3 nach Verlängerung mussten sich die Schönberger geschlagen geben, und es sollte 42 Jahre dauern, bis der (Folge-)Verein wieder in einem nationalen Pokalwettbewerb antreten konnte. Nachdem im Landespokalfinale 1999 der FC Eintracht Schwerin mit 2:1 n.V. geschlagen wurde, folgte das DFB-Pokalspiel gegen den SV Waldhof Mannheim, das 0:3 verloren ging. In den Jahren darauf gab es sechs weitere Erstrundenpartien gegen lukrative Gegner (Bayern München, Hamburger SV etc.), die jedoch allesamt verloren wurden. Eigene Tore gab es nur 2001 gegen den VfB Stuttgart (2:4) zu feiern.

Gegründet wurde einst die SG Dynamo Schönberg im Jahre 1950, erfolgreich gespielt wurde in der Bezirksliga Rostock. 1962 fusionierte die Fußballabteilung der SG Dynamo mit Traktor Schönberg zur TSG Schönberg. Nach einer sportlichen Talfahrt kehrte Schönberg 1977 in die Bezirksliga zurück. Bis zum Mauerfall pendelte Schönberg zwischen Bezirksliga und Bezirksklasse.

Fahrt aufgenommen wurde, nachdem am 1. Juli 1995 die Fußballer aus der TSG herausgelöst und der FC Schönberg 95 gegründet wurde.

1998 erfolgte der Aufstieg in die NOFV-Oberliga, zwei Jahre später verpasste Schönberg in der Relegation gegen Erfurt den Sprung in die Regionalliga. 2003 scheiterte man in der Relegation am FC Sachsen Leipzig. 2015 gelang schließlich dank des langjährigen Sponsors Palmberg im Rücken der langersehnte Aufstieg in die Regionalliga Nordost. Allerdings wurden die Zuwendungen des Hauptsponsors gekürzt, und aufgrund der hohen Kosten (lange Auswärtsreisen etc.) beschloss der Verein am Ende der Saison 2016/17, die erste Mannschaft zurückzuziehen und in der Landesliga einen Neustart in Angriff zu nehmen. Sportlich bitter, denn die Mannschaft hatte sich im Mittelfeld noch vor Union Fürstenwalde und dem BFC Dynamo behaupten können. Ein angestrebter Wechsel in die RL Nord wurde nicht genehmigt.

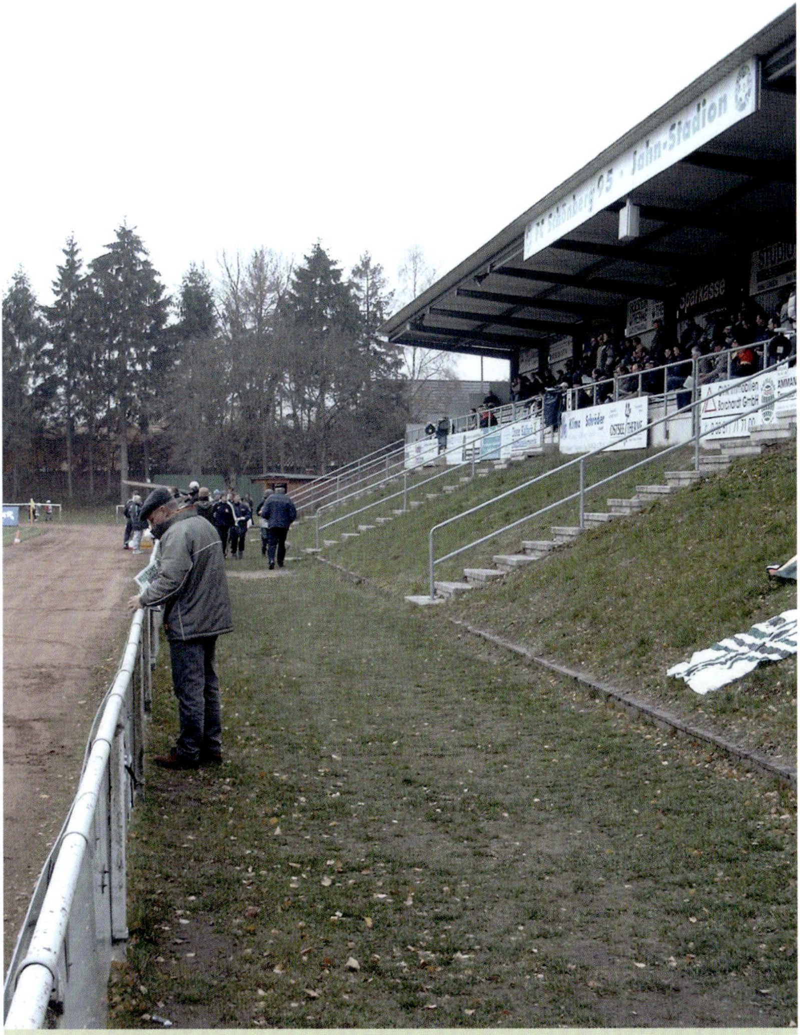

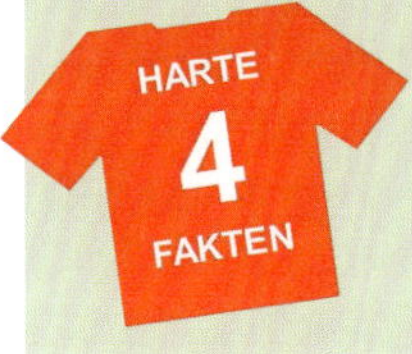

Motto: „Ehrlicher Fußball an der Ostsee"

Spielstätte: Palmberg-Stadion

Größte Erfolge seit 1995: Meister der NOFV-Oberliga Nord 2003 und 2015

Teilnahmen am DFB-Pokal: sieben

Schwaaner Eintracht

Mein lieber Schwan

Mein lieber Schwan! Nein, dies ist nicht nur ein Wortspiel. Das Wappen der 1994 gegründeten Schwaaner Eintracht ziert in der Tat ein Schwan mit erhobenen Flügeln und offenem Schnabel. Wie man sich denken kann, ist der silberne Schwan mit goldenem Schnabel und Krone um den Hals auch im Stadtwappen zu sehen. Festgelegt wurde dieser Schwan im Jahre 1858 von Friedrich Franz II, Großherzog von Mecklenburg-Schwerin. Das Interessante: Der Name Schwaan kommt aus dem Altslawischen und bedeutet zum einen živŭ (lebend) und zum anderen zvati (rufen). Dies könnte auch den aufgerissen Schnabel des gewaltigen Vogels erklären.

Ob der Fußball in Schwaan lebendig ist und ob dort viel gerufen wird? Überzeugt Euch selbst und schaut einmal beim Sportplatz auf dem Schaffrusch vorbei. Gleich nebenan befindet sich Melanies Ranch, auf der Rinder und Pferde gezüchtet werden. Wer Schwäne sehen will, kann gern rüber zur sich schlängelnden Warnow und den Feuchtgebieten gehen. Am anderen Ufer befindet sich auch der Sitz des Schwaaner Carnevalsvereins.

Fußball gespielt wird derzeit in der Staffel 2 der Kreisoberliga Warnow. Gegner sind unter anderem der FC Nebelküste Rostock, die SG Motor Neptun Rostock, die HSG Warnemünde und der VfB Traktor Hohen-Sprenz. Gerechnet werden darf bei Heimspielen mit zirka 50 Zuschauern. Genügend, um bei einem Pils ein Pläuschchen zu führen.

Am 20. Juli 2019 feierte der Verein seinen 25. Geburtstag (offiziell am 1. September 1994 gegründet), und zu Gast war die U19 des F.C. Hansa Rostock. Mit den Rostockern wurde zuvor ein Kooperationsvertrag im Nachwuchsbereich abgeschlossen. Seit 2009 spielt die erste Mannschaft in der Kreisoberliga, zuvor gab es eine erfolgreiche Zeit in der damaligen Bezirksliga von 2003 bis 2006. An diese Zeit möchte man eines Tages wieder anknüpfen, doch um dies zu schaffen, müssen die Flügel arg ausgeweitet und der Schnabel gut aufgerissen werden. Zivŭ und zvati – lebendig und rufend. Auf geht's Schwäne vom Schaffrusch!

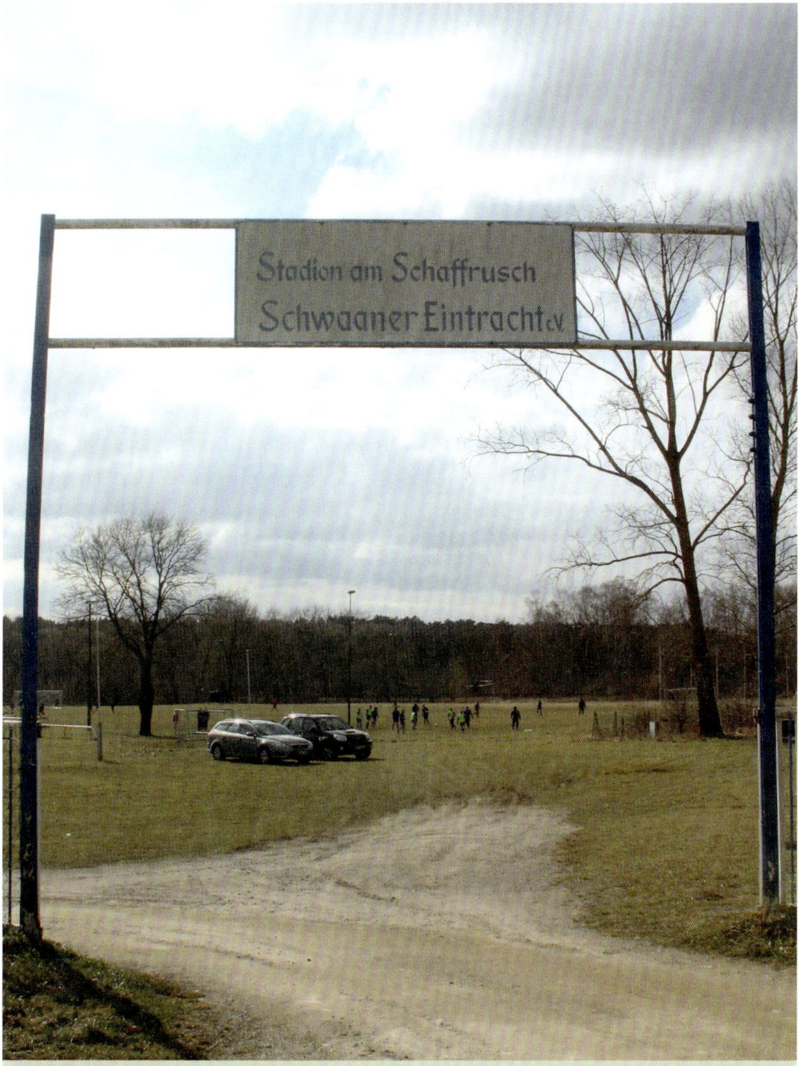

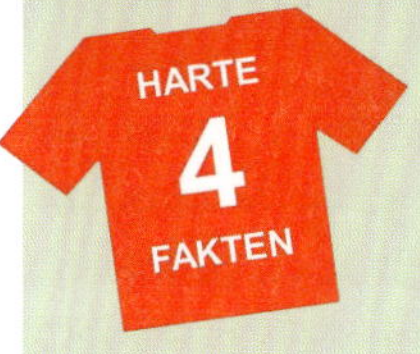

Gegründet: 1. September 1994
Wappentier: ein Schwan
Spielstätte: Sportplatz auf dem Schaffrusch
Derzeitige Spielklasse: Kreisoberliga

Stadion Paulshöhe

Kampf um den Erhalt

„Pro Paulshöhe!" und „Paulshöhe erhalten! Tradition bewahren!" hieß es auf langen schwarzen Transparenten. Laut hallten die Forderungen durch die Gassen. Rund 200 Fußballfans zogen Mitte Juni 2017 durch die Schweriner Innenstadt in Richtung Schloss und Stadion, um für den Erhalt der traditionsreichen Sportanlage im Schleifmühlenweg 19 zu kämpfen. Seit Jahren gibt es von der Stadt ernsthafte Bestrebungen, das dortige Areal komplett umzugestalten und mit Wohnhäusern zu bebauen. Ebenso seit Jahren kämpfen zahlreiche Fußballfreunde gegen den drohenden Abriss des Stadions Paulshöhe, das zu den ältesten Fußballstadien in Deutschland gehört. Bereits im Sommer 1900 ließen Schüler auf dem Platz zwischen der Schlossgartenallee und dem Faulen See den Ball rollen. Wenig später erfolgte die Bebauung als fester Sportplatz. Die Zuschauertribüne wurde 1924 erbaut, das Torhaus 1927 errichtet, im Jahre 1938 wurde schließlich das erweiterte Vereinsheim mit Gaststätte eingeweiht.

Bis Ende des Zweiten Weltkrieges nutzte der Schweriner FC 03 (dann aufgelöst) das Stadion Paulshöhe, zu DDR-Zeiten bestritt die SG Dynamo Schwerin dort ihre Heimspiele. Zur Wende-Saison 1989/90 gab es auf der Paulshöhe den größten Erfolg zu feiern. Dynamo Schwerin räumte im FDGB-Pokal die BSG Stahl Riesa (3:1), den 1. FC Magdeburg (3:1) und den 1. FC Lokomotive Leipzig (1:0) aus dem Weg. Im Finale unterlagen die Schweriner – nun als PSV Schwerin am Start – im Berliner Jahn-Sportpark denkbar knapp der SG Dynamo Dresden mit 1:2. Der Nachfolger FSV Schwerin schloss sich 1997 dem FC Eintracht Schwerin (heute FC Mecklenburg Schwerin) an. 2003 wurde die jetzige SG Dynamo Schwerin ins Leben gerufen, die an die Historie des einstigen DDR-Vereins anknüpfen soll.

Die aktuelle Spielstätte? Das Stadion Paulshöhe! Jedoch hängt das Damoklesschwert über dem Verein. Derzeit spielt die erste Mannschaft von Dynamo Schwerin in der Landesliga Staffel West. Wer noch einmal ein Heimspiel in dieser liebens- und sehenswerten Sportanlage sehen möchte, muss sich wahrlich sputen …

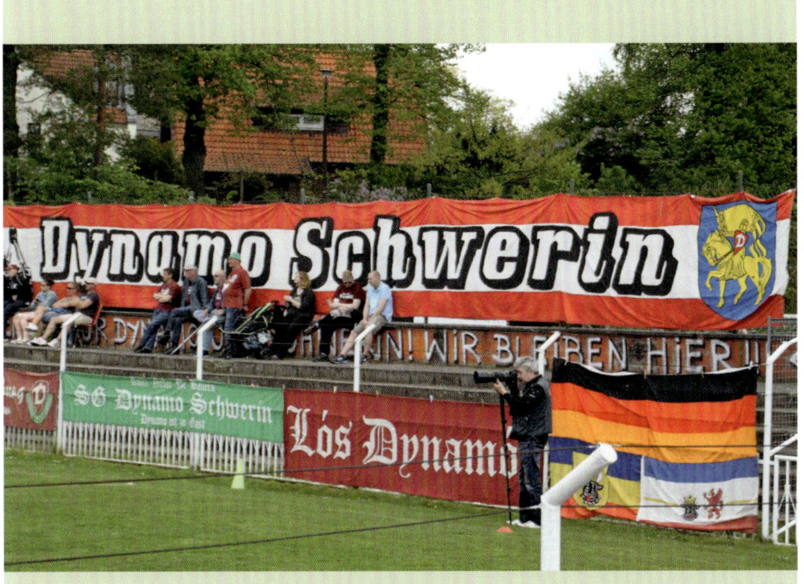

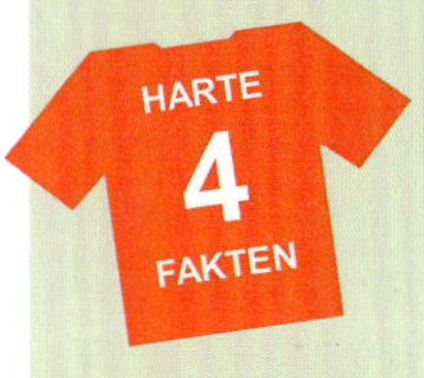

Besonderheit: älteste erhaltene Sportanlage Norddeutschlands

Kultfaktor: volle Punktzahl

Gefahr des Abrisses: sehr hoch

Hoffnung: Initiative „Rettet die Paulshöhe – Paulshöhe muss weiterleben“

Sportplatz Ostorfer Halbinsel

Das einst größte Schweriner Stadion in spe

Wer heute auf die Schweriner Halbinsel Krösnitz im Ostorfer See kommt, findet als größere Sportanlage dort nur noch die Anlage des Vereins Baseball Schwerin Diamonds vor, die von einem auffälligen Wall umgeben ist. Auf dem Luftbild sieht die Erdaufschüttung gleichmäßig, grün und ungewöhnlich für einen Sportplatz aus. Der Ort, den die Einheimischen Krösnitz nennen, erinnert etwas an eine slawische Burganlage. Allerdings sind die Aufschüttungen ein Resultat des Sportanlagenbaus.

Wenn die Besucher den Platz betraten, fühlten sie gleich, dass hier etwas merkwürdig ist. In den Wintermonaten konnte man die ganze Anlage genauer begutachten. Der ungleichmäßig hohe Wall war frei zugänglich, da das Eingangstor und der Sportplatzzaun erst im Innenring dieses Walls begannen. Im Innern gab es den Fußballplatz, eine bemooste Aschenbahn und je ein angelegtes Geländer auf beiden Längsseiten des Rasens. Falls der Ball einmal im hohen Bogen die Seitenauslinie überflöge, wurde eine große weiße Tür installiert, die das Bindeglied zwischen Wall und Sportanlage darstellte.

Weitaus auffälliger war der die Grenze bildende Zaun. Er erinnert an die Zäune von militärischen Einrichtungen der Nationalen Volksarmee, wozu man sagen muss: Es waren Standardzäune, die auch für zivile Einrichtungen genutzt wurden.

Das Geheimnis des merkwürdig aussehenden Platzes lüftet sich schneller, als man ihn umrunden könnte. In den 30er-Jahren sollte hier ein Stadion für 23.000 Zuschauer entstehen. Eine Konstruktion aus Ober- und Unterrang war vorgesehen. Die Reihenzahl war auf 23 konzipiert. Das unverkennbare Erkennungszeichen sollte ein Glockenturm sein, den man von anderen Sport- und Aufmarschstätten aus dieser Zeit kennt. Der Turnierplatz war schon angelegt und mit dem Wall versehen, jedoch ging der Bau nicht weiter.

Wechselnde Nutzer der Anlage sind für diese nichts Neues. Die letzten Nutzer waren der Nachwuchs der Schweriner Eintracht und die Reserve des FC Mecklenburg Schwerin.

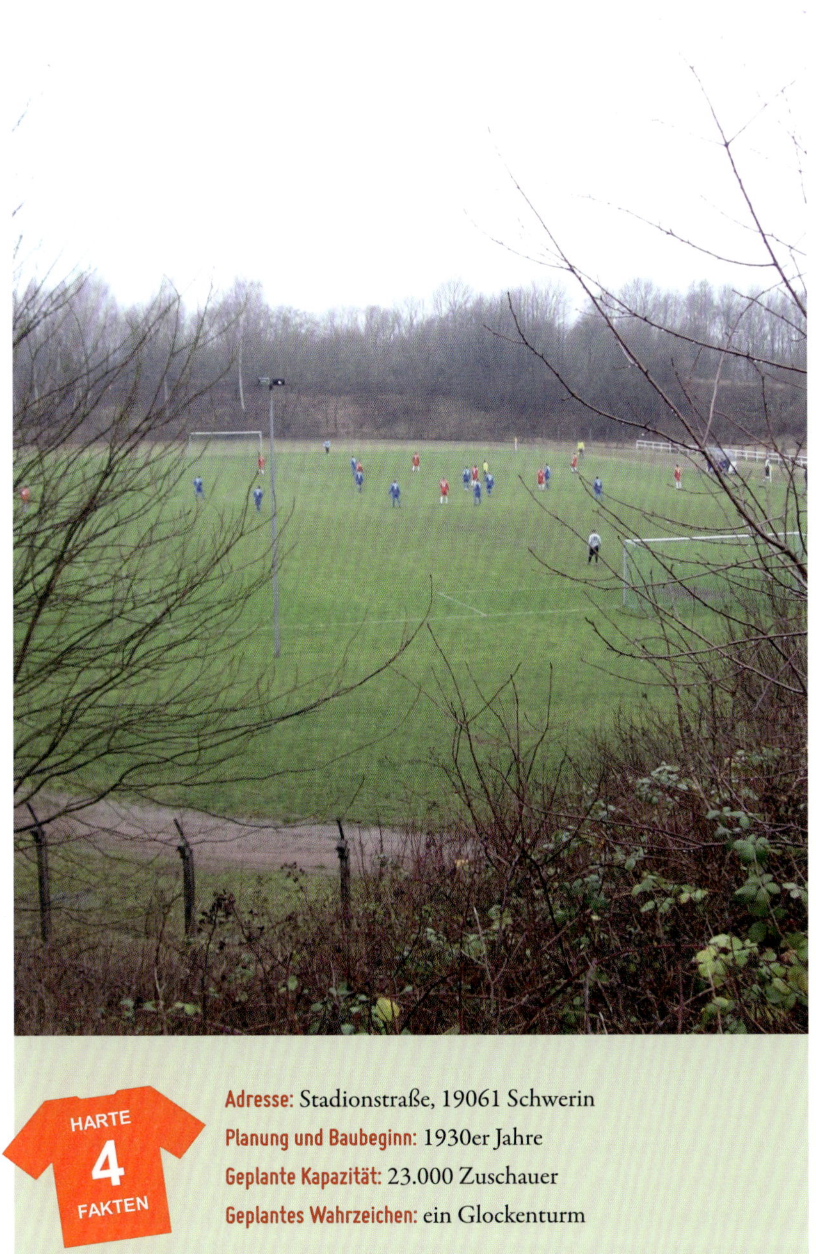

HARTE 4 FAKTEN

Adresse: Stadionstraße, 19061 Schwerin
Planung und Baubeginn: 1930er Jahre
Geplante Kapazität: 23.000 Zuschauer
Geplantes Wahrzeichen: ein Glockenturm

Sportpark Lankow

FC Mecklenburg Schwerin & Schweriner SC

100 Punkte für denjenigen, der aus dem Kopf die komplette Historie des Schweriner Fußballs fehlerfrei erzählen kann. Generell sind aufgrund der vielen Namensänderungen und Fusionen die Lebensläufe zahlreicher ehemaliger DDR-Vereine ziemlich verzwickt. Im Fall Schwerin wird das noch getoppt.

Auf der einen Seite gab es die SG Dynamo Schwerin (zuvor SG Deutsche Volkspolizei Schwerin), aus der 1991 der 1. FSV Schwerin (1990 im Europapokal der Pokalsieger dabei) wurde. Dieser schloss sich am 1. Juli 1997 dem FC Eintracht Schwerin an. Später wurde parallel dazu die SG Dynamo Schwerin neu gegründet.

Auf der anderen Seite wurde 1947 die SG Schwerin ins Leben gerufen. Über all die Jahre gab es einige Namensänderungen: BSG Vorwärts Schwerin (1949/50 DDR-Oberliga), BSG Einheit Schwerin, SC Traktor Schwerin, BSG Motor Schwerin, BSG Motor Kabelwerk Schwerin, SV Schweriner Kabelwerk. Von 1991 bis 1996 wurde als Schweriner SC in Verbands- und Landesliga gespielt. Von 1996 bis 2013 folgte die Zeit als FC Eintracht Schwerin. Dieser wurde 2012/13 nach 14 Partien aus der Verbandsliga zurückgezogen. Bereits 2009 wurde der Grundstein für den FC Mecklenburg Schwerin gelegt, 2013 wurden die Kräfte weiter gebündelt und Fakten geschaffen. Seit jenem Jahr wird unter diesem Namen in der Verbandsliga (2016 bis 2018 in der NOFV-Oberliga) gespielt.

Seit 2013/14 in der Landesklasse zu finden, ist zudem der Schweriner SC, der wie der FC Mecklenburg im Stadion Lankow spielt und sich ebenfalls 2009 an der Gründung des FC Mecklenburg beteiligt hatte. Zudem entstand 1991 die große Fußballteilung des Schweriner SC (siehe oberer Verlauf) dank der Fusion aus den besten Fußballern des Schweriner SC, des SV Kabelwerke, von Motor, von Trusioma, der ISG, des VfL und von Hydraulik Schwerin.

Verwirrend? Ja! Aktueller Stand: FC Mecklenburg und Schweriner SC spielen im Stadion Lankow, Dynamo Schwerin läuft (noch) im Sportpark Paulshöhe auf.

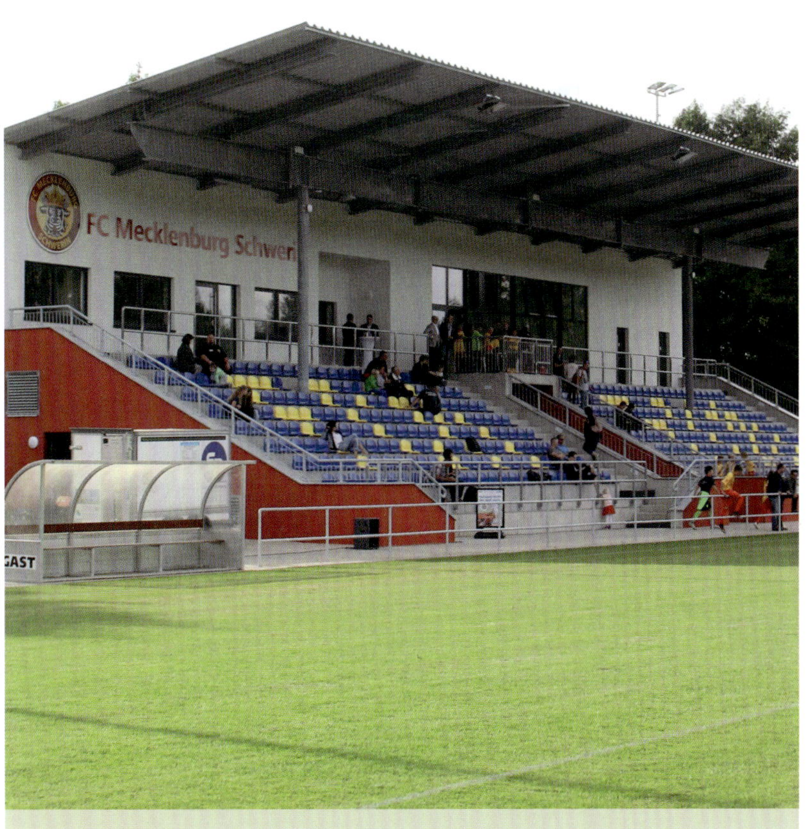

HARTE 4 FAKTEN

Adresse: Ratzeburger Str. 44, 19057 Schwerin

Baujahr: 2013

Kapazität: 1.500

Nutzer: Schweriner SC & FC Mecklenburg Schwerin

Schwerin 079

Lambrechtsgrund

Schwerin

Beim Rundflug über das Stadion Lambrechtsgrund kann man erkennen, wie harmonisch Stadion und die anliegenden, lang gestreckten Wohnbauten ineinander übergehen. An einer Seite eingerahmt von Bäumen wartet der Lambrechtsgrund auf neue Herausforderungen. Lang her sind die Zeiten, in denen die Ränge des weitläufigen Stadions mit der Rundlaufbahn gefüllt wurden. Einen Zuschauerrekord gab es am 13. Juli 1997 zu verzeichnen, als der FC Bayern München zu Gast beim FC Eintracht Schwerin (seit 2013 FC Mecklenburg Schwerin) war und rund 8.000 Fußballfreunde dabei sein wollten. Jancker (2x), Hamann und Scholl schossen damals die Tore für den deutschen Rekordmeister.

Aktuell sorgt das wuchernde Unkraut für Sorgenfalten bei manch einem Schweriner. Der FC Mecklenburg Schwerin und der Schweriner SC spielen in Lankow, die SG Dynamo Schwerin trägt (noch) ihre Heimspiele auf der Paulshöhe aus.

Errichtet wurde das Stadion Lambrechtsgrund von 1953 bis 1956, in den Folgejahren wurde die anliegende Sport- und Kongresshalle gebaut. Bespielt wurde das Stadion ab 1956 von der neu gegründeten Fußballsektion des SC Traktor Schwerin (später BSG Motor Schwerin).

Bevor der FC Mecklenburg Schwerin (seit 2009 bzw. 2013 unter diesem Namen) in den modernen Sportpark Lankow umzog, wurde im Lambrechtsgrund gespielt. Fast alle Heimspiele in der Verbandsliga-Saison 2013/14 wurden noch an alter Stätte ausgetragen, gegen Roggendorf wurde am 23. Mai 2014 erstmals in Lankow gespielt. In der Saison 2016/17 wurde noch einmal ins Stadion Lambrechtsgrund zurückgekehrt, da in Lankow eine neue Haupttribüne errichtet wurde.

Baumaßnahmen im Stadion Lambrechtsgrund wurden 2009 durchgeführt, damals wurde die Rundlaufbahn erneuert. Seit 1995 befindet sich neben dem Stadion auch das „Haus des Sports“, in dem der Landessportbund MV, der Olympiastützpunkt und die Betriebsgesellschaft mbH des Lambrechtsgrunds ihren Sitz haben.

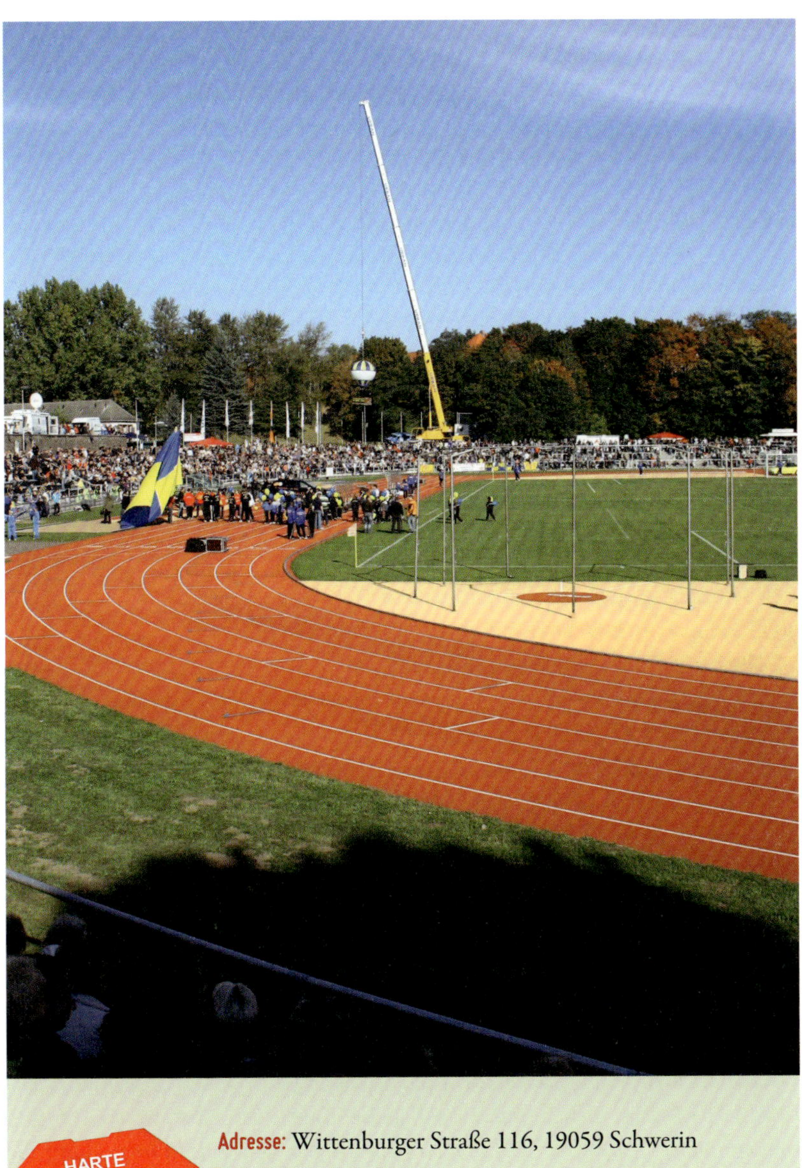

HARTE 4 FAKTEN

Adresse: Wittenburger Straße 116, 19059 Schwerin
Bauzeit: 1953 bis 1956
Kapazität: 10.000
Rekordkulisse: 8.000

Mutanten Sievershagen

Der Mythos vom Ostseepark

Gemeinsam zum Fußball fahren, Kosten sparen und zusammen Erfolge feiern. Sicherlich gibt es noch mehr gemeinsame Nenner, die eine Mitgliedschaft in einem Fanclub ausmachen. In den Zeiten des Internets hat man auch ziemlich schnell Namen dazu. Schnell ist der Kontakt hergestellt, wenn man sich nicht sowieso schon vom Bahnhof her oder aus dem Fanblock kennt. Letztere sind die alten Wege, um in einen Fanclub zu kommen. Denn Mitte der 90er hatte noch kein Fanclub einen Internetauftritt.

Es ist die Zeit, in der Sievershagen sportliche Erfolge feiern konnte. 1995 gelang dem Rostocker Vorortverein der Aufstieg in die Verbandsliga. Plötzlich schmückte auch ein Banner mit der Aufschrift „Mutanten Sievershagen" so manchen rostigen Stadionzaun im In- und Ausland.

Um es Außenstehenden zu erklären: „Mutanten" reiht sich in die Liste der Bezeichnungen für kräftige Fußballfans. Module, Schränke und Kanten sind ebenso als Jargon-Ausdrücke bekannte Begrifflichkeiten in diesem Zusammenhang. Ob Deutschland in Ungarn, Hansa auswärts oder mal Sievershagen bei attraktiven Gegnern, die Mutanten sind und waren ein reiselustiges Völkchen. Viel ist allerdings nicht überliefert außer größeren Auftritten beim SV Babelsberg 03 und Tennis Borussia Berlin in der ersten Oberligasaison 2003/04 des Sievershäger SV 1950.

„Sievershagen? Wo liegt das?", fragten viele. Schwierig war die Anreise. Mutanten bekam der Gästefan allerdings kaum zu sehen. Eine kleine Gruppe, die sich „Inferno" nannte, machte es sich gelegentlich auf dem Hügel des Sportplatzes Lambrechtshagen gemütlich. Die Legende um die Mutanten wuchs dennoch weiter. Es wurde von einem Fahnenklau bei einem Länderspiel berichtet. Nach nur einer Saison folgte der Abstieg, später ging der Sponsor. Derzeit ist die Landesklasse III der Stand der Dinge. Und die Mutanten? Der Mythos lebt. Ältere schwärmen von früher, während nebenbei schon die nächste Gruppe „Kennst du den Mythos vom Ostseepark?" anstimmt. Ein paar Mutanten soll man wohl noch beim F.C. Hansa antreffen.

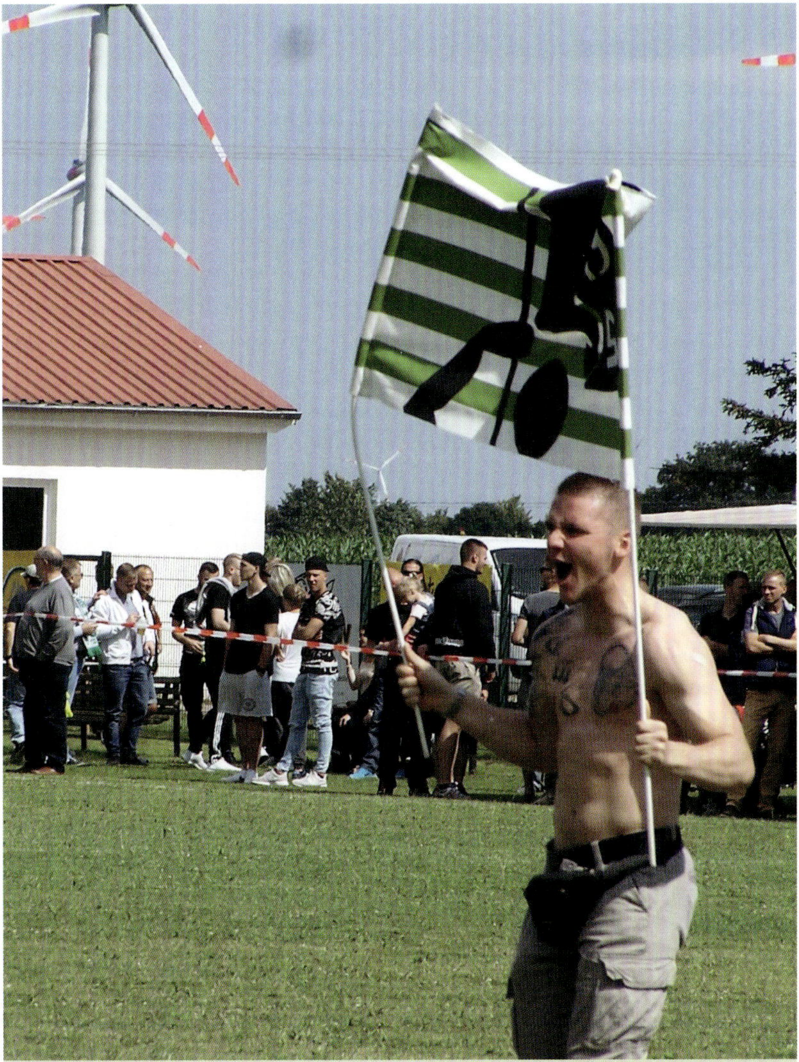

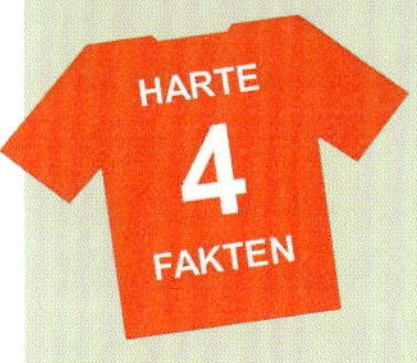

Adresse: Allershäger Straße 1A, 18069 Lambrechtshagen
Größter Erfolg: NOFV-Oberliga 2003/04
Derzeitige Spielklasse: Landesklasse III
Nicht zu verwechseln mit: SV Sievershagen 93 (Upahl)

Hansestadt Stralsund 081

FC Pommern Stralsund

Wenn ein Verein einfach so verschwindet ...

Man schrieb den 30. Mai 1971, als Schiedsrichter Heinemann das Spiel abpfiff und rund 6.000 Zuschauer den Aufstieg in die DDR-Oberliga feierten. Mit 3:1 hatte die Armeesportgemeinschaft (ASG) Vorwärts Stralsund den BFC Dynamo II bezwungen. Somit konnte sich die ASG gegen die Konkurrenten Wismar, Wolfen und Cottbus durchsetzen. Stralsund bekam in der Saison 1971/72 Erstligafußball zu sehen. Nach dem Oberliga-Abenteuer 1971/72 folgte 1974/75 eine weitere Saison im Fußballoberhaus. Zweimal wurde sich wacker geschlagen, zweimal reichte es jedoch nicht für den Klassenerhalt. Der große Schock erfolgte im Frühsommer 1989, als beschlossen wurde, die ASG Vorwärts Stralsund aufzulösen.

Nach äußerst wirren Wendejahren wurden die Karten am 29. März 1994 neu gemischt. Hans Eckert, Reinhard Klette und Dieter Frisch gründeten den FC Pommern Stralsund e.V., der nun als Nachfolger der ASG Vorwärts Stralsund das sportliche Erbe verwalten und die Kräfte bündeln sollte. Seit 2010 wurde dauerhaft in der Verbandsliga gespielt. Eine aktive Fanszene konnte sich etablieren, die immer wieder für Aufsehen und Furore sorgte. Ganz nach dem Motto „Klein aber fein" wurden immer wieder Aktionen durchgezogen.

Somit ist nicht verwunderlich, dass die aktive Fanszene auf die Barrikaden ging, als am 18. Oktober 2017 der Tod des FC Pommern Stralsund besiegelt wurde. Auf der Mitgliederversammlung wurde beschlossen, komplett im TSV 1860 Stralsund aufzugehen. Jegliches Aufbegehren der Pommern-Fans nutzte nichts, der Plan wurde durchgezogen. Am 9. Juni 2018 ging gegen den TSV Friedland das letzte Heimspiel im Stadion der Freundschaft (seit 2015 offiziell „Primus Immobilien Arena") über die Bühne. Verkauft wurden weiße T-Shirts mit der Aufschrift „FC Pommern Stralsund – 1994 bis 2018". „Ein letztes Mal FC Pommern Stralsund – In Stralsund nur wir!", kündigten die „Stralsunner Jungs" an. Es wurde ein Nachmittag der Trauer. Den Startplatz in der Verbandsliga übernahm der TSV 1860 Stralsund, von einem sportlichen Aufschwung ist jedoch noch nichts zu spüren.

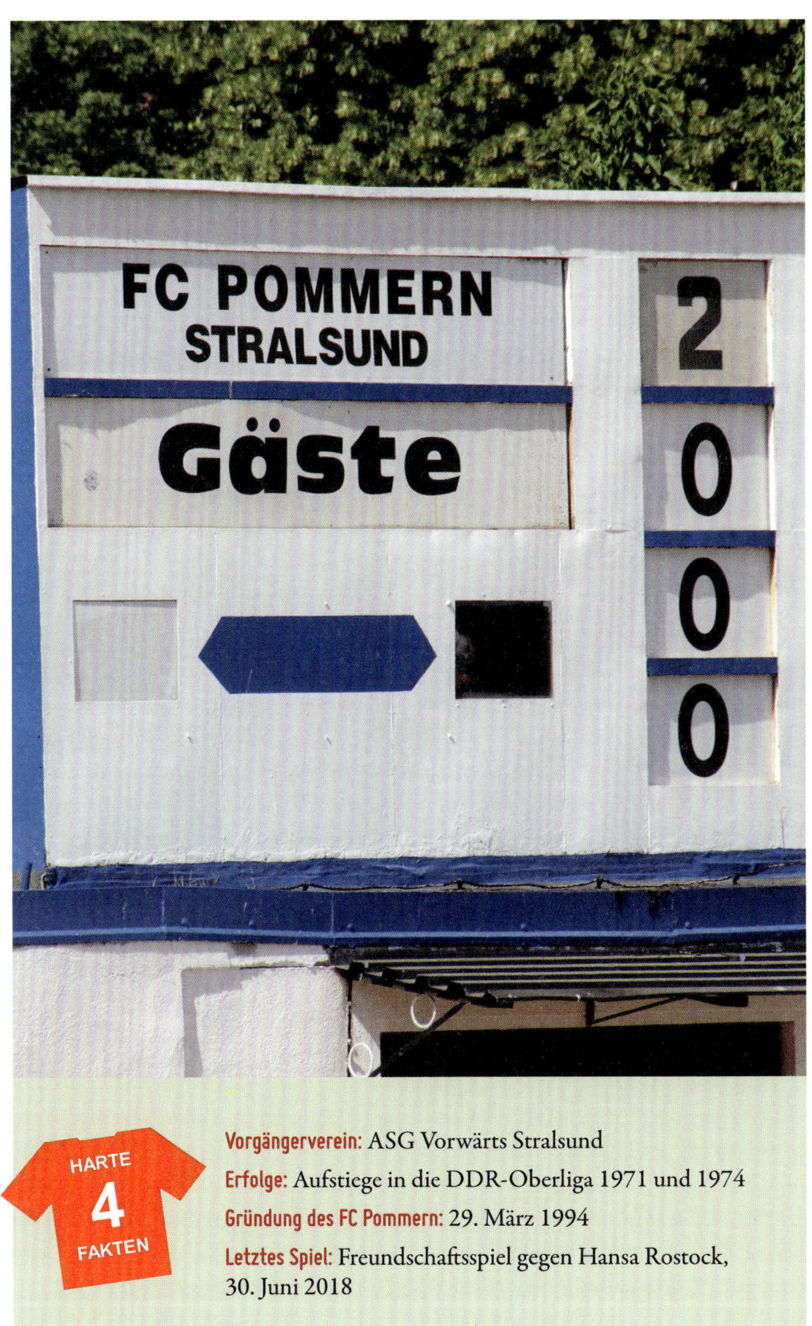

Vorgängerverein: ASG Vorwärts Stralsund

Erfolge: Aufstiege in die DDR-Oberliga 1971 und 1974

Gründung des FC Pommern: 29. März 1994

Letztes Spiel: Freundschaftsspiel gegen Hansa Rostock, 30. Juni 2018

Sportanlage an der Kupfermühle

Schwarz-graue Asche und 80 Jahre Geschichte

Im Juni 2018 bot sich vor dem allerletzten Heimspiel des FC Pommern Stralsund die Gelegenheit, der Sportanlage an der Kupfermühle in der Stralsunder Vorstadt einen Besuch abzustatten. In der Stadt ist einiges im Umbruch, und so sollten auf der altehrwürdigen, über 80 Jahre alten Anlage schon bald die ersten Bagger anrollen. Geplant ist ein kompletter Umbau zu einem modernen, vielseitig einsetzbaren Stadion. Noch boten sich viele nostalgische Fotomotive, es roch nach DDR-Zeit. Die alte verkrautete Rundlaufbahn bestand aus schwarz-grauer Asche, das Funktionsgebäude war quasi Stand 1980er Jahre. Mitten im Kraut waren auf der Gegengerade Fragmente der alten Ränge zu finden. Die Sportanlage an der Kupfermühle – ein Ort der Wehmut.

Derzeit genutzt wird der Platz vom ESV Lok Stralsund (1911 als Germania Stralsund gegründet, später dann 1925 Reichsbahn Turn- und Sportverein Stralsund und BSG Lokomotive Stralsund). Dieser wird ihn auch nach dem Umbau, der über neun Millionen Euro kosten wird, weiter nutzen dürfen. Zudem soll die Mehrzweckarena Schul- und Freizeitsport gleichermaßen beherbergen. Die erste Mannschaft des ESV Lok Stralsund spielt aktuell in der Kreisliga Nordvorpommern-Rügen. Aufgelaufen wird derzeit auf dem Sportplatz Dänholm (Zur Sternschanze). Kürzlich kamen gegen den SV Rambin 124 Zuschauer. Wer weiß, was sich noch alles tun wird, wenn Lok Stralsund an die modernisierte Kupfermühle zurückkehrt.

Eröffnet wurde die dortige Sportstätte mit ihren markanten Traversen am 9. Mai 1937 als „Reichsbahnkampfstätte“, doch bereits im Vorfeld wurden dort Sportveranstaltungen ausgetragen. Der Stralsunder Reit- und Fahrverein führte dort Turniere im Reitsport durch. Allerdings führte die schlechte Situation in der Landwirtschaft dazu, dass es diese Turniere recht bald nicht mehr gab. Der Reichsbahn-Turn- und Sportverein Germania von 1925 wurde ab dem 1. Dezember 1934 neuer Pächter und ließ das Stadion in der Folgezeit umbauen. Dass nun der ESV Lok Stralsund (vom derzeitigen Umbau mal abgesehen) dort beheimatet ist, passt daher wie die Faust aufs Auge!

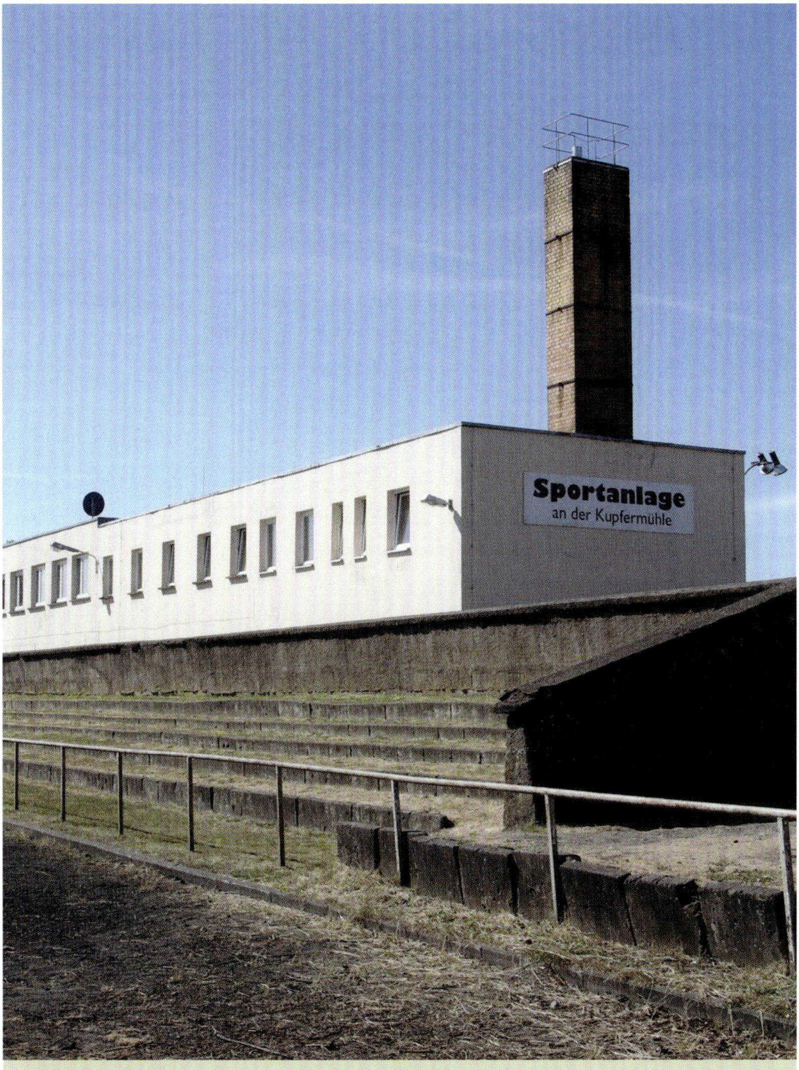

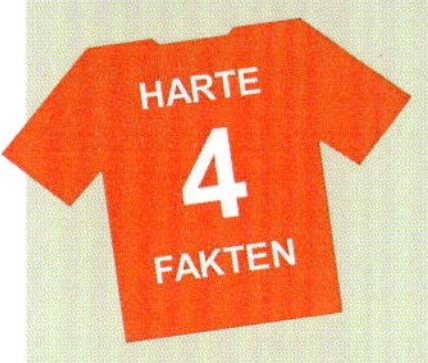

Eröffnung: 9. Mai 1937
Genutzt zuvor für: Turniere im Reitsport
Früherer Name: Reichsbahnkampfstätte
Beginn der Umbauarbeiten: Juli 2019

Hansestadt Stralsund 083

Jahnsportstätte

BSG Motor Stralsund / TSV 1860 Stralsund

Reichlich Tränen, als im Juli 2018 der 1994 ins Leben gerufene FC Pommern Stralsund (Nachfolgeverein von Vorwärts Stralsund) dem TSV 1860 Stralsund beitrat. Nach 24 Jahren verschwand der FC Pommern von der Bildfläche, die Kräfte sollen beim TSV 1860 Stralsund gebündelt werden. Wie auch an anderen zahlreichen Standorten gibt es keine feste Linien, und die Historie wird von Umbenennungen, Fusionen und Neugründungen geprägt. Der am 17. August 1990 neu ins Leben gerufene TSV 1860 Stralsund übernahm das sportliche Erbe der BSG Motor Stralsund und des am 17. August 1860 gegründeten Männer-Turnverein Stralsund.

Der größte Erfolg in der ersten Phase der Vereinsgeschichte: Die Teilnahme an der Aufstiegsrunde zur Gauliga Pommern im Frühjahr 1943. Als Meister der 1. Klasse Kreisgruppe A zogen die Stralsunder jedoch gegen WKG (Wettkampfgemeinschaft) Marine-Flakschule Swinemünde und WKG der BSG Hydrierwerke Pölitz den Kürzeren.

Nach Ende des Zweiten Weltkrieges rollte ab den 1950ern bei Motor Stralsund und seit Juli 1967 auch bei Vorwärts Stralsund der Ball. 1955 wurde die BSG Motor Stralsund Meister in der Bezirksliga und war 1956 in der Staffel Nord oder II. DDR-Liga dabei. In den sieben Folgejahren folgte ein Hin und Her zwischen Bezirksliga und II. DDR-Liga.

Die Saison 1962/63 war die achte und letzte Spielzeit der 1955 gegründeten II. DDR-Liga. Trotz Rang sechs in der Staffel 1 musste in der Saison darauf wieder in der Bezirksliga gespielt werden. 1967 musste Motor Stralsund vom Stadion der Freundschaft in die Jahnsportstätte umziehen (Delegierung von Vorwärts Rostock nach Stralsund).

Mit am Start in der DDR-Liga war Motor Stralsund in den Spielzeiten 1978/79 und 1983/84. Die Klasse konnte nicht gehalten werden, doch wurden 1983/84 dem Stadtrivalen Vorwärts immerhin zwei Unentschieden abgerungen. Nach der Wende übernahm Motor Stralsund zunächst die Spieler von Vorwärts, da der Träger des Vereins aufgelöst wurde. Als TSV 1860 Stralsund ging es 1990/91 in die letzte DDR-Liga-Saison, doch wurde die Mannschaft aufgrund finanzieller Probleme zurückgezogen.

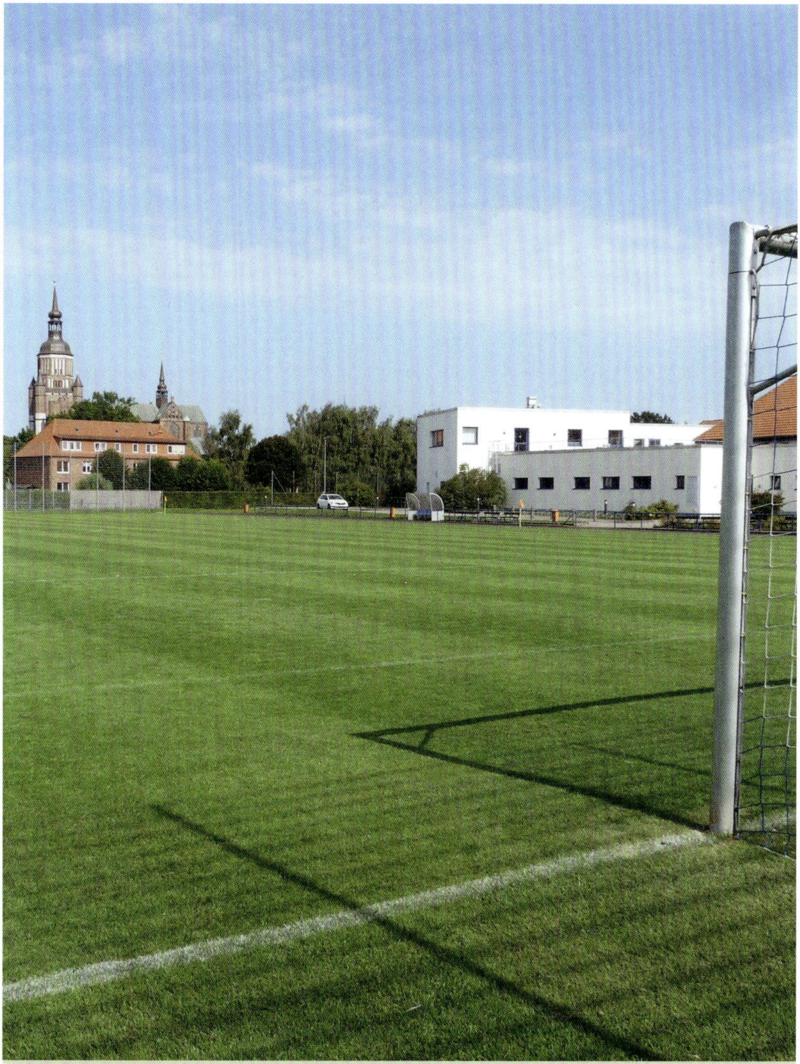

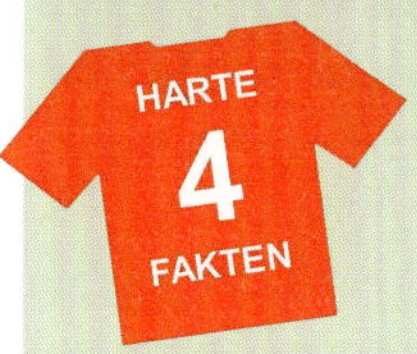

Adresse: Karl-Marx-Straße 11, 18439 Stralsund

Zuschauerkapazität: 2.000

Derzeitiger Nutzer: TSV 1860 Stralsund II

Besonderheit: vermutlich die älteste Sportstätte der Stadt

Recknitzstadion

TSV Einheit Tessin – Arbeitersport und Pokalgewinne

„Ich war im letzten Herbst in Tessin. Das war so wunderschön! Die Piazza della Riforma in Lugano muss man gesehen …" Moment mal, von der italienischsprachigen Region in der Südschweiz wollen wir aber nicht reden! Vielmehr soll es um die Stadt Tessin im Landkreis Rostock gehen – und um den dortigen Sportverein, der bereits im Jahre 1863 ins Leben gerufen wurde. Allerdings fanden sich erst Anfang der 1920er Jahre Fußballer zusammen, um regelmäßig zu spielen. Parallel dazu wurde 1922 der Verein in Tessiner Arbeiter-Sportverein (ATV) umbenannt. Sechs Jahre später wurde der Tessiner Sportplatz fertig gestellt. Unmittelbar nach dem Machtantritt der Nationalsozialisten wurde der ATV verboten, der Fußball wurde fortan bei zwei anderen Vereinen in Tessin rollen gelassen. Und auch nach dem Zweiten Weltkrieg sollte es vorerst mit Empor und Traktor Tessin zwei Vereine geben, die miteinander stark rivalisierten.

Nachdem 1955 die Tessiner Sportanlage erneuert und in Recknitzkampfbahn umbenannt wurde, erfolgte drei Jahre später der Zusammenschluss von Empor und Traktor. Als BSG Einheit Tessin wurde nun gemeinsam gespielt, 1962 gelang der Aufstieg in die Bezirksliga, allerdings ging es kurze Zeit später wieder runter in die Bezirksklasse. Zwei Jahrzehnte später gab es einen erneuten Anlauf in der Bezirksliga, doch auch 1984 folgte in der Staffel West als Tabellenletzter der Abstieg.

Nach dem Fall der Mauer wurde aus der BSG ein TSV. Der aktuelle Stand der Dinge ist die Landesklasse, in der seit 2014/15 gespielt wird. Gern erinnern sich die Fußballfreunde in Tessin an die regionalen Vereinspokalgewinne 2003 in Barth und 2004 in Sanitz. Damals unterstützten zahlreiche Fans die Mannschaft, und im Anschluss gab es sogar einen Korso durch die Stadt Tessin.

Wer einmal im 1998/99 sanierten Recknitzstadion vorbeischauen und im Vereinsheim ein Bierchen schlürfen möchte, der kann von Rostock aus problemlos mit der Regionalbahn anreisen: Nur ein Katzensprung!

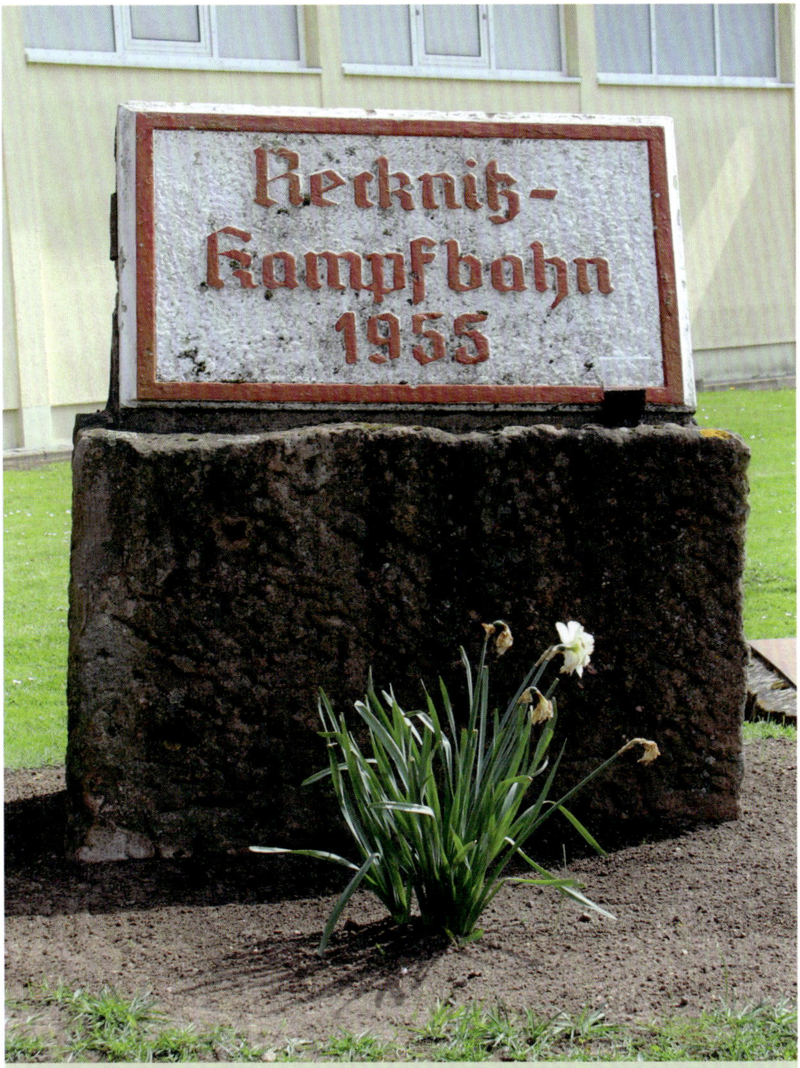

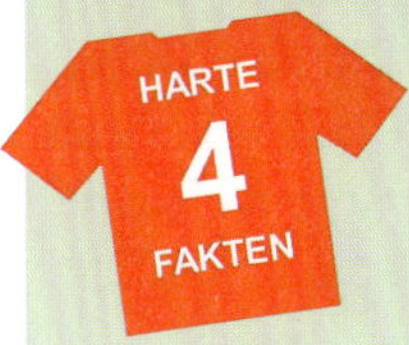

Gründung des Vereins: 1863
Arbeitersport: von 1922 bis 1933
Spielstätte: Recknitzkampfbahn
Derzeitige Spielklasse: Landesklasse

FC Vorwärts Teterow / SV Teterow 90

Arbeitersport und Ausflug in die II. DDR-Liga

Im Jahre 1907 wurde in der Bergringstadt Teterow der Verein Germania ins Leben gerufen, fünf Jahre später wurde Obotritia Teterow gegründet. 1920 kam der FC Vorwärts Teterow hinzu, der dem Arbeiter-Turn- und Sportbund (ATSB) angeschlossen war und 1925/26 seinen ersten Landesmeistertitel einfahren konnte. Vier Jahre darauf konnte dieser sportliche Erfolg wiederholt werden. Als FSV Vorwärts Teterow folgte kurz vor der Zwangsauflösung noch der Mecklenburgische Meistertitel. Nach 1933 rollte schließlich nur noch beim Stadtrivalen Obotritia Teterow der Ball.

Komplett die Karten neu gemischt wurden nach dem Zweiten Weltkrieg. Bis 1950 wollte die SG Vorwärts Teterow an den ATSB-Vorkriegsverein anknüpfen, 1951 wurden die Kräfte in der BSG Lokomotive Teterow gebündelt. Ein Zusammenschluss mit den kleineren Vereinen Motor und Empor erfolgte am 22. April 1958.

Von nun an wurde als BSG Einheit Teterow Fußball gespielt – und das anfangs durchaus erfolgreich. So spielte Einheit Teterow in der Saison 1960 in der Staffel 1 der II. DDR-Liga (dritthöchste Spielklasse). Gemeinsam mit Fortschritt Neustadt-Glewe und Einheit Ludwigslust musste jedoch wieder der Weg nach unten angetreten werden. In der Qualifikationsrunde der FDGB-Pokal-Saison 1961/62 scheiterte Einheit Teterow mit 1:6 an der BSG Motor Schönebeck. Bis 1968 wurde in der Bezirksliga gespielt, 1971 erfolgte der Absturz. In der Folge wurde sich jedoch wieder hochgearbeitet in Bezirksklasse und Bezirksliga. 1984 wurde der Verein in BSG Motor Teterow umbenannt, am 24. Juli 1990 entstand schließlich der heutige SV Teterow 90 e.V.

In der jüngeren Vergangenheit konnte Teterow bis zum Abstieg 2007 in der Landesliga spielen, 2012 gelang als souveräner Meister vor dem SV Burg Stargard 90 die Rückkehr. Allerdings wurde die Spielzeit 2012/13 ein Desaster. Mit gerade einmal sieben Punkten ging es wieder runter in die Landesklasse, in der seitdem nonstop gespielt wurde.

Sehenswert ist auf jeden Fall das weitläufige Bergring-Stadion mit seinen begrünten Rängen und Sitzbänken, das östlich der Innenstadt liegt.

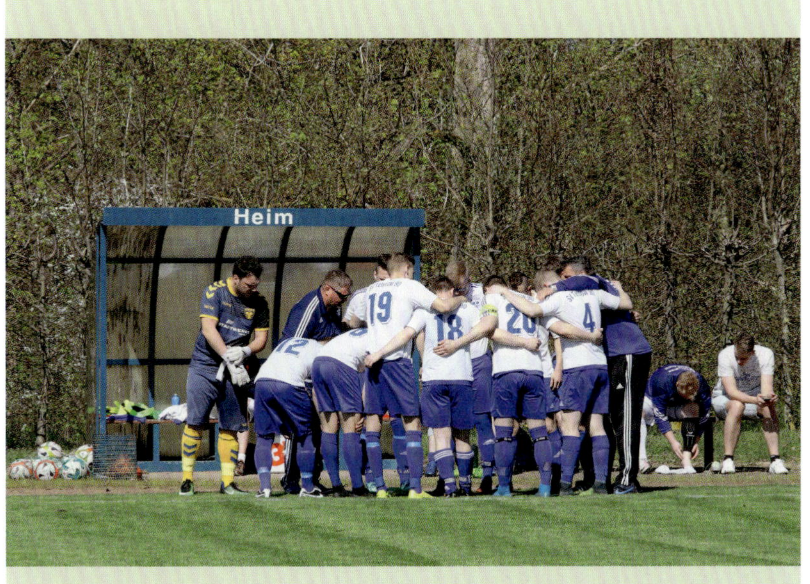

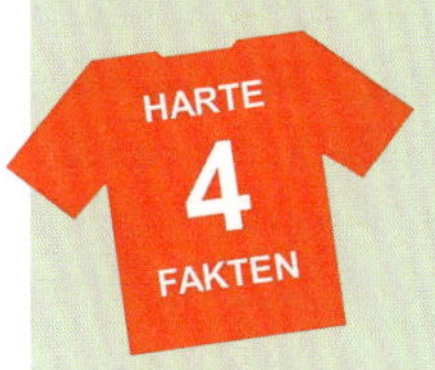

Gründung des SV Germania Teterow: 1907

II. DDR-Liga: 1960

Teilnahme am FDGB-Pokal: 1961/62

Berühmter Spieler: Gerd Kische

Bergring-Stadion in Teterow

Gerd Kische – der Weg zu einem der größten Hansa-Spieler

Denkt man an die erste aufregende Bundesliga-Saison 1991/92 des F.C. Hansa Rostock, so wird vielen der Name Gerd Kische einfallen. Kische wurde 1991 zum Präsidenten des F.C. Hansa gewählt und führte diesen durch die überaus stürmischen Gewässer der ersten gesamtdeutschen Spielzeit. Kritik musste er im März 1992 einstecken, als er den beliebten Trainer Uwe Reinders entließ. Im September 1993 gab Gerd Kische das Präsidentenamt auf, arbeitete jedoch bis März 1995 als Manager des FCH weiter. Keine Frage, mit den Verpflichtungen der Spieler Matthias Breitkreutz und Stefan Beinlich hatte er den Grundstein für die Rückkehr in die 1. Bundesliga gelegt.

Auch als Spieler hatte sich Gerd Kische einen Namen gemacht. Von August 1970 bis Mai 1981 absolvierte er 248 Ligaspiele (23 Tore) im Trikot mit der Kogge auf der Brust. Hinzu kamen 32 Spiele im FDGB-Pokal (drei Tore).

Wo alles begann? In der Stadt Teterow, die vor allem für den Motorsport berühmt ist. Bereits in den 1920er-Jahren wurden am Bergring die ersten Motorrad-Rennen durchgeführt. Als kleines Kind lernte der am 23. Oktober 1951 geborene Gerd Kische das Fußballspielen bei der BSG Einheit Teterow, die heute SV Teterow 90 heißt und im Bergring-Stadion beheimatet ist. Im Alter von neun Jahren wechselte er zum Fußball-Leistungszentrum des Bezirks Neubrandenburg. 1969 wurde Kische in den Kader der DDR-Junioren-Nationalmannschaft aufgenommen und bestritt mit der Juniorenauswahl 19 Länderspiele. Später sollten 63 Länderspiele im Dress der DDR-Nationalmannschaft folgen. 1970 wurde er von der BSG Post Neubrandenburg zum F.C. Hansa Rostock delegiert. Gerd Kische, der die 100 Meter in stolzen 10,7 Sekunden laufen konnte, wurde Stammspieler in der Abwehr des DDR-Oberligisten. Sein letztes Spiel absolvierte er am 30. Mai 1981 im Ostseestadion vor rund 12.000 Zuschauern. Zu Gast war die BSG Sachsenring Zwickau, und in der 90. Minute erzielte Kische vom Elfmeterpunkt aus den Ehrentreffer zum 1:3.

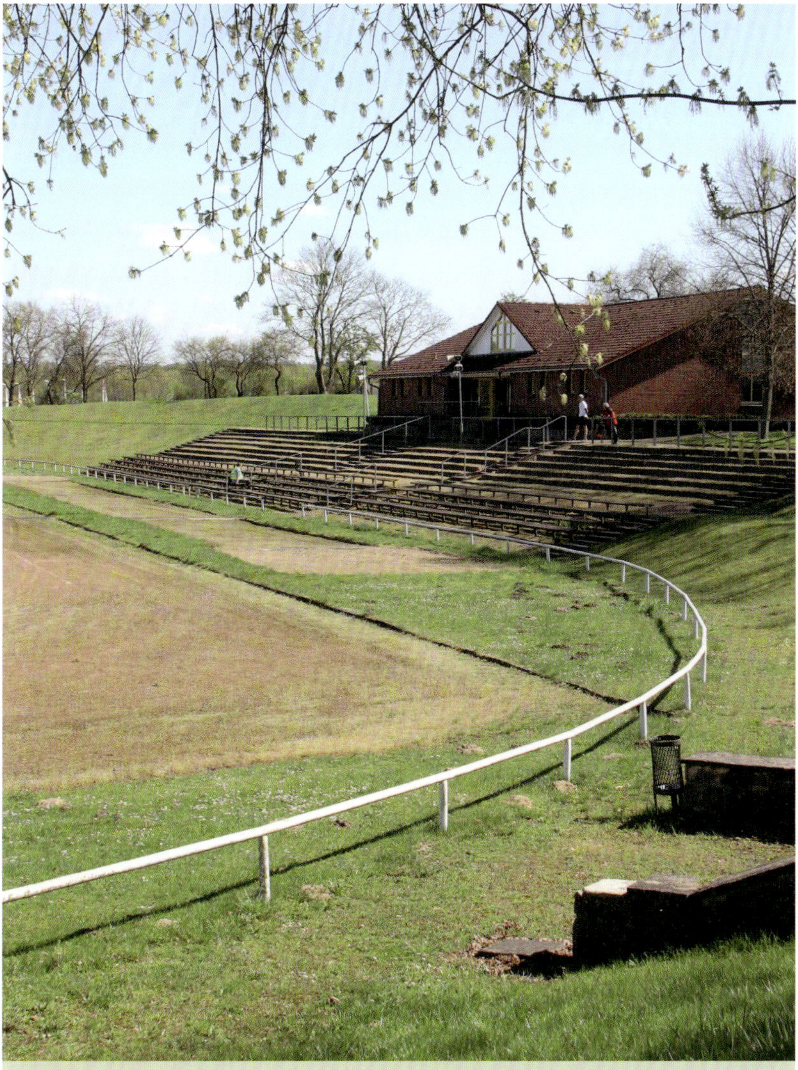

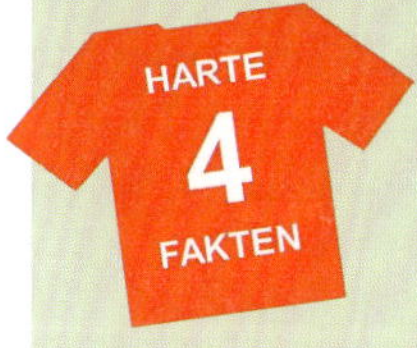

Geboren: 23. Oktober 1951 in Teterow

Als Kind gespielt bei: BSG Einheit Teterow

Erstes Oberligaspiel für Hansa Rostock: 23. August 1970

Größter Erfolg: Olympische Goldmedaille in Montreal 1976

Torgelow 087

Spartakusstadion

Uecker-Randows Aushängeschild

Der ehemalige Landkreis Uecker-Randow ist zugegeben ein dünn besiedeltes Gebiet. Die Anzahl an Städten hält sich in Grenzen. Die ehemalige Kreisstadt Pasewalk steht seit jeher im Schatten der Fußballhochburg Torgelow. Hier wird seit 1919 (FC Greif Torgelow) gegen den Lederball getreten. Die Wiege des Fußballsports in Torgelow ist der heutige Heidesportplatz am nördlichen Stadtrand. Der Name leitet sich von der Ueckermünder Heide ab. Unweit von dieser Stätte befindet sich ein wenig westlicher das Spartakusstadion, das heute Gießereiarena genannt wird. Spartakus und Gießerei beschreiben die Eigenheiten der Vorgänger des heutigen Torgelower FC Greif ganz treffend. Rot-Sport Torgelow war den Nationalsozialisten ein Dorn im Auge, weshalb der Fußballsport etwas ins Straucheln geriet.

In der sowjetischen Besatzungszone und DDR wurde allerdings wieder durchgestartet. Ab den 1960er-Jahren pendelte Torgelow als BSG Nord Max Matern Torgelow zwischen der zweiten und dritten Liga hin und her. Der Beiname bezieht sich auf den volkseigenen Betrieb „Max Matern", eine Eisengießerei. Deren Tradition ist noch länger als die des Fußballsports und hält bis heute an. Somit erklärt sich die Gießereiarena.

Die Torgelower Fußballfarben wechselten dagegen kunterbunt. Nachdem man sich schon seit der DDR-Zeit mit der pommerschen Kombination Blau-Weiß-Rot angefreundet hatte, setzte sich ein Sponsor durch und ließ alles in Schwarz-Gelb umwandeln. Schon als blau-weiß-roter TSV in gesamtdeutscher Zeit wurde im schwarz-gelben Dress gespielt. Sogar in der Hymne heißt es „Die Erde färbt sich schwarz und gelb und lässt die Greifen auferstehen." Die Farben brachten Glück und führten die Greifen im 21. Jahrhundert in die Regionalliga (4. Liga) und in den DFB-Pokal. 2009 ging es passend zu den Trikotfarben gegen Alemannia Aachen (1:4). Ein Jahr später zog Torgelow dann den Hamburger SV mit Frank Rost, Armin Veh und Ruud van Nistelrooy (1:5). Seit 2014 sind die Klub-Farben offiziell die der Biene Maja. Aktuell gespielt wird seit 2017 in der Nordstaffel der NOFV-Oberliga.

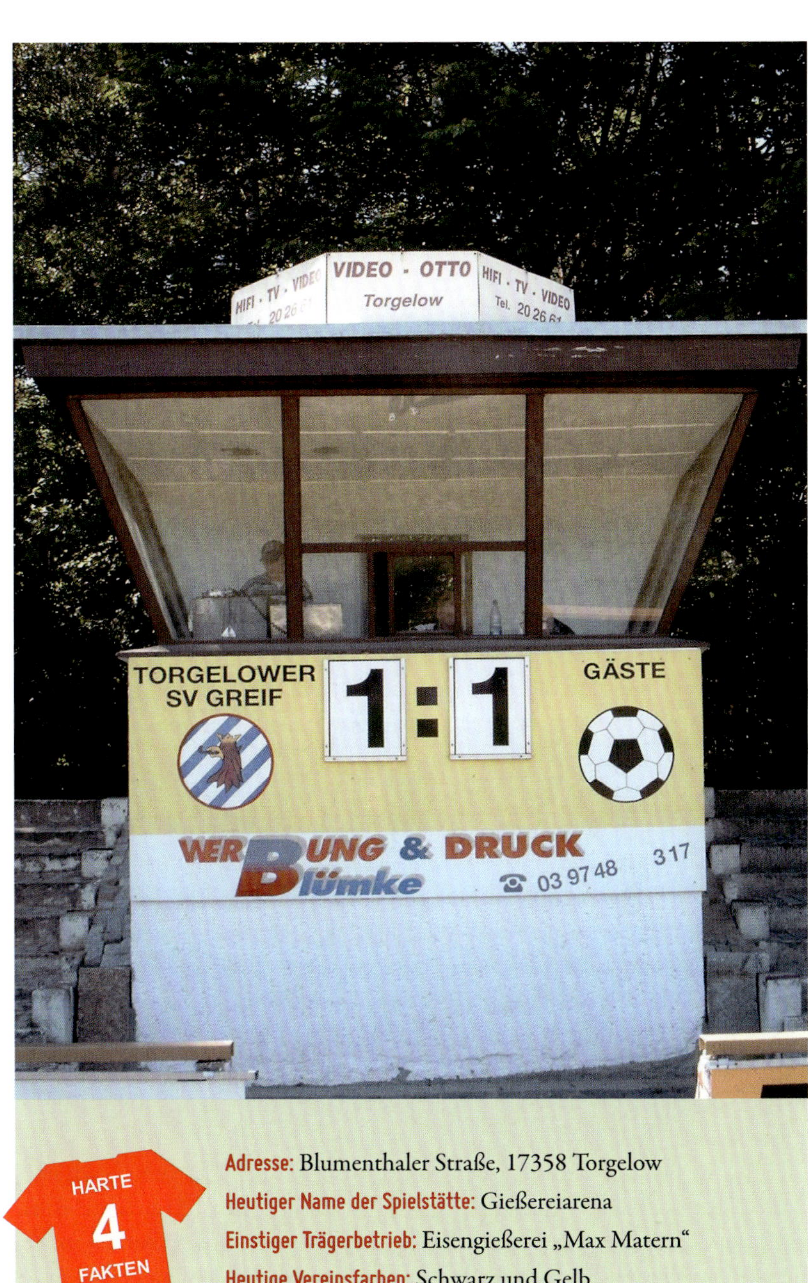

HARTE 4 FAKTEN

Adresse: Blumenthaler Straße, 17358 Torgelow

Heutiger Name der Spielstätte: Gießereiarena

Einstiger Trägerbetrieb: Eisengießerei „Max Matern“

Heutige Vereinsfarben: Schwarz und Gelb

Trinwillershagen 088

BSG Rotes Banner Trinwillershagen

Das Zweitliga-Dorf im DDR-Fußball

Die DDR brachte viele spektakuläre Vereinsnamen hervor. BSG Fleischwaren Gotha, BSG Kali Werra Tiefenort, BSG Halbleiterwerk Frankfurt (Oder) und noch viele andere lösen bei allen Fußballfreunden, die mit dem ehemaligen sowjetischen Bruderstaat bisher noch nicht so viel zu tun hatten, sehr wahrscheinlich doch erhöhte Verwunderung aus. Von den ungewöhnlichen Namen schaffte es die BSG „Rotes Banner" Trinwillershagen auf dem Gebiet des heutigen Bundeslandes Mecklenburg-Vorpommern sportlich am höchsten hinauf.

Das Dorf zwischen Stralsund und Ribnitz-Damgarten ist seit jeher auf Sport getrimmt. Neben Fußball wäre hier auch noch der Reitsport zu erwähnen. Der größte Erfolg der BSG „Rotes Banner" (der Name einer LPG) war das Erreichen der zweithöchsten Spielklasse der DDR. Im ersten Jahr (1976/77) reichte es gerade noch so für den Klassenerhalt, obwohl die Konkurrenten schon ziemliche Hausnummern waren. In der Liga tummelten sich u. a. namhafte Mannschaften wie KKW Greifswald, Dynamo Schwerin oder Vorwärts Stralsund. Im Jahr danach stieg das „Rote Banner" wieder eine Liga tiefer in die Bezirksliga ab. Nun fegten wieder kleinere Namen und Zweitvertretungen (Traktor Behrenhoff, Vorwärts Stralsund II, KKW Greifswald II, Einheit Grimmen) über den Rasen am alten Park. In manchen Listen wird dem Sportplatz eine hohe Kapazität zugewiesen. 5.000 mögen auch heute noch einen Platz finden, doch vom Spiel könnten nur wenige etwas sehen, denn es ist ein ganz stinknormaler Platz, der zwar weitläufig ist, sogar keine Abgrenzung vorweisen kann, allerdings seinen wenigen Zuschauern beim Nachfolger SV Rot-Weiß Trinwillershagen nicht einmal ein Tribünchen bietet.

Brachte der Verein unter dem sozialistischen Rot bei der Geschichte auch einen namhaften Spieler hervor? Ja! Eckhardt Alms. Er brachte es auf ein paar Oberliga-Spiele für den F.C. Hansa Rostock und zu Auftritten bei den DDR-Junioren. Bekannter ist sein Bruder Gernot, der länger für Hansa kickte, Sänger war und sogar ein Hansa-Vereinslied sang.

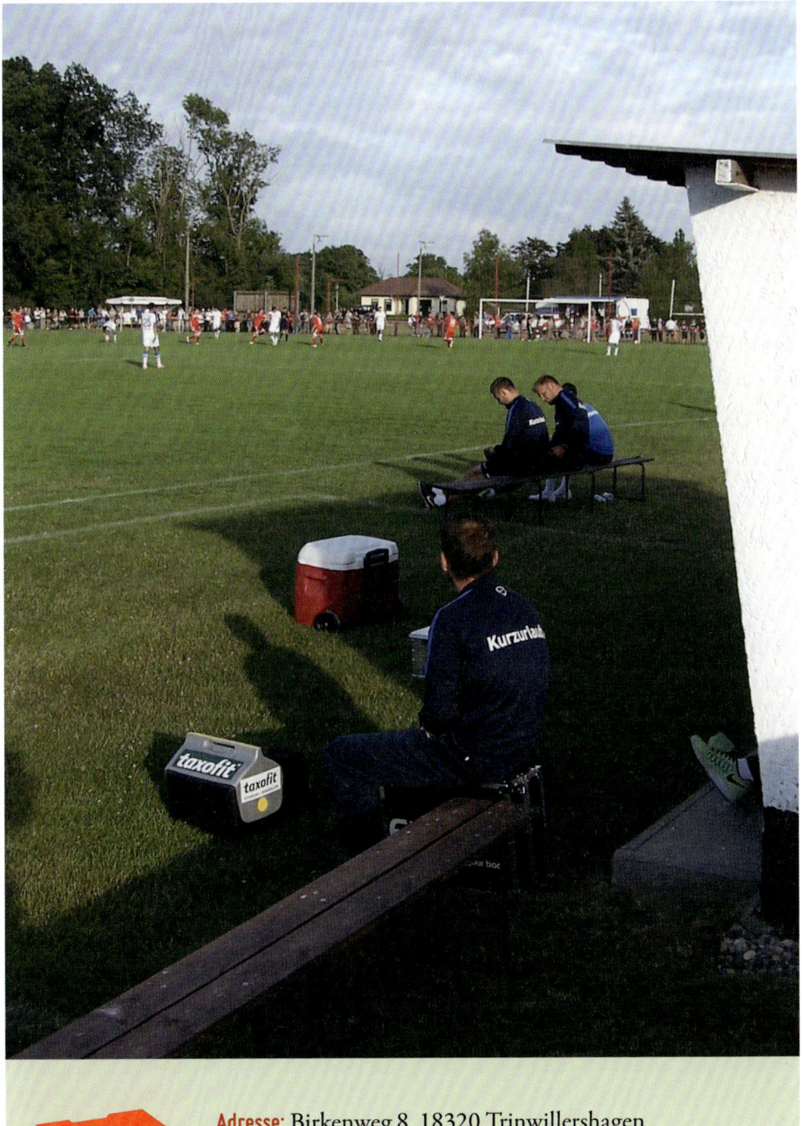

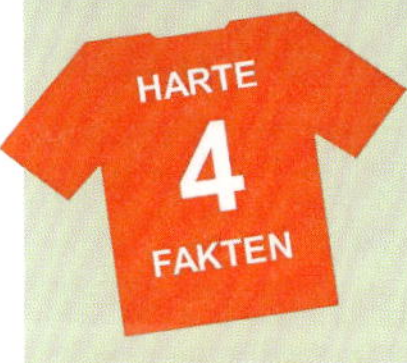

Adresse: Birkenweg 8, 18320 Trinwillershagen
Namensgeber: Die LPG „Rotes Banner“
DDR-Liga: 1976 bis 1978
Verewigt im: Buch „Zonenfußball“ von Frank Willmann

Ueckermünde 089

FSV Einheit 1949 Ueckermünde

Dauergast in der Bezirksliga Neubrandenburg

Es soll Leute geben, die bezeichnen Ueckermünde als schönste Stadt in Vorpommern. Und in der Tat gibt es in der Stadt am Stettiner Haff einiges zu besichtigen. Der kleine Bootsfriedhof zeigt, dass hier Fisch schon immer von Bedeutung war. Eine gut erhaltene Altstadt, das pommersche Residenzschloss, der Tierpark, das Strandbad und nicht zuletzt das Waldstadion, welches mit der grünen, hölzernen Haupttribüne einen echten Hingucker besitzt, laden zum Besichtigen ein.

600 Zuschauer strömten am 14. Juni 2014 ins Waldstadion. Ein Sieg gegen den FSV Blau-Weiß Greifswald, – und der Aufstieg in die Verbandsliga wäre in trockenen Tüchern. Die Mannschaft des FSV Einheit 1949 Ueckermünde ließ sich nicht lumpen und fuhr einen 5:0-Sieg ein, und der Bürgermeister spendierte zwei Fässer Bier. Das Abenteuer Verbandsliga konnte beginnen, zum ersten Heimspiel gegen den VFC Anklam kamen immerhin 330 Zuschauer ins Waldstadion.

Als BSG Einheit Ueckermünde gehörte der Verein im Jahre 1952 zu den Gründungsmitgliedern der eingeführten Bezirksliga Neubrandenburg. In dieser blieb die BSG Einheit Ueckermünde Dauergast, ganze 29 Spielzeiten war Ueckermünde dabei, in der ewigen Tabelle ist der Verein auf Rang acht zu finden.

1958, 1968 und 1972 verpasste die BSG Einheit Ueckermünde jeweils als Tabellenzweiter den Aufstieg in die II. DDR-Liga bzw. DDR-Liga denkbar knapp. Am FDGB-Pokal konnte 1959 und 1960 teilgenommen werden. In der Qualifikationsrunde wurde 1959 die BSG Warnowwerft Rostock mit 1:0 geschlagen, in der ersten Hauptrunde war jedoch Vorwärts Berlin (0:6) eine Nummer zu groß. Im Jahr darauf hatte es Einheit Ueckermünde mit der BSG Motor Stralsund zu tun. Nachdem es am Ende 2:2 hieß, musste in Stralsund ein Wiederholungsspiel her. Dieses ging dann verloren, das genaue Ergebnis ist jedoch nicht mehr zu ermitteln.

Noch vor dem Mauerfall stieg Einheit Ueckermünde am Ende der Saison 1988/89 als Tabellenletzter in die Bezirksklasse ab. Ein Vierteljahrhundert später gelang die Rückkehr in höhere Fußballgefilde.

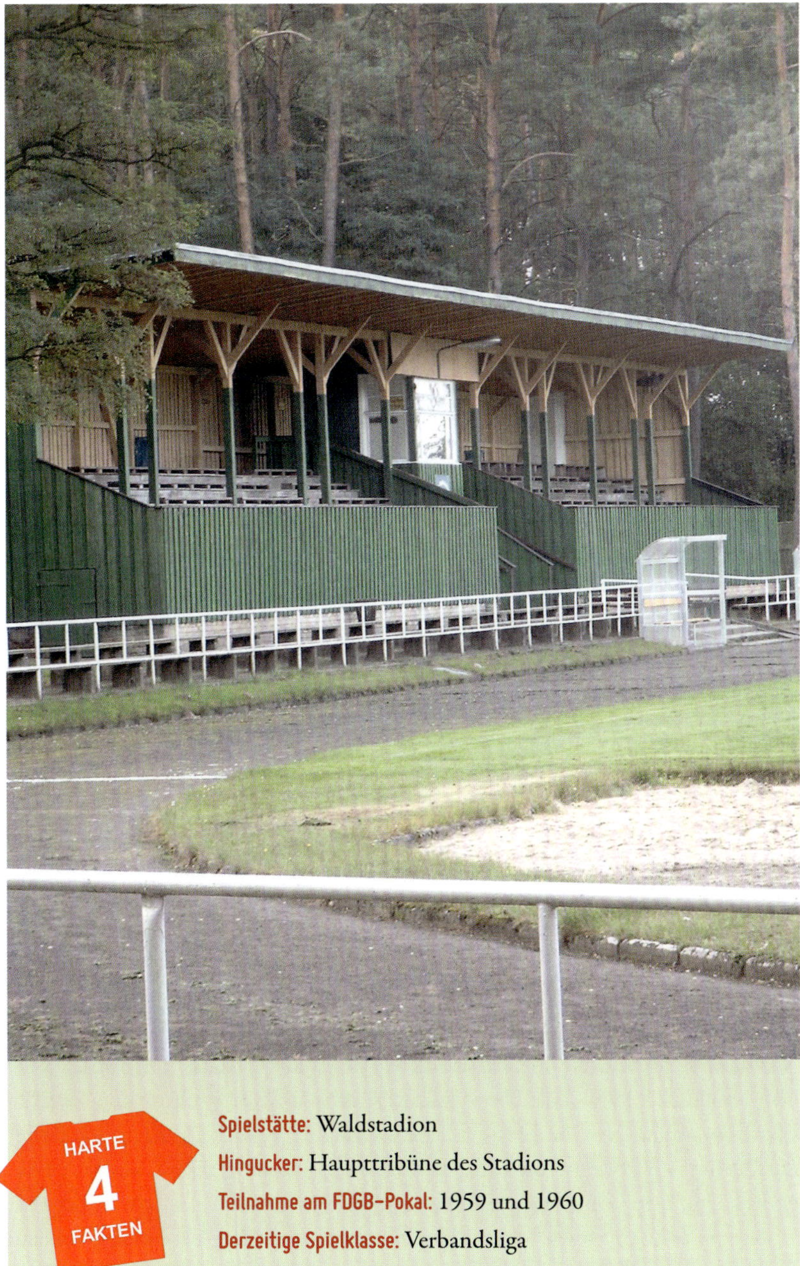

HARTE 4 FAKTEN

Spielstätte: Waldstadion

Hingucker: Haupttribüne des Stadions

Teilnahme am FDGB-Pokal: 1959 und 1960

Derzeitige Spielklasse: Verbandsliga

SV Sturmvogel Völschow

Voran im Zeichen des Procellariidae

Möchte man sich über Sturmvögel (Procellariidae) informieren, so ist es wichtig, bei der Suche „Sturmvögel" und nicht „Sturmvogel" einzugeben, ansonsten gelangt man sogleich zu einem rechten Jugendverband, und um diesen soll es hier nicht gehen. Die echten Sturmvögel werden indes als Familie innerhalb der Röhrennasen geführt. Zu den Sturmvögeln gehören die Sturmtaucher, die Walvögel, die Hakensturmtaucher und die Möwensturmvögel. Zur letztgenannten Gruppe gehört der Eissturmvogel, der im Gegensatz zu seinen Verwandten auch nördlich des Äquators vorkommt.

Nach der Allgemeinbildung nun zum Fußball. In Mecklenburg-Vorpommern gibt es zum einen den SV Sturmvogel Lubmin und zum anderen den SV Sturmvogel Völschow. Während sich das Ostseebad Lubmin zwischen Peenemünde und Greifswald befindet, liegt Völschow weiter im Landesinnern zwischen Jarmen und Breest, grober gesagt zwischen Greifswald und Neubrandenburg.

Während der SV Sturmvogel Lubmin in der Landesklasse II spielt, muss der SV Sturmvogel Völschow in der Kreisoberliga Mecklenburger Seenplatte kleinere Brötchen backen. In diese ist Völschow am Ende der Kreisliga-Saison 2012/13 aufgestiegen. Mit einem 9:4-Sieg gegen Kickers Jus 03 II wurde am 22. Juni 2013 der Sack zugemacht. Die anderen Sturmvögel aus Lubmin spielten bereits zu jenem Zeitpunkt in der Landesklasse II. Sechs Jahre zuvor konnte Völschow knapp den Absturz in die Kreisklasse vermeiden. Am letzten Spieltag gelang gegen den SV Blau-Weiss 48 Basedow einer der sechs Saisonsiege, welcher den vorletzten Platz sicherte.

Nicht schlecht verlief die zurückliegende Saison 2018/19. Hinter dem SV Concordia 1919 Zarnekow belegte Sturmvogel Völschow den zweiten Platz, der Aufstieg in die Landesklasse wurde knapp verfehlt. Ziemlich sicher hätten dann Völschow und Lubmin in einer Klasse gespielt, sodass es ein echtes Duell der Sturmvögel gegeben hätte. Ein Besuch auf dem Sportplatz Völschow lohnt in jedem Fall. Zum einen hat der Platz eine kleine schmucke überdachte Tribüne, zum anderen kommen bei reizvollen Partien bis zu 150 Zuschauer.

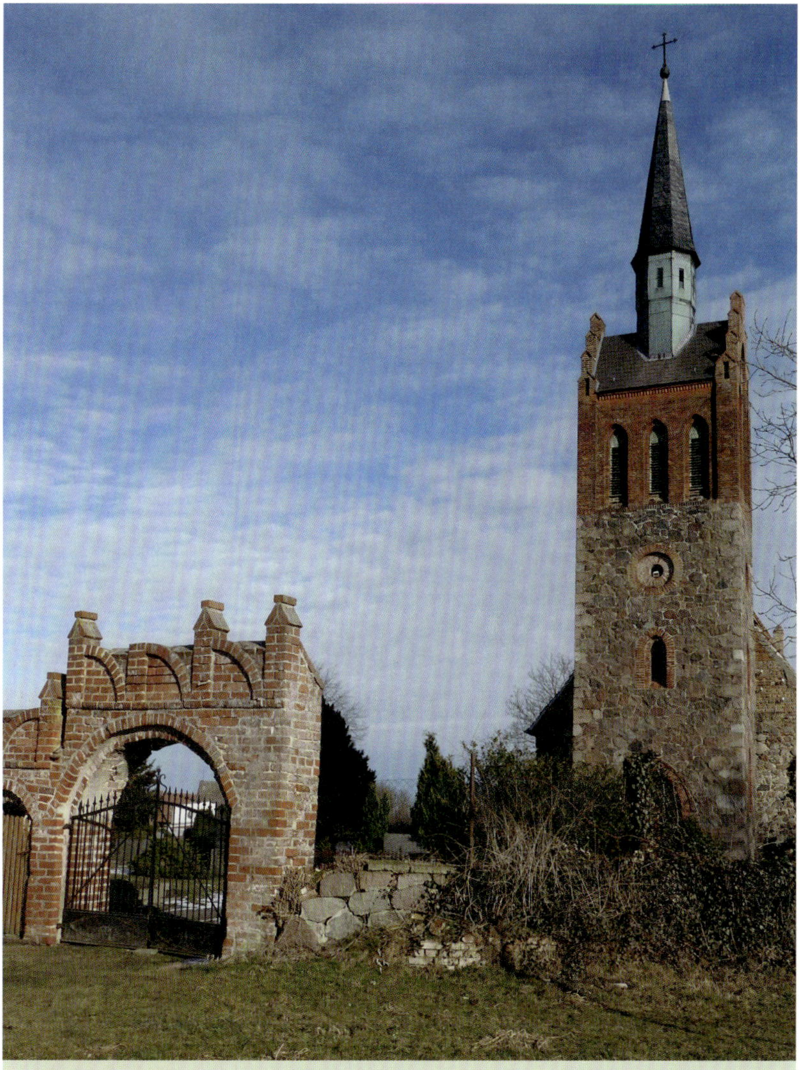

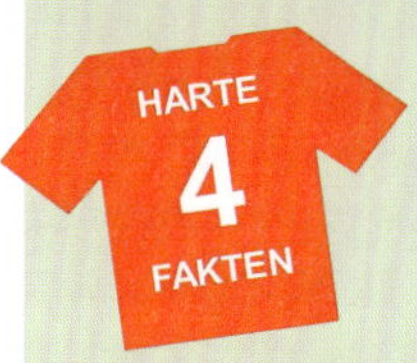

Lateinischer Name für Sturmvogel: Procellariidae

Weiterer Sturmvogel-Verein: SV Sturmvogel Lubmin

Zuschauer bei Sturmvogel Völschow: bis zu 150

Derzeitige Spielklasse: Kreisoberliga

Waren (Müritz) 091

SV Waren 09

Unterwegs in den Farben Mecklenburgs ...

Als am 17. November 2012 in der NOFV-Oberliga Nord der SV Waren 09 zu Gast beim BFC Dynamo im Sportforum Hohenschönhausen war, musste ich unweigerlich an meinen langjährigen Freund Karsten denken, der in Waren (Müritz) geboren wurde. Die Jungs von der Müritz wurden mit 6:1 vom Platz gefegt, am Ende der Saison ging es wieder runter in die Verbandsliga.

Bemerkenswert: Als Karsten (1974) und ich (1973) geboren wurden, hatte der Verein als BSG Verkehrsbetriebe Waren seine sportliche Blütezeit. Sowohl 1972/73, als auch 1974/75 wurde in der DDR-Liga gespielt, doch in beiden Spielzeiten stieg Waren als Tabellenletzter ab.

Gegründet wurde der Verein im Jahre 1909 als Warener FC 1909, bereits im Folgejahr wurde der Spielbetrieb aufgenommen. 1920 wurde der Arbeiterfußballverein Freie Spielvereinigung Waren gegründet. Duelle mit dem bürgerlichen Verein Warener FC 1909 wurden jedoch untersagt.

Nach dem Zweiten Weltkrieg wurde der Verein – wie landesweit üblich – neu gegründet, und es folgten zahlreiche Namensänderungen. Fortan gespielt wurde als SG Waren, BSG Empor Waren, Empor Bau Waren, Aufbau Waren, Lok/Bau Waren und BSG Lok Waren-Rethwisch. Der Kreativität in Sachen Zusammensetzung waren in Waren (Müritz) keine Grenzen gesetzt.

In den 1960ern wurde als Lok Waren in der II. DDR-Liga gespielt. Ab 1966 wurde schließlich als BSG Verkehrsbetriebe (VB) Waren weitergekickt. Diesen Namen behielt der Verein bis zur Wende, 1990 erfolgte die Namensänderung in SV Waren 09. Nachdem sich in den 1990ern hochgearbeitet wurde, wurde der Verein im neuen Jahrtausend eine feste Größe in der Verbandsliga. 2012/13 rückte der SV Waren 09 in die NOFV-Oberliga auf, 2014/15 folgte ein weiteres einjähriges Gastspiel. Aus Kostengründen wurde die Mannschaft aus der Oberliga zurückgezogen, stattdessen sollte es in der Landesklasse einen sportlichen Neustart geben. 2019 konnte der souveräne Aufstieg in die Landesliga gefeiert werden. Gespielt wird im Müritzstadion, das von 2002 bis 2003 umgebaut und 2012 nochmals modernisiert wurde.

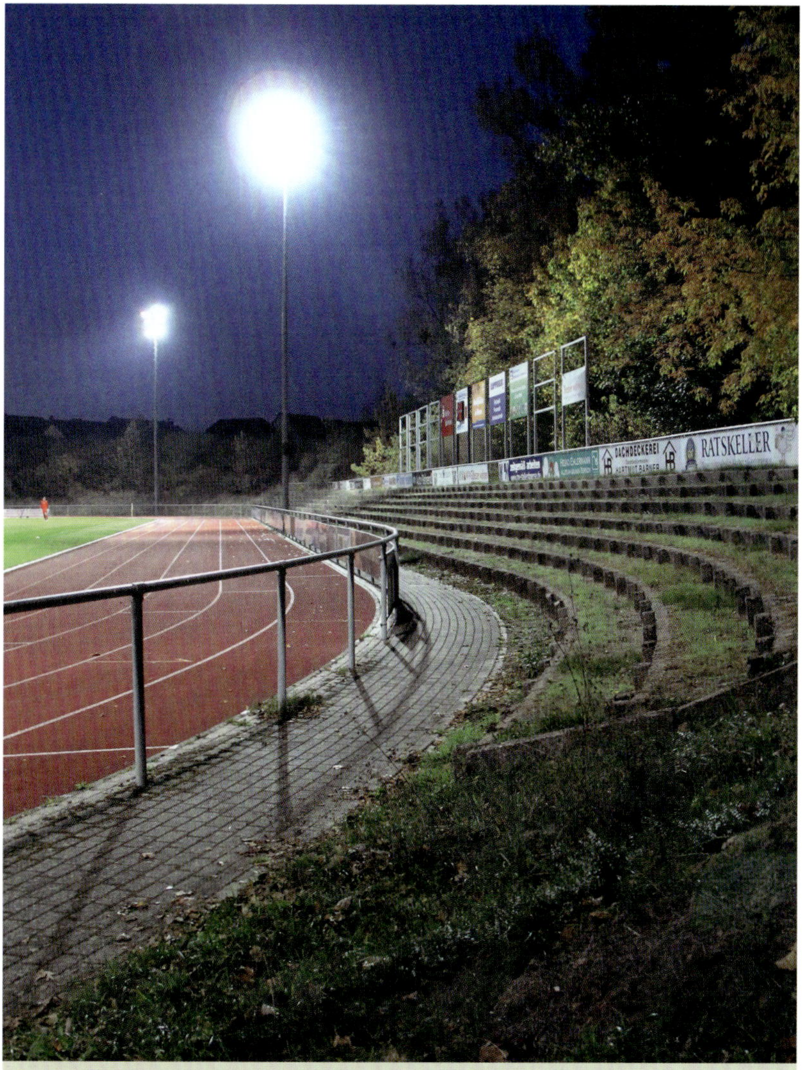

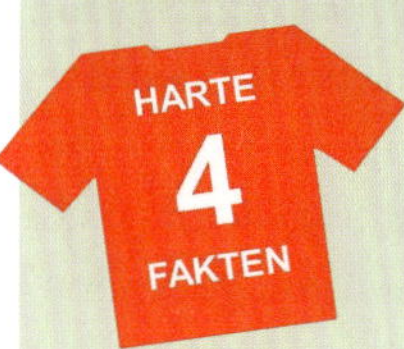

Gründungsjahr: 1909
Vereinsfarben: Blau, Gelb und Rot
Spielstätte: Müritzstadion
Derzeitige Spielklasse: Landesliga Ost

Warnemünde 092

Leuchtturm, Mole und Teepott

Wahrzeichen, an denen alle posieren wollen

„Das Schlimmste am Sommer sind die Sachsen an unseren Stränden …“, frotzelt man gern an der Küste, wenn im Hochsommer die Ostseestrände überfüllt sind mit Touristen aus den verschiedensten Ecken des Landes. Einst zu DDR-Zeiten fuhren ganze Trabbi-Karawanen gen Warnemünde, um dort am FKK-Strand ein Stück Freiheit zu genießen. Bei den vergangenen Duellen zwischen Hansa Rostock und Dynamo Dresden gab es diesbezüglich das eine oder andere Spruchband zu sehen. Im Gegenzug ist es für Auswärtsfans ein Muss, in Warnemünde an Mole, Teepott und Leuchtturm einen Aufkleber anzubringen und ein Erinnerungsfoto zu schießen.

Der 36,9 Meter hohe Leuchtturm wurde 1898 in Betrieb genommen, der Teepott mit den hyperbolischen Paraboloidschalen als Dach wurde 1968 errichtet, die beiden roten und grünen Molenfeuer wurden in jüngerer Vergangenheit erneuert und umgesetzt. Von 1990 bis 1997 stand auf der nicht mehr vorhandenen Mittelmole ein weiterer Turm. Das gelbe Molenfeuer wurde 1997 abgebaut und steht seit 2009 in der Rathenower Havel. An den beiden Türmen und an den Geländern ringsherum fallen den Ostsee-Besuchern auf Anhieb die verschiedensten Aufkleber der Fanszene des F.C. Hansa Rostock ins Auge. Etwaige Schmuckstücke der Auswärtsfans haben keine lange Lebensdauer, die berühmt berüchtigten Späher des FCH sind an den Spieltagen überall unterwegs. Zudem soll das Posieren größerer fremder Fangruppen an den Wahrzeichen verhindert werden.

In der Nacht vom 28. zum 29. November 2014 gelang es jedoch etlichen Anhängern von Dynamo Dresden, unerkannt in Warnemünde „einzusickern“. Am Vormittag zog eine große schwarz gekleidete Truppe unter Polizeibegleitung zu Leuchtturm und Teepott und nahm dort mit dem Banner der „Ultras Dynamo“ Aufstellung. 1:0 für die SGD bevor das Spiel auf dem Rasen des Ostseestadions überhaupt begann.

Damit so etwas nie wieder passiert, patrouillieren nun noch mehr Hansa-Fans an der Strandpromenade und am Alten Strom. Ganz klar: Warnemünde und ganz McPom sind Blau-Weiß-Rot!

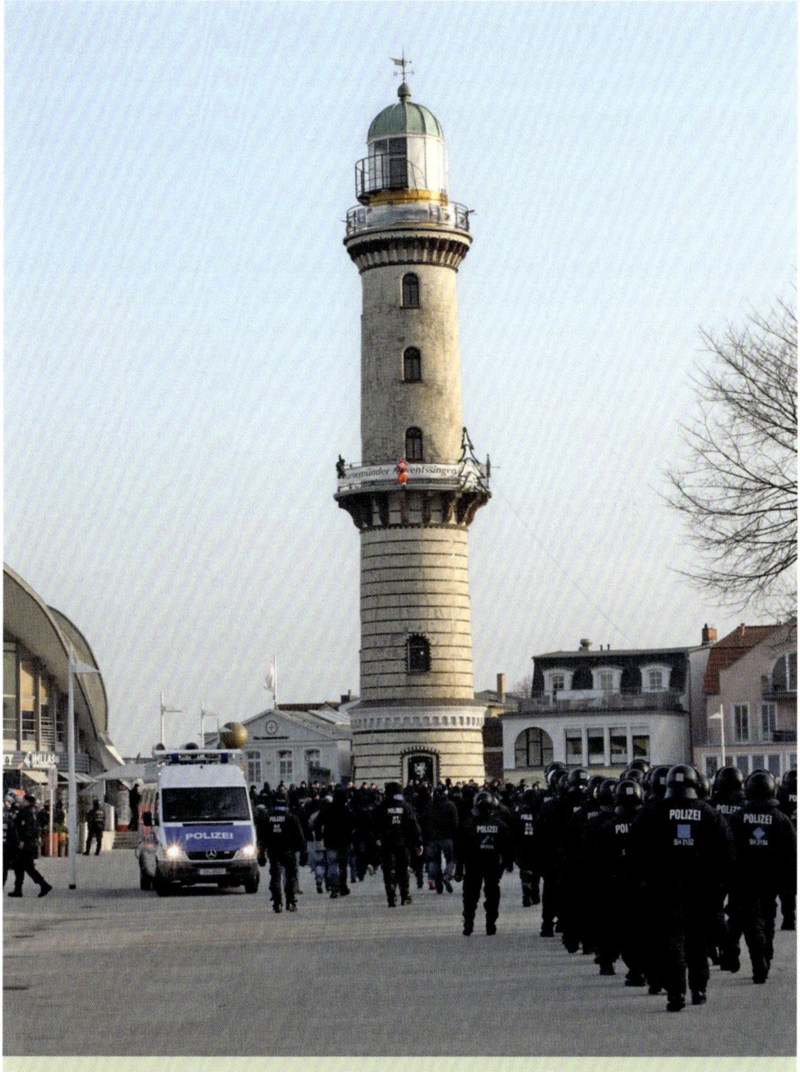

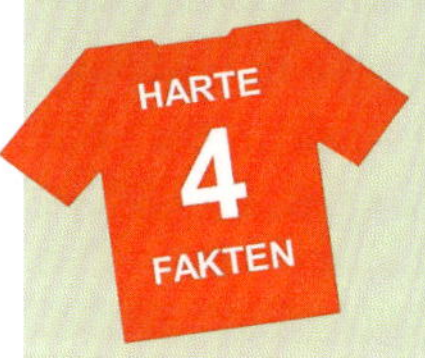

Höhe des alten Leuchtturmes: 36,9 Meter

Bau und Erweiterung der Mole: 1896 bis 1903

Baujahr Teepott: 1968

Risiko beim „Kleben" erwischt zu werden: extrem hoch

SV Warnemünde Fußball

Einst im Zeichen der Warnowwerft

„Warnemünde, Warnemünde, Wellen, Wind und Sonnenschein. Ja, ich finde tausend Gründe, um bald wieder hier zu sein. … Warnemünde, Warnemünde gibt's nur einmal auf der Welt …", heißt es im Lied des Shantychors De Klaashahns. Nur ein einziges Mal gab es in Warnemünde ein DFB-Pokalspiel zu sehen. Allerdings wurde am 14. August 1997 das Duell SV Warnemünde vs. Borussia Dortmund nicht im Friedrich-Ludwig-Jahn-Sportpark, sondern verständlicherweise im Rostocker Ostseestadion ausgetragen. Vor immerhin 6.200 Zuschauern musste sich Warnemünde mit 0:8 geschlagen geben.

Die Wurzeln des Warnemünder Fußballs gehen zurück bis zu Beginn des 20. Jahrhunderts. Als Warnemünder Fußball-Klub von 1903 wurde anfangs der Ball rollen gelassen. Zur Anfangszeit auf der „Wiese an der Mühle", ab den 1920er-Jahren dann auf dem Sportplatz an der ehemaligen Diedrichshäger Chaussee (heute Friedrich-Ludwig-Jahn-Sportpark in der Parkstraße). Nach dem Zweiten Weltkrieg wurde der Verein am 20. Mai 1949 als BSG Karl Liebknecht neugegründet, später erfolgte die Umbenennung in BSG Motor Warnowwerft Warnemünde.

Sechs Spielzeiten (1954/55, 1970/71, 1971/72, 1972/73, 1979/80, 1981/82) spielte die BSG Motor Warnowwerft Warnemünde zu DDR-Zeiten zweitklassig, die letzte Teilnahme am FDGB-Pokal erfolgte am 14. August 1982. Gegen den Nachbarn BSG Schiffahrt/Hafen Rostock musste sich Warnemünde mit 1:4 geschlagen geben.

Nach dem Fall der Mauer spielte der in SV Warnemünde (Fußball) umbenannte Verein nur eine einzige Saison in der NOFV-Oberliga. In der Nordstaffel reichte es lediglich zum vorletzten Platz. In der Folge rutschte der SV Warnemünde Fußball ab bis in die Landesklasse. 2014 erfolgte die Rückkehr in die Landesliga, am Ende der Saison 2018/19 durfte der Aufstieg in die Verbandsliga Mecklenburg-Vorpommern gefeiert werden. Vor rund 400 Zuschauern wurde der PSV Wismar mit 7:0 bezwungen. Sicher war sicher, denn am Ende war das Torverhältnis gegenüber dem FC Schönberg 95 entscheidend!

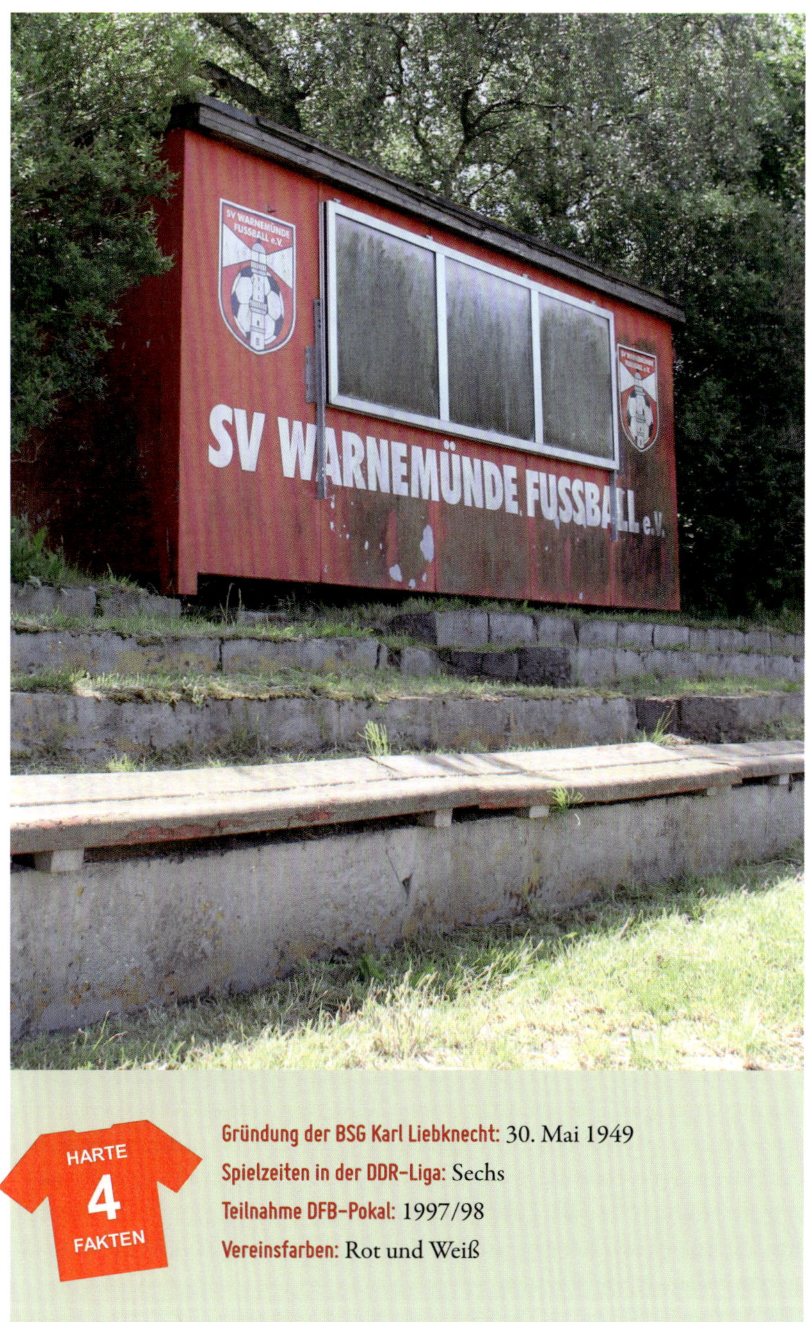

HARTE 4 FAKTEN

Gründung der BSG Karl Liebknecht: 30. Mai 1949

Spielzeiten in der DDR-Liga: Sechs

Teilnahme DFB-Pokal: 1997/98

Vereinsfarben: Rot und Weiß

Wesenberg 094

SV Union Wesenberg

Arbeitersport am Woblitzsee

Genauso wie der SV Gützkow war der SV Union Westerberg einst von 1925 bis 1933 ein Arbeitersportverein, der nach der Machtübernahme der Nationalsozialisten zwangsaufgelöst wurde. Bereits 1886 wurde im südwestlich von Neustrelitz gelegenen Wesenberg auf einem Sportplatz am Woblitzsee erstmals der Ball über den Rasen rollen gelassen. Unmittelbar nach dem Ersten Weltkrieg wurde ein neuer Sportplatz an der Lindenstraße errichtet. 1924 wurden die Turnvereine „Gut heil" und „Frisch auf" ins Leben gerufen, im Jahr darauf wurde der Arbeitersportverein Wesenberg gegründet, das Auftaktspiel gegen eine Mannschaft aus Mirow konnte gewonnen werden.

Nach der Zwangsauflösung 1933 ging der Spielbetrieb ab 1936 als TuS Wesenberg weiter, nach dem Krieg wurde am 31. August 1948 die Sportgemeinschaft Freundschaft ins Leben gerufen. Das Vereinslokal war die heutige Gaststätte „Traktor". Am 12. April 1952 wurden in Wesenberg zwei Interzonenspiele der SG Freundschaft ausgetragen. Gegner waren die erste und zweite Mannschaft aus Schwarzenbek (Schleswig-Holstein). Im Jahr darauf war ein Pokalturnier in Röbel das Highlight, zur Partie Wesenberg vs. Mirow strömten rund 600 Zuschauer.

Als BSG Traktor Wesenberg ging es durch die folgenden Jahre, bis am 20. August 1971 der Verein in BSG Union Wesenberg umbenannt wurde. Insgesamt elf Spielzeiten nahm Wesenberg an der Bezirksliga Neubrandenburg teil, am 2. Juli 1977 gab es am Woblitzsee das FDGB-Pokalspiel gegen den 1. FC Union Berlin zu sehen, das 1:4 ausging. Fünf Jahre später wurde das Waldstadion eingeweiht, das 328.000 DDR-Mark gekostet hatte.

Nachdem 1990 aus der „BSG" ein „SV" wurde, musste unter neuen Rahmenbedingungen Fuß gefasst werden. 2004 stieg Union Wesenberg in die Bezirksklasse ab, konnte 2005 jedoch den direkten Wiederaufstieg feiern. 2009 wurde die erste Mannschaft in die neue Landesklasse zugeteilt. 2017 musste Union Wesenberg als Tabellenvorletzter den Weg in die Kreisoberliga antreten. Einer der Gegner: SV Blau-Weiß 90 Ballin. Nicht zu verwechseln mit Blau-Weiß 90 Berlin.

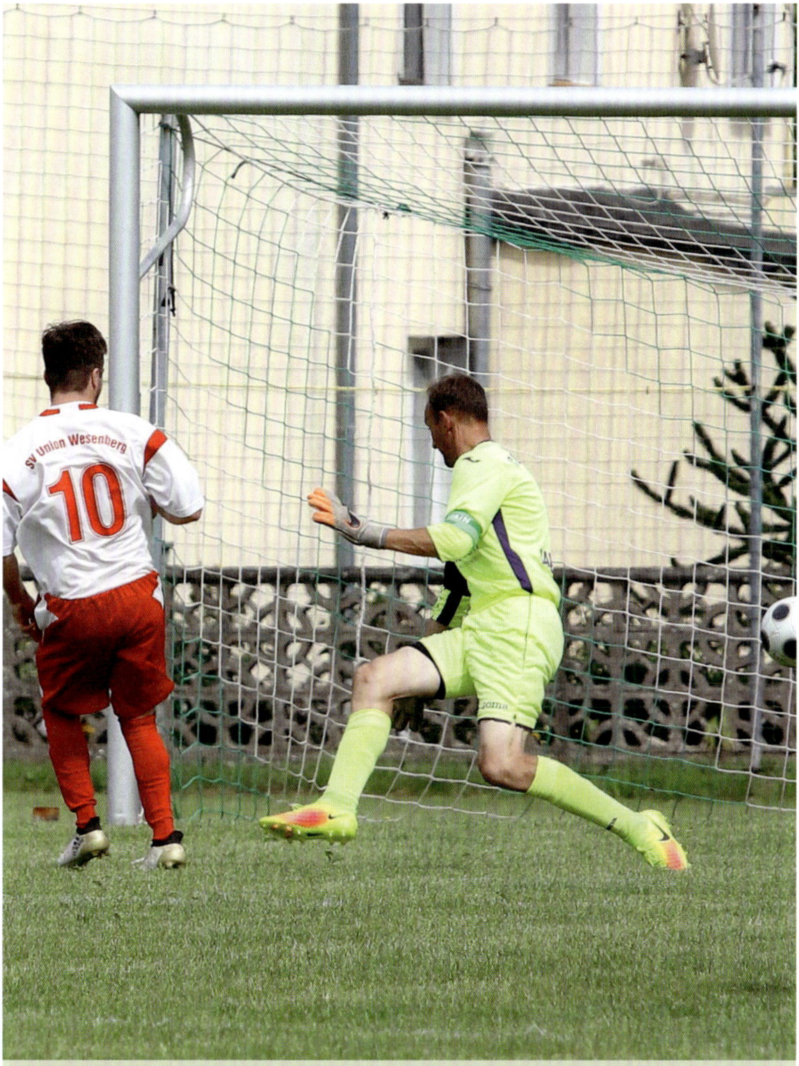

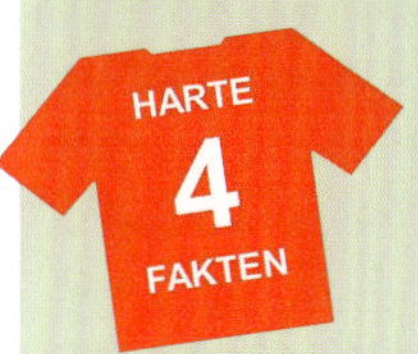

Adresse: Mirower Chaussee, 17255 Wesenberg
Arbeitersportverein: von 1925 bis 1933
Spielstätte: Waldstadion
Derzeitige Spielklasse: Kreisoberliga

Joachim Streich

Von Wismar aus nach Rostock und Wembley

24. Mai 1975. Letzter Spieltag der DDR-Oberligasaison 1974/75. Hansa Rostock trat bei der ASG Vorwärts Stralsund an und benötigte einen Sieg, um den Klassenerhalt zu schaffen. In jener Partie verschoss Joachim Streich – es war sein letztes Spiel im Hansa-Trikot – einen Elfmeter. Rostock kam über das 1:1 nicht hinaus und musste den Weg in die Zweitklassigkeit antreten. Da Streich nach der Saison zum 1. FC Magdeburg wechselte (er persönlich wollte eigentlich nach Jena), bekam das Ganze einen faden Beigeschmack. Allerdings betonte er immer wieder, dass er im Leben nicht diesen Elfer mit Absicht verschossen hatte.

Geboren wurde Joachim Streich im April 1951 in der Hansestadt Wismar, wo er bereits im Alter von sechs Jahren bei der BSG Aufbau Wismar (ab Februar 1961 TSG Wismar) mit dem Fußballspielen begann.

1969 wechselte Streich auf eigene Initiative zum F.C. Hansa Rostock. Rudi Schneider, damaliger Trainer der A-Jugend, ermunterte ihn zu diesem Schritt. In Rostock lebte Streich in einem Wohnheim und absolvierte eine Ausbildung zum Schaltanlagenmonteur. Bereits im Alter von 17 Jahren wurde er in den Kader der ersten Mannschaft aufgenommen, sein erster Einsatz in der DDR-Oberliga war am 23. August 1969 beim Auswärtsspiel gegen SG Dynamo Dresden. In der Folgezeit wurde er zu einem Stammspieler und erzielte in der ersten Spielzeit sogleich acht Treffer.

Insgesamt absolvierte er für Hansa Rostock 163 Spiele und schoss in diesen nicht weniger als 68 Tore.

Nachdem er 15 Juniorenländerspiele absolviert hatte, folgten im Zeitraum von 1969 bis 1984 sage und schreibe 102 Partien (laut FIFA-Regelung offiziell 98) mit der DDR-Nationalmannschaft. Beim legendären 1:0-Sieg über die Bundesrepublik Deutschland bei der WM 1974 war Streich aus taktischen Gründen nicht mit auf dem Rasen. Allerdings holte er zwei Jahre zuvor mit der DDR-Mannschaft die Bronzemedaille des Olympischen Fußballturniers 1972.

Bei Hansa Rostock wird er – trotz des verschossenen Elfmeters – stets zu den ganz großen Fußballhelden gehören.

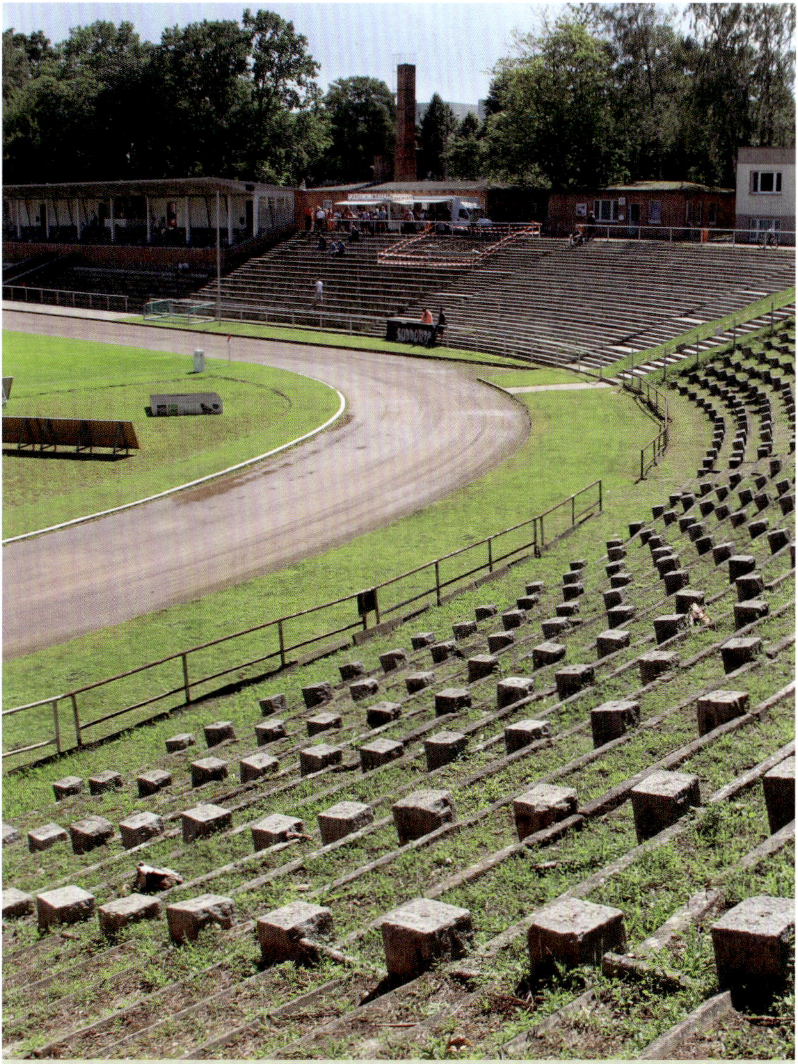

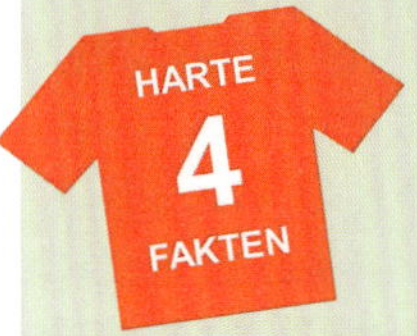

Erste Station als Kind: BSG Aufbau Wismar

Ausbildung: Schaltanlagenmonteur

Spiele für die DDR-Nationalmannschaft: 102 (98)

Partien für den F.C. Hansa Rostock: 163

Kurt-Bürger-Stadion

Von der TSG Wismar zu Anker Wismar

Gibt man in die Suchmaske von fussball.de „Elite" ein, so findet man nur einen einzigen deutschen Verein – und zwar den SC Elite aus Hannover. 1904 gab es zudem den in diesem Jahr ins Leben gerufenen Verein FC Elite Wismar, jedoch wurde dieser bereits im Jahr darauf in Wismarer FC 1905 umbenannt. 1909 wurde aus ihm Germania Wismar, von 1942 bis Kriegsende wurde als TSV Weimar gespielt.

„Anker" tauchte im Vereinsnamen erstmals am 1. Juli 1949 auf, als aus der SG Wismar Süd die ZSG Anker Wismar wurde. Unvergessen: Anker Wismar war bei der ersten Auflage der DDR-Oberliga dabei. Am Ende der Saison 1949/50 musste ein Entscheidungsspiel wegen Punktgleichheit gegen die ZSG Altenburg ausgetragen werden, dieses wurde knapp mit 2:3 verloren.

Am Ende jener Saison begannen die Bauarbeiten am Kurt-Bürger-Stadion, das zwei Jahre später, am 21. September 1952 fertiggestellt wurde. DDR-Oberliga-Fußball gab es in dieser Spielstätte jedoch nicht mehr zu bestaunen. Der am 1. Juli 1951 in BSG Motor Wismar umbenannte Verein trug die Heimspiele der Oberliga-Saison 1951/52 wie zuvor auf dem Jahnsportplatz aus.

Dafür gab es im Kurt-Bürger-Stadion immerhin 24 Spielzeiten in der DDR-Liga zu sehen. Anfangs noch als BSG Motor Wismar, nach der Fusion mit der BSG Einheit Wismar am 3. Februar 1961 als TSG Wismar. Anfang der 1970er Jahre klopfte der Verein wieder ans Tor zur DDR-Oberliga. Nach Rang zwei in der Vorsaison gab es 1971/72 den Staffelsieg zu feiern. In der folgenden Aufstiegsrunde waren jedoch der FC Rot-Weiß Erfurt und die BSG Chemie Leipzig eine Nummer zu groß.

In der jüngeren Vergangenheit wurde am 12. Juni 1997 ein wichtiger Grundstein gelegt, indem mit dem FC Anker Wismar ein neuer Verein gegründet wurde. Diesem schlossen sich die Fußballer der TSG an. Insgesamt zehn Jahre war Anker Wismar bislang in der NOFV-Oberliga Nord dabei, am Ende der Saison 2018/19 ging es als Vorletzter runter in die Verbandsliga. In der Relegation musste man sich denkbar knapp VfL 05 Hohenstein-Ernstthal geschlagen geben.

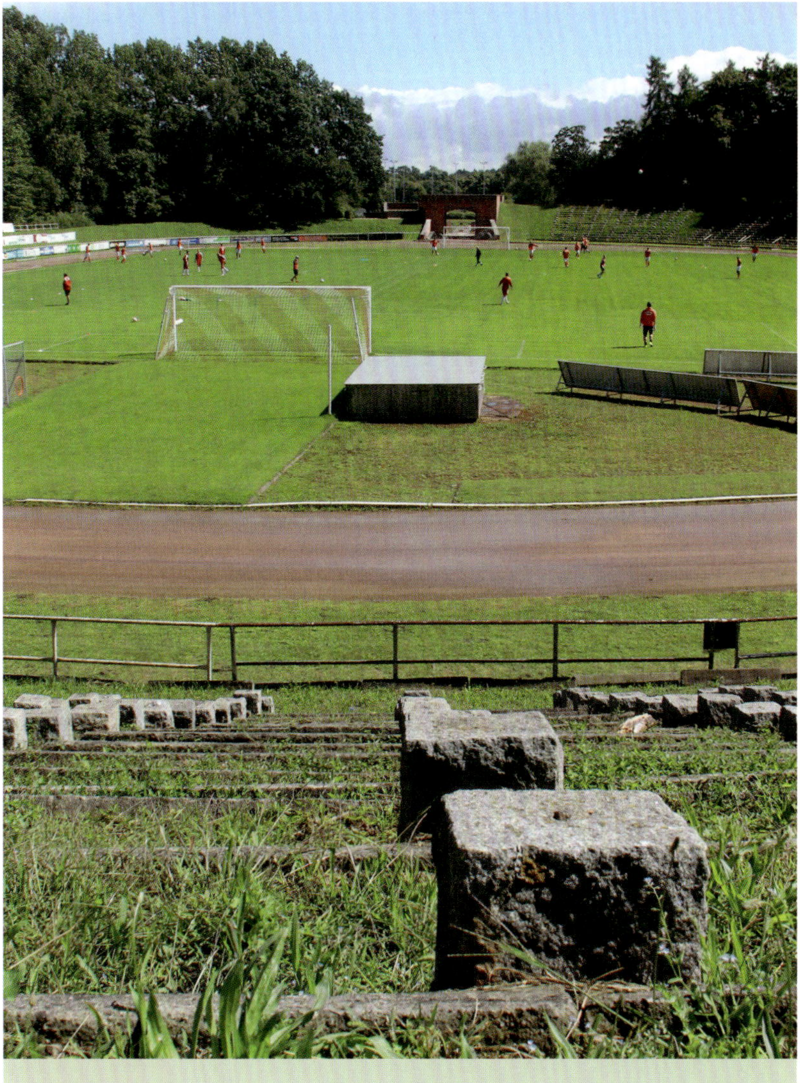

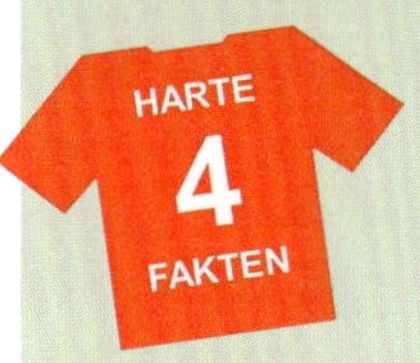

Adresse: Bürgermeister-Haupt-Straße 46-48, 23966 Wismar

Bau: 1949 bis 1952

Unter Denkmalschutz seit: 2008

Renovierung: 2018

Sportplatz Wendorf

PSV Wismar und Dynamo Wismar

In der Saison 2014/15 nahm die am 17. April 2009 neugegründete SG Dynamo Wismar wieder den Spielbetrieb auf und trug am 19. Juli 2014 ein Vorbereitungsspiel gegen die dritte Mannschaft des PSV Rostock, der ebenfalls eine Dynamo-Vergangenheit hat, aus. Während die SG Dynamo Rostock Mitte einst zu DDR-Zeiten 16 Jahre in der Bezirksliga mit am Start war, spielte die SG Dynamo Wismar sieben Jahre lang von 1974 bis 1981 in der Staffel West der Bezirksliga Rostock.

Ins Leben gerufen wurde die SG Dynamo Wismar am 28. Mai 1953, nach dem Fall der Mauer wurde der Verein in Polizeisportverein (PSV) Wismar umbenannt. Dieser ist aktuell in der Landesliga West zu finden und trägt seine Heimspiele auf dem PSV Sportplatz Wendorf im Nordwesten der Stadt aus. 2011/12 gab es ein einjähriges Abenteuer in der Verbandsliga, der Sprung in die Landesliga durfte zuletzt am Ende der Saison 2016/17 gefeiert werden. Beim letzten Heimspiel gegen den Schweriner SC waren es rund 100 Zuschauer, das erste Landesliga-Duell gegen TSG Gadebusch wollten allerdings nur 67 Fußballfreunde sehen.

Ähnlich wie in Schwerin sollte ab 2014 wieder ein echter Dynamo-Verein in Wismar etabliert werden. Das erste Spiel in der Kreisklasse gegen TSG Gadebusch III sahen auf dem Hartplatz Bebberwiese am 13. September 2014 exakt 35 Zuschauer. Den ersten Sieg gab es am dritten Spieltag gegen den Kalkhorster SV zu feiern. Es sollte jedoch nur ein weiterer Sieg folgen. Dynamo zahlte reichlich Lehrgeld. Erst in der Saison 2016/17 wurde es etwas erfolgreicher. Doch in der Spielzeit darauf wurde die Mannschaft nach 15 Spieltagen zurückgezogen. Das Projekt, neben Anker Wismar und dem PSV Wismar eine dritte Kraft zu etablieren, war vorerst gescheitert.

Beim PSV Wismar heißt es jedoch auch weiterhin: Mein Verein. Mein Stolz. Mein Team. Sich sehen lassen kann in jedem Fall die aktuelle Fanartikel-Kollektion. So sind unter anderem Shirts mit folgenden Aufschriften erhältlich: „Bulls Eye“, „Balljunge“, „Wendorfer“, „Girlspower“ und last but not least „Dynamo“.

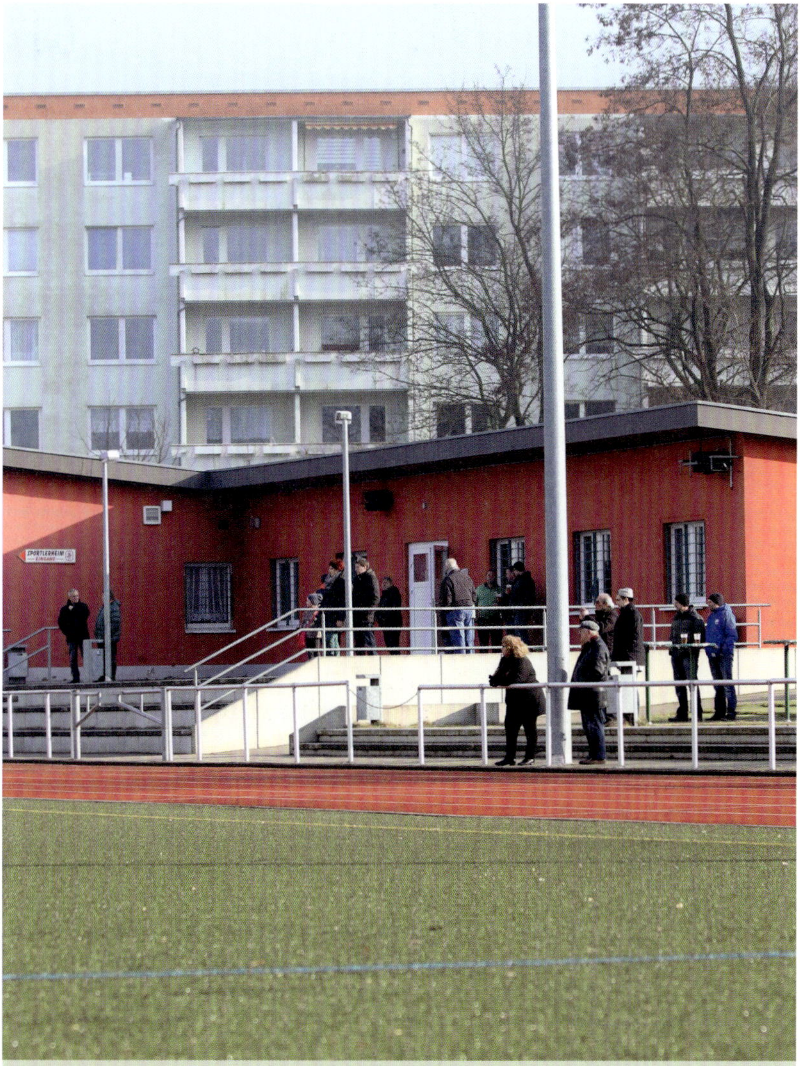

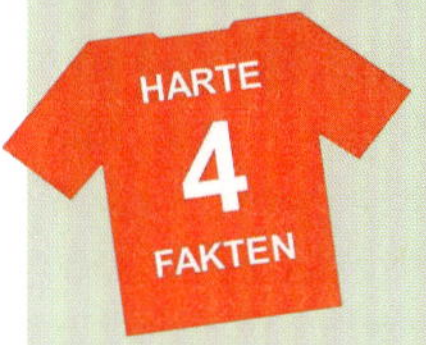

Adresse: Lübsche Straße 217, 23968 Wismar

Zuschauerkapazität: 4.000

Derzeitiger Nutzer: Polizei SV Wismar 1990

Gründung der SG Dynamo Wismar: 28. Mai 1953

Haltpunkt Wolgaster Fähre

Die Wolgastä Hansa-Fans grüßen

Sommerzeit ist Testspielzeit. Kaum sind die Meisterfeiern beendet und die Abstiegstränen getrocknet, da beginnt schon die Vorbereitung auf die neue Saison. Der F.C. Hansa absolviert heute ein Testspiel. Mein Auto steht als Mitfahrgelegenheit bereit. Ich warte am Bahnhof, um meinen heutigen Fahrgast einzusammeln – ein Mann, der die 50 Jahre schon erreicht hat oder einfach nur verbraucht aussieht. Wolgast ist sein Heimatort, genauer gesagt ein Nest in der Umgebung. Sein unverkennbarer vorpommerscher Dialekt bringt unglaublich detaillierte Hansa-Statistiken hervor. Seine Erzählungen beschreiben Spiele, die bereits zu DDR-Zeiten gespielt wurden. Der Mann ist sichtlich gezeichnet von Jugendsünden und entpuppt sich schließlich als „Wolgastä".

Viele Zeitungsartikel beschäftigten sich mit dem berüchtigten Hansa-Fanclub am Peene-Strom, wo die große Brücke regelmäßig für Schiffe eingeklappt wird. Die Kräne der Werft im Hintergrund grüßen im Sommer die zahlreichen Insel-Besucher, im Novembernebel wirken sie wie wackelige Skelette. Von hier aus ist es nur noch ein Katzensprung zum Haltpunkt „Wolgaster Fähre". Jedem, egal ob Tanktourist oder Usedom-Urlauber, trägt das Graffito seinen Gruß entgegen, um unmissverständlich zu zeigen, wer hier regiert. Die Wandbilder wechselten im Laufe der Zeit. Mal konnte man „Wolgastä" lesen, heute einfach nur „F.C. Hansa Rostock" mit einem bärtigen Wikingerkopf in der Mitte.

Warum das „ä" am Ende? Der sehr aktive Fanclub, der für seine Fahne mit Apposition „multikriminell" bekannt ist, greift dabei den regionalen Dialekt auf. Die Endung „-er" wird im Deutschen als kurzer a-Laut realisiert und hier im Norden alternativ als „ä". Der Fanclub genießt großes Ansehen und ist traditionell bei Fanclubturnieren dabei. Dort, wo Hansa spielt, ist Wolgast stets präsent. Die Fahne geht mit dem Trend der Zeit. Früher zeigte sie sich orange-schwarz wie die Bomberjacken, heute liest man weiß auf schwarz in künstlerisch geschwungenen Lettern „Wolgastä multikriminell".

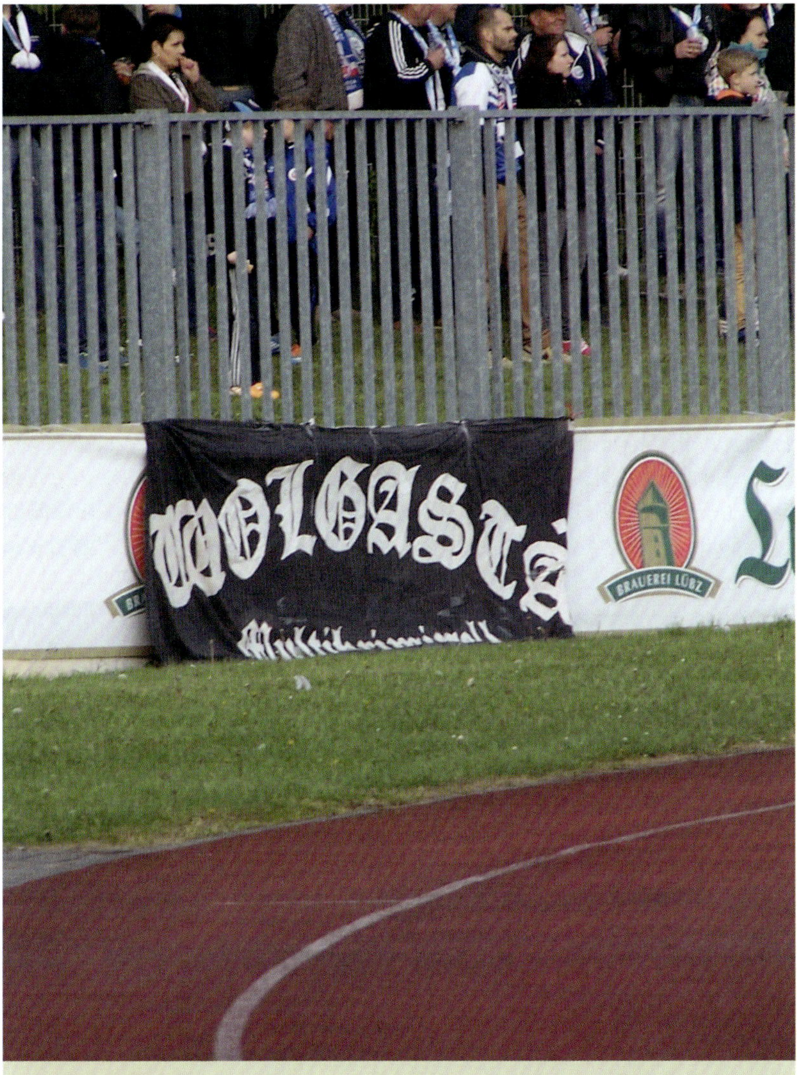

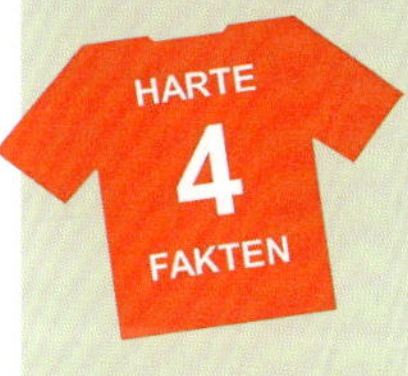

Adresse: B111/Wolgaster Fähre, 17438 Wolgast

Gründung der Wolgastä: 1999

Geburtstagschoreo: beim DFB-Pokalspiel Hansa Rostock vs. VfB Stuttgart

„ä“ statt „er“: regionaler Dialekt

Wolgast 099

BSG Motor Wolgast

Talentschmiede am Peenestrom

Die gefürchtete Wolgaster Strecke hat schon so manchen Touristen an den Rand der Verzweiflung gebracht. Lange Zeit war Wolgast ein Nadelöhr wie es im Buche steht. Zwei Ampeln und eine Brücke in Addition mit vielen Touristen von überallher brachte bis zur Ernennung der Bundesstraße 110 zur Entlastungsstrecke den Verkehr gen und von Usedom in der 12.000-Einwohnerstadt am Peenestrom fast völlig zum Erliegen. Die Brücke über den Fluss gehört ebenso zu den Symbolen dieser Stadt wie die Kräne der Peene-Werft und das nicht mehr vorhandene Schloss der Herzöge von Pommern.

Das sportliche Aushängeschild der Stadt ist der FC Rot-Weiß Wolgast, der Nachfolger der BSG Motor Wolgast. Vor dem Zweiten Weltkrieg hieß der führende Verein schon einmal FC Rot-Weiß Wolgast. Nach dem Krieg geriet die Namenswelt durcheinander. Ein Faktor dafür war die Entstehung der Peene-Werft. Daraus resultierten kuriose Namen wie BSG Peenewerft Holzindustrie bzw. BSG Holz Wolgast oder traditionelle wie Anker Wolgast. Ab 1957 hieß es dann übertragend „Nur Motor Wolgast!", nachdem die Kräfte gebündelt wurden. Geschichten über weitere Namen wie ZSG, Sturmvogel oder SV 1949 Motor Wolgast kann man der sehr informativen Seite des FC Rot-Weiß Wolgast entnehmen.

Im DDR-Fußball wurden dann später im 1960 fertig gestellten Sportforum beachtliche Erfolge erreicht. Die Basis des Erfolgs bildete dabei die Jugendarbeit, dank derer Wolgast den Aufstieg in die zweite Liga schaffte. Nach dem Abstieg folgten der Wiederaufstieg und der erneute Abstieg. Dann begann die Talfahrt bis in die Wendezeit. In der Werft musste nun stärker angepackt werden, weshalb der Fußball in den Hintergrund rückte. Konstant blieb nur die gute Wolgaster Jugendarbeit, die Spielergrößen wie Axel Kruse (Hertha BSC, Stuttgart, Frankfurt) Tim Sebastian (Rostock), Hans-Ulrich „Sprotte" Grapenthin (Jena, DDR-Auswahl) und Gerd Kostmann (F.C. Hansa, zweimaliger Oberliga-Torschützenkönig, Vater von Bundesliga-Profi Marco Kostmann) hervorbrachte.

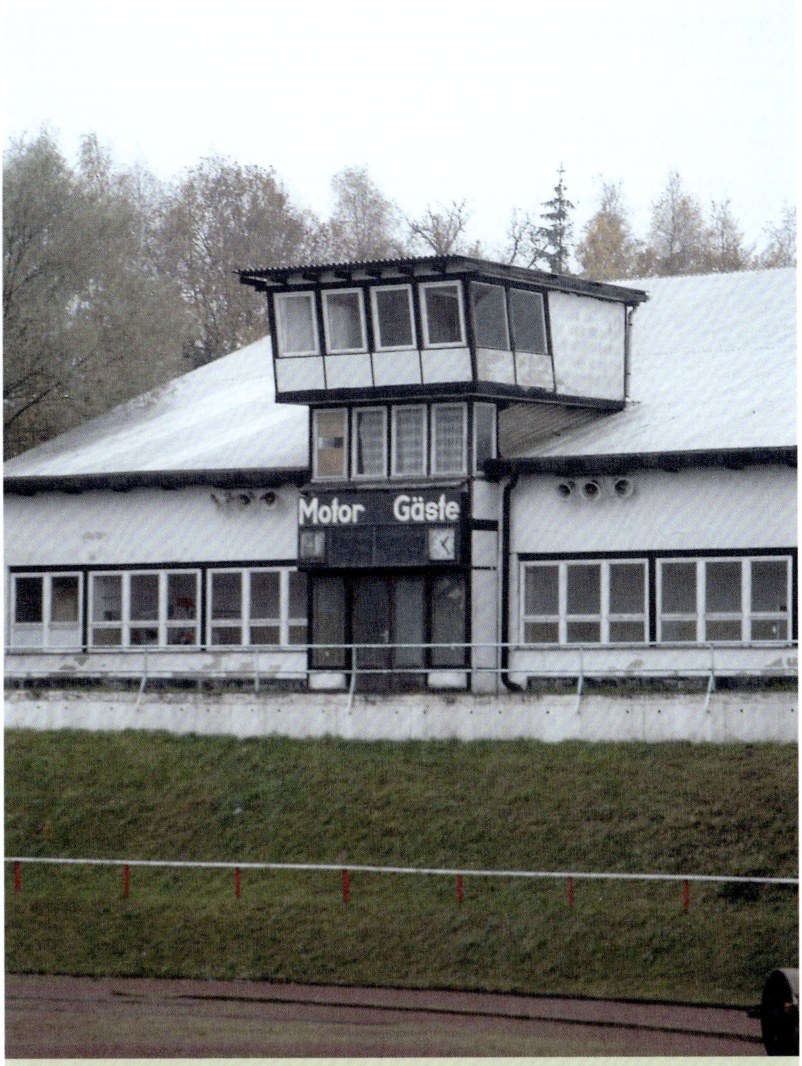

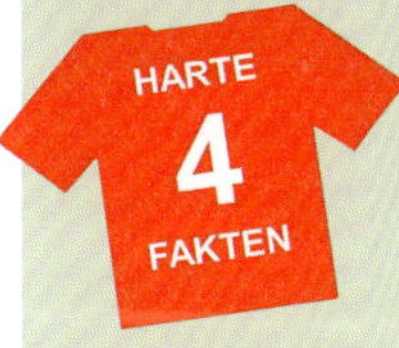

Adresse: Am Stadion 1, 17438 Wolgast

Gründung der BSG Motor: 1949

Herauslösung als reiner Fußballverein: 2001

Vereinsfarben: Rot und Weiß

TSV Wustrow

Wustrow macht auf Fischland alle nass

Es ging damals alles seinen sozialistischen Gang. Der Reisescheck wurde ausgestellt für den Zeitraum 23. Juli bis 5. August 1986 und abgestempelt von der BGL des VEB Fotochemische Werke Berlin. Der genehmigte Erholungsort: Wustrow auf dem Fischland! Taschen gepackt und alles vorn im Kofferraum des weißen Skoda 105 L verstaut. Mit Heckantrieb und 110 km/h ging es die Betonpiste entlang zum Ostseebad mit dem aus dem Slawischen abgeleiteten Namen Wustrow („umflossener Ort"/„Ort auf der Insel").

Es wurde einer der schönsten Urlaube meiner Kindheit. Kein Wunder also, dass der Name Wustrow schöne Assoziationen hervorruft. Hellhörig wurde ich, als der dort ansässige TSV Wustrow keine Lust mehr hatte, einfach nur in der Kreisliga Nordvorpommern-Rügen zu kicken. In der Saison 2015/16 gab es 20 Siege in 24 Spielen zu feiern, am 18. Juni 2016 wurde hinter dem Spruchband „Kreisligameister 2016" ausgiebig gefeiert.

Bemerkenswert: Wustrow liegt im Landesteil Mecklenburg. Die Grenze zwischen Mecklenburg und Vorpommern macht am dortigen Bodden einen Schwenk und führt anschließend östlich von Wustrow quer durch das Fischland. Demzufolge schwenken die Fans die blau-gelb-rote Flagge mit dem Stierkopf. Manchmal hängt auch das (nicht wirklich böse gemeinte) Spruchband „Scheiß Vorpommern!" am Geländer. Daneben die Zaunfahne „Stierfront Mecklenburg".

Und weiter ging's! Gemeinsam mit dem SV Prohner Wiek wurde 2017 der Aufstieg in die Landesklasse gepackt, beim letzten Heimspiel gegen den VfL Bergen 94 II schauten knapp 100 Fußballfreunde auf dem Sportplatz am Direktor-Schütz-Weg vorbei. Nun hieß es „Kreisoberligameister 2017! Nur der TSV". Dazu ein Spruchband mit der Aufschrift „Pech gehabt PSV!" Gemeint war der große Nachbar PSV Ribnitz-Damgarten, der aus der Landesliga abstieg und nun in der Landesklasse antreten musste.

Die Landesklasse war jedoch für den TSV Wustrow mit der silbernen Brigg im Wappen eine Nummer zu groß. Kreisoberliga ist der Stand der Dinge. Segel setzen, Kurs aufnehmen!

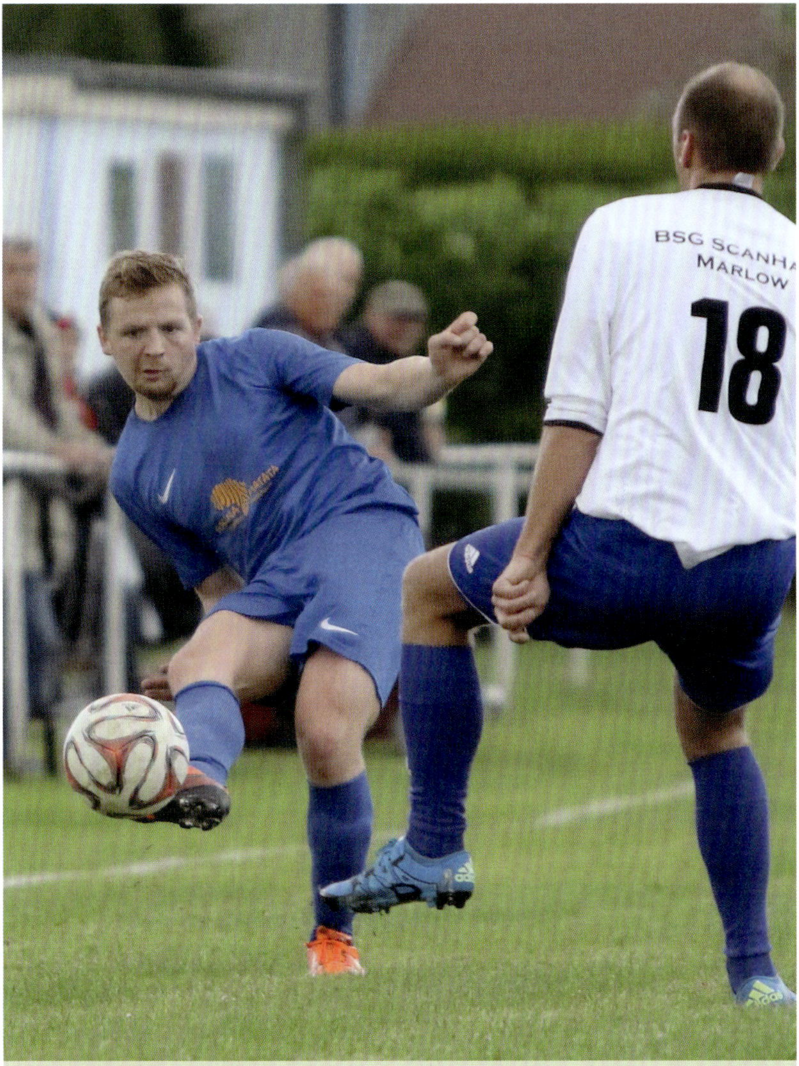

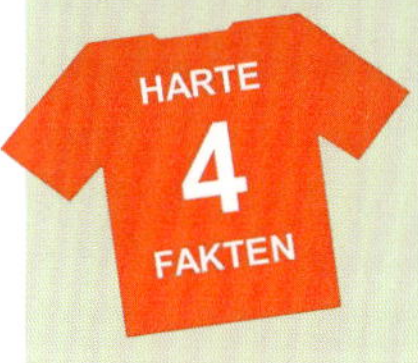

Lage: An der Grenze zwischen Mecklenburg und Vorpommern

Sehenswert: das Vereinswappen mit der Brigg

Bekannte Zaunfahne: „Stierfront Mecklenburg“

Derzeitige Spielklasse: Kreisoberliga

101

Sportpark Salow

Freudensprünge und Tragödien

Zwischen Friedland und Neubrandenburg liegt ganz versteckt im Datzetal eins der kleinen Fußballdörfer, die einmal den Durchstart durchlebten und dann im freien Fall wieder auf den Boden der Tatsachen kamen. Die Heimat der Viktoria Salow – nicht zu verwechseln mit der SC Victoria Seelow – ist der Sportpark. Sportpark ist wohl eine eher übertriebene Bezeichnung. Neben dem Fußballplatz steht eigentlich nur eine alte Kegelbahn. Natürlich kann man auf den Wiesen des Parks auch hervorragend turnen. Der Hingucker des Platzes ist das Vereinshaus. Es könnte auch irgendwo am Mississippi stehen. Im Prinzip hat da eine Baracke einen ansehnlichen Holzvorbau mit Anstrich bekommen. Die Viktoria mit ihrem Park ist das pulsierende Herzstück des Dorfes. Hier feierten die Einwohner Fußballfeste und machten auch die Talfahrt Mitte der 2010er-Jahre mit.

Die Geschichte der Viktoria beginnt schon in der Vorkriegszeit. Dann war, wie überall, eine Pause. Ab den 1950er-Jahren wurde die Fußballtradition weitergeführt. An den Namen Viktoria war dabei nicht mehr zu denken. Dieser wurde erst wieder nach der Wende angenommen. Ab da startete der kleine Klub auch richtig durch. Bis in die Landesliga führte der Weg. Seitdem gibt es Haue, die Spieler konnten nicht mehr gehalten werden. Friedland und Neubrandenburg zahlen besser, außerdem werden die Knochen morsch. Nun heißt's wieder, sich im Kreis zu etablieren.

Von der Struktur her passt hier alles. Der Verein wird geradezu professionell geführt. Es gibt Merchandise, viel Merchandise. Vom Schal bis zum Trikot ist alles dabei. Bei Top-Spielen gibt es einen VIP-Bereich. Zuschauermagnet sind Derbys gegen Friedland. Sogar die schlichte Fahne „Salow" auf schwarzem Grund ist durch Hansa-Spiele bekannt. Für Hansa schlägt hier die zweite Herzhälfte. Sehr auffallend ist auch die gut geführte Hall of Fame, in der alle Spieler eingetragen werden, die jemals ein Pflichtspiel für Viktoria Salow bestritten haben. Wo gibt's denn so was schon?

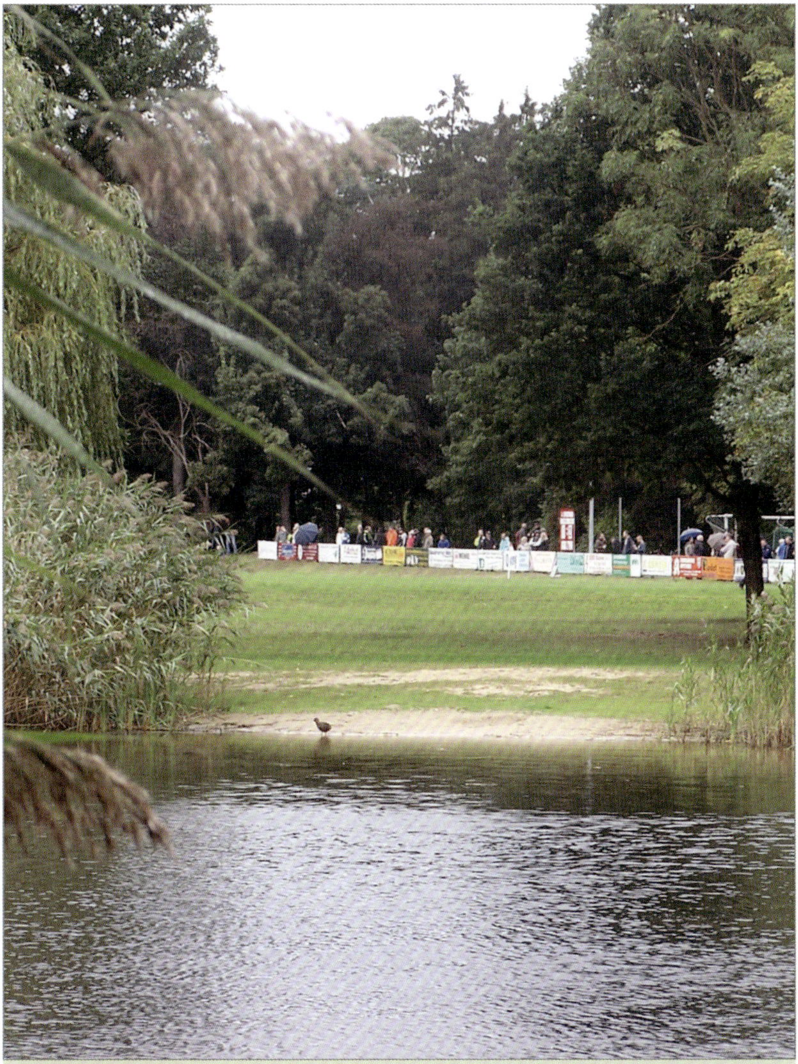

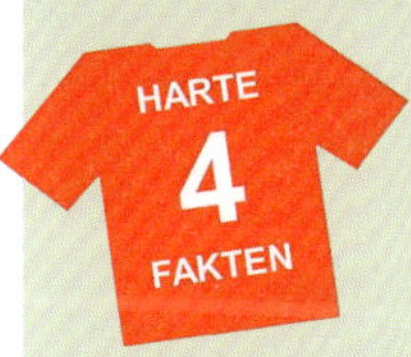

Adresse: Parkstraße, 17099 Datzetal (Salow)
Erste Fußballspiele: 1932
Name zu DDR-Zeiten: BSG Traktor Salow
Derzeitige Spielklasse: Kreisliga Staffel I

Infos & Quellen

Bücher

Enzyklopädie des deutschen Ligafußballs Vereinslexikon (von Hardy Grüne)
„Arbeiterfußball in Berlin und Brandenburg 1910-1933" (von Christian Wolter)
F.C. Hansa Rostock Fußballfibel (Marco Bertram)
Brose, Wolfgang: Pasewalk. Bilder aus der DDR. Erfurt, 2003.
Skrentny, Werner: Das große Buch der deutschen Fußballstadien, Göttingen 2001.

TV-Beiträge

Sport Inside des WDR „Souleymane Chérif: Der Pelé aus Neubrandenburg"
Interview Paule Beinlich bei Kicker TV

Zeitungsberichte und Webseiten (Auswahl):

https://www.11freunde.de/interview/joachim-streich-ueber-seine-karriere
https://www.ostsee-zeitung.de/Sportbuzzer/FC-Hansa/Wie-Schneider-im-Vereinsheim-das-Licht-der-Welt-erblickt
https://www.sportbuzzer.de/artikel/fussballstadion-bald-unter-privater-flagge/
https://www.rostock-heute.de/fc-hansa-nachwuchsakademie-stadtwerke-graffiti/76756
www.nordostfussball.de/diskussionen/thread/4727-ultras-des-sieversh%C3%A4ger-sv
https://www.svz.de/sport/lokaler-sport/lokaler-sport-buetzower-zeitung/schwaaner-eintracht-wird-25-id24664567.html
www.svz.de/regionales/mecklenburg-vorpommern/mecklenburg-magazin/geburtsstunde-der-huehnerfarmen-id16043946.html

https://www.arbeiterfussball.de
http://www.f-archiv.de
http://www.ddr-sport-wappen-archiv.de
https://www.deutscherfussball.info/DDR_Ligisten-K.htm
https://www.nofv-online.de/index.php/archiv-ddr-fussball-nofv.html
https://ddr-fussball-archiv.de/index.php/board,34.0.html
https://www.lfvm-v.de/verband/geschichte/
https://de.wikipedia.org/wiki/Landesfußballverband_Mecklenburg-Vorpommern
www.turus.net

https://www.transfermarkt.de
https://www.weltfussball.de
www.freizeitliga-nvp.de

https://de.wikipedia.org/wiki/Torgelower_FC_Greif
http://sv-90-goermin-ev.c.geomix-vereine.com
http://vereinsgaststaette-rote-erde.de
http://www.arminia-rostock.de/images/Chronik/50er/Jahrgang1983-1984.pdf
http://www.fussballineuropa.de/index.php/component/sportsmanagement/teaminfo/0/0/56031:bezirksliga-rostock-ddr-1969-70/90103:bsg-empor-kuehlungsborn/896793:bsg-empor-kuehlungsborn
http://www.rsssf.com/tablesd/ddr62.html
http://www.sv-waren-09.de/verein-chronik.html
https://www.fc-hansa.de/news/hansa-fanbeauftragter-axel-boulette-klingbeil-gestorben.html
https://www.ostseestrecke.de/haltepunkt_rostock_parkstrasse/
https://www.sgmotorneptun.de/69.html
https://www.traktor-dargun.de
https://www.youtube.com/watch?v=cJY_2ACi-oE
qs.msv-beinhart.de
www.dsv-91.de
www.empor-sassnitz.de
www.fc-rw-wolgast.de
www.fli.de
www.tsv-friedland-1814.de
www.vfc-anklam.de/100-jahre-fussball-in-anklam-einem-gebrauchten-ball-fuer-35-mark-fing-es-an/

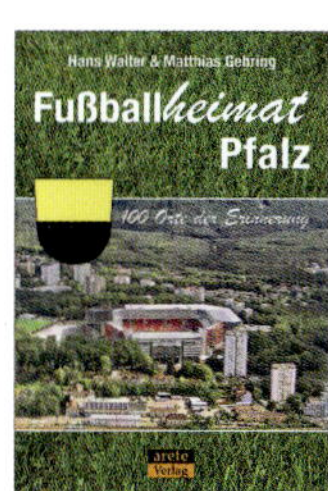

Hans Walter & Matthias Gehring

Fußballheimat Pfalz

100 Orte der Erinnerung

216 Seiten Klappenbroschur, € 18,–
ISBN 978-3-96423-014-0

Die Pfalz ist Fußballheimat. Es findet sich hier kaum eine Gemeinde ohne Fußballverein und Sportplatz. Voller Stolz nennen die Pfälzer die Namen großartiger Fußballspieler wie Fritz und Ottmar Walter, Horst Eckel, Werner Liebrich, Werner Kohlmeyer, Heinz Kubsch, Jürgen Kohler, Miroslav Klose, André Schürrle, Hans-Peter Briegel, Heidi Mohr und Nadine Keßler.

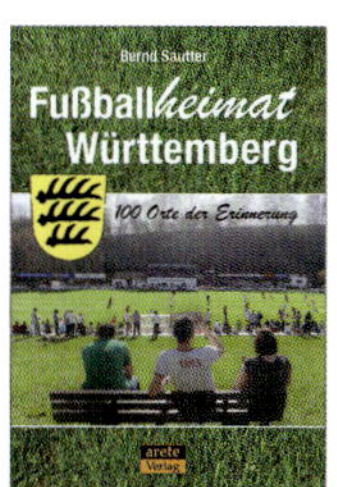

Bernd Sautter

Fußballheimat Württemberg

100 Orte der Erinnerung

216 Seiten Klappenbroschur, € 18,–
ISBN 978-3-96423-013-3

Wer sich auf eine Fußball-Reise durchs Ländle begibt, entdeckt alle schwäbischen Klischees, aber auch vieles, mit dem niemand rechnen konnte. Die Schauplätze der „Fußballheimat Württemberg" liegen zwischen Bundesliga und Kreisklasse, Komödie und Tragödie, Vereinsheim und Trainingslager, Klinsmanns Bäckerei und Klopps Heimatplatz. Württembergische Fußballgeschichte wird nämlich überall geschrieben: auf der winzigsten Tribüne und im Acker, über den die schlechteste Mannschaft Deutschlands pflügte.

Um diese Fußballheimat zu erkunden, reiste Bernd Sautter quer durchs Land, schwätzte mit Fans, Freaks und Funktionären.

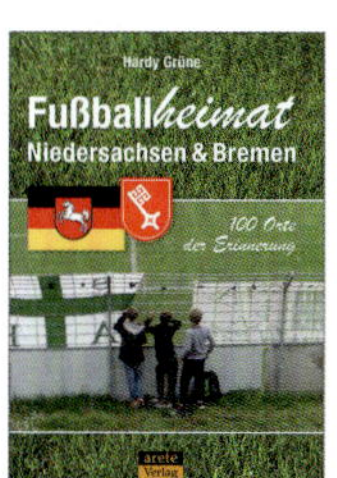

Hardy Grüne

Fußballheimat Niedersachsen & Bremen

100 Orte der Erinnerung

216 Seiten Klappenbroschur, € 18,–
ISBN 978-3-96423-015-7

Niedersachsen und Bremen sind Fußball-Länder. Vier deutsche Meister, zahlreiche renommierte Namen und unvergessene Fußball-Orte locken die Fans zwischen Nordsee und Harz in die Stadien und auf die Plätze. Aber Niedersachsen und Bremen meint nicht nur den großen Bundesliga-Fußball von Werder Bremen, Hannover 96, Eintracht Braunschweig und VfL Wolfsburg, sondern auch Fußball in der Fläche, auf dem Dorf und vor allem Fußball mit großen Traditionen.

Arete Verlag • Osterstr. 31-32 • 31134 Hildesheim • www.arete-verlag.de

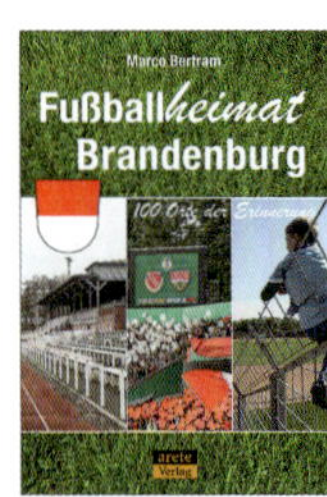

Marco Bertram

Fußballheimat Brandenburg

100 Orte der Erinnerung

216 Seiten Klappenbroschur, € 18,–
ISBN 978-3-96423-032-4

In Brandenburg liegen Euphorie und Melancholie dicht beisammen. Europacup-Schlachten bei Vorwärts Frankfurt und Stahl Brandenburg, ein fast märchenhafter Aufstieg von Energie Cottbus und Lichtmomente bei Babelsberg 03. Im krassen Gegensatz dazu der sportliche Niedergang. Aber es gibt auch die zahlreichen kleinen Amateurvereine, die interessante Geschichten zu erzählen haben. Von Buckow bis Rathenow, von Eberswalde bis Schlieben. Marco Bertram besuchte in all den Jahren zahlreiche Standorte, fühlt sich pudelwohl in märkischen Gefilden und trägt nun – mit der nötigen Portion Herzblut – Hintergründiges, Amüsantes und Informatives zum Fußball in Brandenburg zusammen. Ein Buch, das Lust macht, gleich am nächsten Wochenende ein Fußballspiel in der brandenburgischen Provinz zu besuchen.